教育实践话语的意义阐释

周兴国 ◎ 著

的

教师

安徽师范大学出版社

·芜湖·

责任编辑：吴毛顺　舒贵波
装帧设计：丁奕奕　陈　爽

图书在版编目（CIP）数据

教育实践话语的意义阐释/周兴国著 . —芜湖：安徽师范大学出版社，2016.4
ISBN 978 – 7 – 5676 – 2370 – 5

Ⅰ.①教…　Ⅱ.①周…　Ⅲ.①中小学教育—话语语言学—研究　Ⅳ.①G632.0　②H0

中国版本图书馆 CIP 数据核字（2015）第 312651 号

　　内容简介：本书是作者在多年的教育实践中对于教育问题的思考。作者从小处着眼，发现问题，分析问题，以小见大，由表及里，内容涉及教师和教师教育话语、教师有关学生话语、学校德育话语、中小学课程与教学话语等方面，书中作者对于教育实践话语的阐释有自己的角度和看法，启示读者深思。

教育实践话语的意义阐释
周兴国　著

出版发行：安徽师范大学出版社
　　　　　芜湖市九华南路 189 号安徽师范大学花津校区　　　邮政编码：241002
网　　址：http：//www. ahnupress. com/
发 行 部：0553 – 3883578　5910327　5910310（传真）　E – mail：asdcbsfxb@126. com
印　　刷：虎彩印艺股份有限公司
版　　次：2016 年 4 月第 1 版
印　　次：2016 年 4 月第 1 次印刷
规　　格：710mm×1000mm　1/16
印　　张：14. 375
字　　数：220 千
书　　号：ISBN 978 – 7 – 5676 – 2370 – 5
定　　价：29. 80 元

实践话语与日常教育观念

　　教育实践话语分析及意义阐释，首先为英国教育分析哲学家赫斯特所倡导。赫斯特认为，教育实践不仅受外在教育理论的支配，更受教师所拥有的内在的教育信念、理念、原则和准则等支配。教育实践话语是对正在发生情况的表达，包括关于特定的教育实践和教育机构的独特的技术性术语、信念和原则。对教育实践话语进行分析，目的是理解当前的实践和政策。由此，赫斯特提出"考察当前的实践"之主张，通过"精确地说明实践者隐约地或明确地使用的概念和范畴"，以揭示教育实践者实际所拥有的教育信念，在教育实践中所使用的原则和方法等。于是在这里，我们可以看到这样一层教育理论建构的逻辑，即"实践—实践者的话语—意义阐释—实践原则—教育理论"。这是一个由实践考察到理论建构的方法论路径，最终的目的是发现好的教育实践中所隐含的原则，再借助社会科学的原理和方法，使之成为教育实践规范。

　　这个过程，既是对教育实践进行理性批判的过程，也是对教育日常话语进行意义分析和阐释的过程。对教育实践的考察与分析，也就是对教育实践者的实践话语的阐释与分析，可用于一个人，一所学校，一个地方的教育行政部门的实践。通过实践话语分析，教育理论得以把握实践者的特定行动或活动，并使之成为教育理论考察或分析的对象。考察的内容包括目前的情况，作出决定的原则，各种可能发生的结果，实际的结果，等等。

　　教育实践者有他自己的操作性理论。这种理论不同于纯粹的基于逻辑和概念而建构的教育理论。每个特定事件，都受事件参与者的操作性理论支配。教育理论的任务，就是要把教育实践者的操作性理论明确化。教育理论有双重任务，一方面是揭示教育实践者在特定的实践或行动中所遵循的原则和信念，另一方面则对实践者所持有的教育信念和原则进行批判性分析，即所谓"批判性地考察实践者用以应付这些情况的认识和原则"，教育实践更加关注实践者的判断或行动是否有效或最佳，而教育理论所关注的，则是判断行动所隐含的原则本身是否合理。实践者所使用的概念，是实践者正规的和非正规教育、训练、社会化的结果。理论所提出的原则，是对实践经验的概括，并得到实践检验或证明的。

　　教师对自己实践的描述与言说构成了教育实践话语的主体。教师的日常话语，无论是教师的日常叙述，还是教师的实践性文本（如计划、总结、教研论文、教案、教学反思等），都隐含着教师对教育的感悟和理解，隐含着对教师的教育实践真正起支配作用的教育观念或理念。作为教育实践的承载者，教师隐而未发的内在理论，既是教育实践的实际主体，同时也是教育理论的生命源泉。因此，通过对这些实践话语的分析，我们反过来能够透析和把握中小学教师所持有的教育观念，从而更好地认识和理解教师的教育行为，助益教师培训和教师的专业成长。

周兴国

目　录

第一编　教育的本质与意义 ················· 1

教育信念 ································· 1

教育与明智 ····························· 4

教育发展 ······························· 6

教育计划 ······························· 8

教育权力 ······························· 9

教育与儿童 ···························· 10

现代公共教育与家庭 ··················· 11

教育秩序 ······························ 12

受教育意愿 ···························· 14

教育问题 ······························ 15

素质与教育 ···························· 16

学会生存与培养精神向导 ··············· 17

基层教育改革 ·························· 19

适应社会 ······························ 21

现代教育困境 ·························· 22

经典诵读 ······························ 25

用先进教育理论把自己武装起来 ········· 27

凡被教育者，都将被教育成某种东西 ····· 28

能力与考核 ···························· 30

观念冲突 ······························ 31

理解力 ································· 33

表象与事实 ···························· 35

差异与反感 ···························· 36

教育与完美 ·· 38

概念与事实 ·· 39

不平等 ·· 41

共识的困惑 ·· 42

教育与人性 ·· 44

事件的解释 ·· 46

困惑卢梭 ·· 48

教育惩罚 ·· 50

农村学校的家校合作 ·································· 51

县片教研中心制度 ···································· 53

农村学校布局结构调整 ································ 56

农村校车安全 ·· 58

农村教师队伍建设 ···································· 60

农村留守儿童教育 ···································· 63

农村闲置校产处理 ···································· 66

农村教育问题的性质 ·································· 68

农村教育之变与不变 ·································· 70

学校管理手册 ·· 72

政治与市场共谋 ······································ 74

德育的实效性 ·· 75

关怀伦理 ·· 77

特殊的德育课堂 ······································ 79

谈　心 ·· 82

家长不配合 ·· 84

道德选择 ·· 86

灌　输 ·· 87

第二编　教学不是为学生做什么 ······················ 90

教学过程"黑箱" ···································· 90

师生课堂分歧 ·· 91

黑板与教学行为的改变 ································ 95

教学任务 ·· 96

课堂讨论 ……………………………………… 98

教学工作 ……………………………………… 100

课堂教学"追求开放与有效的内在统一"如何可能 ……… 102

中学文理：分科还是不分科 ………………………… 103

隐蔽的教学歧视 …………………………… 104

综合实践活动课程 ………………………… 106

能力培养与个性发展 ……………………… 108

隐性课程 ……………………………………… 109

表现性教学目标 …………………………… 111

教师教育课程设计 ………………………… 114

循环教材之现状 …………………………… 116

教学与德育的矛盾问题 …………………… 118

教学不是为学生做什么 …………………… 118

孤独与学业失败 …………………………… 119

让教学适合学生 …………………………… 121

第三编　好教师与教师的专业化 …………………… 129

教师的命令或要求 ………………………… 129

教师招考 ……………………………………… 131

反观自我 ……………………………………… 133

知识观与有效培训 ………………………… 135

从行为表现到行为性质 …………………… 136

视课堂如生命 ……………………………… 138

农村教师的"走教" ………………………… 140

关于片教研中心制度的再思考 …………… 142

教师培训 ……………………………………… 143

关于"收获" ………………………………… 145

再议教师队伍建设 ………………………… 147

真正的教育与真正的教师 ………………… 149

工作、快乐与倦怠 ………………………… 150

一线教师关于"将班主任工作作为主业"的担忧 ……… 151

将班主任工作作为主业 …………………… 152

班主任批评权 …………………………………………… 154
关于教师的思考 ………………………………………… 160
教师自主权 ……………………………………………… 162
教师专业化 ……………………………………………… 163
教师与教育专家 ………………………………………… 164
教育家是谁 ……………………………………………… 165
教师职业的奉献精神 …………………………………… 167
教师职业与天性 ………………………………………… 168

第四编　学生的现实处境与精神状况 …………………… 170

尊重学生 ………………………………………………… 170
差　异 …………………………………………………… 172
学生的现实处境与精神状况 …………………………… 173
自我与社会过程 ………………………………………… 175
自我与他者 ……………………………………………… 176
"意义"的意义 ………………………………………… 178
从追问原因到理解意义 ………………………………… 180
认识学生的方法论思考 ………………………………… 181
了解学生 ………………………………………………… 183
统一短发 ………………………………………………… 185
班级管理的民主迷思 …………………………………… 187
班级里的告发现象 ……………………………………… 189
争吵的师生 ……………………………………………… 190
在一种叙事模式中理解行为的意义 …………………… 191
理解"差生" …………………………………………… 193
情感的民主与学生管理 ………………………………… 195
显现与关注：怎样面对问题学生 ……………………… 197
帮助学生兑现承诺 ……………………………………… 200
如何面对学生的沉默 …………………………………… 201
每一个学生都应该受到独特的对待 …………………… 202
用什么来证明自我的存在 ……………………………… 204
满足学生的需要 ………………………………………… 205

差生！差生？ …………………………………………… 206

"三好学生"评选的废与存 ………………………………… 207

学生的"古怪" …………………………………………… 208

把问题诊断清楚 …………………………………………… 210

来到学生身边 ……………………………………………… 212

如何帮助不想学的学生 …………………………………… 214

主要参考书目 ……………………………………………… 216

后　记 ……………………………………………………… 218

第一编　教育的本质与意义

教 育 信 念

　　教育之存在，就在于它相信解决受教育者发展的问题之答案是存在的，并且可以凭借教师艺术化的、不懈的努力化应然为现实。至于这个答案是一还是多，则是另外一个问题。这就是说，受教育者身上所存在的缺点或错误都可以得到纠正，其思想与认识可以改变，精神境界可以得到提升。只要教育者有足够的热情和努力，就可以改变受教育者。历史上教育家所设计或建构的教育计划与教育方案，莫不以此为出发点。实现这一教育信念，关键是教师要根据理性来安排其教育生活，并根据理性来确立与受教育者的交往方式。

　　教育实践者则认为，上述观念不过是一种幻觉。因为，在日常的教育生活中，他们往往会遇到一些令人头痛、非常恼人的学生。这些学生被称之为"问题少年"或"问题学生"。他们以令人匪夷所思的行为方式，来表现自己的叛逆与拒绝服从。这是一种基于事实的描述，是根据日常经验而作出的判断。这样的经验显然是与上述教育信念相背离。教育信念与教育经验，往往并不一致，孰是孰非，似乎都难以确证。人们完全有理由认为：第一，这样一种经验的直观，本身就很令人怀疑；第二，即便上述经验是对真理的一种直觉，然而也不能表明上述教育信念就是幻觉；第三，即使是一种幻觉，它似乎也仍然是现代学校教育以及教育思考所必不可少的一种幻觉。

　　教育方法的道德性问题，是当前学校教育的基本问题之一。就教育乃教人向善这一点而言，教育方法的本质要求就是它的道德性，即以恰当的方式引导学生实现道德发展。但是，在现实生活中，师生之间所表现出来的一些关系，如教师与学生之间的冲突与争吵，学生向教师哀求等，本质上是不道德的教育方法的体现。这其中所隐含的，乃是师生之间难堪的教育境况。当教师面对"问题学生"而表现出来无助、绝望、残暴、固执、冷漠、嘲讽等诸如此类的言行时，这一切到底是谁的责任？教师如何才能表现出相反的一面呢？教育方法出现道德性问题，从根本上来说，是源于一种行为主义的教育观念。遵循教育的基本原理，学生的精神世界应该是最值得教师关注的对象。遗憾的是，现在的教师普遍地只是关注学生的行为表现。教师与学生的交往方式是基于教师对学生的认识而确定的。当外在行为表现成为考察的对象并由此来认识学生时，则教师和学生的交往方式便也由此而得以确定。教育者所追求的，是消弭学生精神和心智的迷误，使其摆脱偏见和虚妄的控制。如此，教师就必须走进学生的心灵和精神世界。

教师注定要面对选择。每一次选择都伴随着无可挽回的损失。但是教育官员以及教育专家却告诉我们，存在一种正确而先进的教育思想或教育观念。或许实际的行动是要作出选择的，但对于指导我们行动的教育观念或教育思想，我们则不可选择？错误的或落后的教育观念将导致有偏差的教育实践，各种各样的教育之失败，都或多或少与人们所拥有的落后的或错误的教育观念有关。这种解释当然非常精巧，也很具有居高临下的意味。但是，这种持有正确观念的人们没有意识到，不可能存在完美无缺的教育状态，也不存在没有任何消极后果的教育方案。每种解决问题的方案或许可以解决已经存在的问题，并造成新的局面，但新的问题也会随之而产生。由解决老问题而产生新问题，这就是社会生活的实质，也是教育生活的实质。

学生不交作业，这种行为的意义是什么？一是学生所理解的意义，二是教师用他们的主观感受去体验获得的意义。通过直接观察而获得的行为的意义，与行为者自己赋予的这个行为的意义，或许有着很大的差异。伐木工人的"伐木"行为同样如此。"伐木者"对这个行为解释了吗？行为意义的解释，关键是"目的意义"，这需要把伐木这个行为放在更加广泛的背景下来考察，并且需要从行为者立场来考察。对行为意义的解释，不能仅看行为者已经完成的举动，同时还要考虑主观经历本身。因此，不交作业，或者是完成作业的能力不够，即教师所布置的作业，学生并不知道该如何去完成，如此，则不交作业就具有完成作业的能力不够的含义；或者是故意不完成作业，在行为者看来，不完成作业比完成作业更具有意义和价值，尽管他未必能够说得出这个意义和价值；或者是因为自控力的缘故耽于玩耍而没有时间完成作业；诸如此类。然而，面对学生的不交作业，有谁去追问一下，这个不交作业的行为到底有着怎样的意义？因为不知道怎么去做作业，因而不能按时交作业，这个行为乃是有一定的原因的；因玩耍而拖延了做作业的时间，同样是行为的原因；而把不交作业看作是更有意义和价值，这已经不涉及行为的原因，而涉及行为的意图了。

教师总是用一种解释框架来理解学生行为的意义。这种理解因为带有一定的前见，而往往使得教师对行为意义的理解与学生主观所赋予的行为意义有很大的不同。就理论的分析而言，这个解释框架本身就有一个重要的主题：这种框架是如何形成的？教师对这个用于理解行为意义的解释框架是否有着自觉的意识？他又是如何看待这个解释框架的？显然，这个解释框架是过去经验的储备与积累，是在日常的生活中不知不觉形成的。当某个行为出现在教师的面前时，教师就会带着已有的知识、认识、观念或意识等进入他与这个观察对象的关系之中，并将他直接与之交往的对象类型化或典型化。教师对学生某种特定行为的意义之理解，通常总是将学校的规章制度以及学校的教育要求作为一种解释框架。由此，不交作业的行为、上课不拿出课本的行为、损坏公物的行为等，就被看作是一种违纪行为，因而是需要承担相应的后果的。教师的批评是应承担的后果之一，赔偿则是另一种要承担的行为后果。而问题在于，采取怎样的方式来教育学生，则需要教师用另外一种解释框架，即基于学生目的或意图以及学生的习惯性表现，来理解学生的行为意义。如此，教师就会发现，上述行为就具有了不同的内涵，有着不同的意义。当行为被赋予一定的意义后，则学生的发展状态就有可能得到真实的认识。教育恰恰需要以此为出发点的。教育的失败与教育的出发点之错误有着密切的关系。

孤立地看待学生的一种行为，只是看到一种行为的片断，忽略了行为与行为者的内在关系，忽略了具体行为总是由行为者发出这样一个基本的事实。由此而带来的结果是，教师只看到了行为，而没有看到具体的、有思想和情感的学生。这就是说，他眼里只有行为，没有学生。重要的是，要把这种行为看作是学生在日常的学校生活中所表现出来的"连续流"之组成部分。对学生行为意义的理解，绝不仅仅是一个"按照规则来解释"的问题。有效的教育，需要教师不断地转换规则的视角，把学生的片断行为放到学生的整个表现中来考察。就行为的结果来理解行为的意义是不够的，还必须要考查学生行为的意图和行为的意向。而要洞察学生行为的意图，就必须要参照某个片断行为之前以及之后可能发生的行为。

教育与明智

教育效果不好，苦恼着所有的教师。这里所说的"效果不好"，既指学生学业成绩不良，也指学生行为品德方面出的问题。教育效果不好，意味着教师投入了巨大的劳动，却收效甚微。那么该如何看待这个现象呢？

良好的教育效果，表明教师的教育与学生的本性之间具有适切性。不过，这样的说法尽管具有合理性，但它于实际问题之解决并没有什么作用。亚里士多德认为，一些话是真理，"但并不说明问题"；只是知道真理的人，"不会变得更加聪明"。这就是说，实践的关键，不仅需要真理，更需要使人变得聪明。对于教育而言，教师仅仅掌握教育知识是不够的，教师还需要进一步判明学生的本性是什么，以及教育与学生本性的适切又是指什么。

教育作为一种实践性的活动，总是与不断变化着的对象打交道。教育的这种性质使得教师在教育的过程中既要面对普遍的对象，即作为受教育者而存在的类，又要面对个别的对象，即具体存在的，有着独特情感、意识、思想和人生经历的学生。由此，所谓学生的本性也同样需要在普遍和个别两个层面来加以理解。就普遍的意义来看，学生的本性乃是指人所具有的本性，以及处在特定年龄阶段的学生群体在日常生活以及学习生活中所表现出来的普遍性特征。这种关于学生本性的普遍性判断，教师可以从书本上获得，从前人关于人之本性的理性思考中获得，从心理学、哲学、社会学等诸门学科中获得。尽管人们关于人的本性的判断存在着差异，不过各种不同的关于人之本性的判断，乃是从不同的侧面来理解人的努力与尝试，而这也恰恰为教师思考学生之本性的普遍性提供了很好的参照。就个别的意义来看，学生的本性乃是指某个学生所表现出来的特征，这种体现在个别学生身上的特征既反映着普遍的人之本性，同时也反映着某个学生独特的经历以及由此而带来的人之本性的独特的表现。普遍的人之本性在不同的人那里，将会有不同的表现形式。普遍意义上的学生之本性可以从书本中获得，那么个别意义上的学生之本性，又将如何获得呢？显然，它不能够从书本中获得，而只能从实践中，从教师的经验中获得。由此，就需要教师的明智以及经验，以及对学生在日常的教育生活中所表现出来的本性作出正确的判断。

好的教育，既要从普遍的人之本性出发，同时也要从人的独特性出发。这种基于普遍性与独特性的教育，我们称之为教育与学生本性的适切。不过，教育的复杂性在于，学生的多样性和差异性使得教师对学生独特性的判断，并不必然是正确的。对学生正确的判断需要教师具有明智的品质，而明智恰恰是以个别事物或以不断变化着的事物为对象。这需要教师深思熟虑。不过，即使是深思熟虑，教师也可能犯错误。亚里士多德说过，关于个别事物的明智既是实践的又是考虑和计议的，在考虑之中有双重错误，或者是关于普遍事物的错误，或者是关于个别事物的错误。这就是说，倘若出现了对个别事物错误的判断，那么教师的实践就可能不是明智的，便不能实现期望的目标。而明智的品质就是考虑实现目标的手段。从这个意义上看，如果我们把教育效果不好看作教育的失败，那么这种失败的根源很可能是教师在教育过程中犯了明智上的错误。而这种错误的根本在于，教师对个别学生作出了错误的判断。

在日常的现实生活中，学校以及教育行政部门不遗余力地通过各种形式推进教师的专业发展，以提高教育质量。不过各种努力均指向有关教育实践的普遍性方面，其目的是要让教师获得有关教育的普遍性知识，而忽视或完全没有注意到有关学生的个别性知识对于成功教育之不可或缺性。倡导教师进行校本教研，也以普遍性的问题之解决为指向，而忽视了至关重要的对象，即作为独特性而存在的学生及其群体。对教育失败的正确诊断是教育成功的基本前提。教育失败是与教师在教育过程中所犯的明智性错误有关，错误的关键在于教师对学生的认识出现了偏差。因此，一切有关提高教育质量，促进全体学生全面发展的努力，都需要从学生的独特性入手，准确把握每个具体学生的本性，选择适合于学生的教育。

教 育 发 展

　　教育发展是我们这个时代教育的主题，也是全世界都在关注和言说的话题。人们对教育的需求不断扩大，以及社会发展对教育提出的更多更高的要求，驱使着政府把教育发展作为其核心议题。围绕着教育发展，世界各国出台了各种各样的政策，以确保教育发展有一个坚实的制度基础。在这种背景下，隐含着一个似乎是无可争议的预设：发展对于教育而言不仅是必需的，而且也是合乎道德要求的。发展是硬道理，同时也是好东西。教育发展是人们的欲求，也是国家和整个社会的欲求。

　　如何促进教育发展？迄今诸多的研究和思考都是围绕这一问题展开的。然而，教育发展果真都是道德的吗？教育发展果真都是积极而无任何的消极后果吗？教育发展所带给人们的，合乎所有人的主观诉求吗？这些问题很少为人们所提及。上述问题涉及一个根本性的问题，那就是我们究竟应该如何来看待教育发展？这个问题促使我们需要对教育发展本身进行伦理道德及人文层面的反思。

　　对发展本身的伦理道德及人文层面的反思已经开始。佩鲁的《新发展观》和阿马蒂亚·森的《以自由看待发展》是两部有关发展反思的经典之作。两者有关发展的观点迥然有别，前者以人的发展来评价发展，后者以自由的发展来看待发展；两者亦有共同之处，即都从个人价值的角度来为发展确立限度，并强调发展中自由、公平、民主等人文价值的重要性。

　　人们对发展的反思也使得有关教育发展的伦理性和人文性成为问题。对教育发展的伦理反思大体有两个视角：一是从社会的角度来考察教育发展，一是从个体的角度来考察教育发展。当教育的社会功能被凸显出来的时候，一种社会视角的教育发展观也就表露无遗。不过，不同的历史时期，教育发展的社会取向亦呈现出相当大的差异性。由此，教育发展也呈现出各种不同的价值取向，诸如政治的视角，经济的视角，文化的视角等。相应地，用以评判教育发展的基本价值也迥然有别，政治学视角下的教育发展强调教育发展对于政治秩序的维护作用，经济学视角下的教育发展强调教育发展的效率作用，而文化学视角下的教育发展则强调教育发展的精神文明建设作用。实际上，在当代，教育发展的政治取向不仅没有减弱，而是以更加隐蔽的方式得到强化。当教育发展以满足人民群众的教育需求成为全社会的口号时，这种口号本身就是政治性的。因而在中国，办人民满意的教育，从根本上来说是教育政治取向的又一种表现形式。

在各种有关教育发展的理论反思中，特别是在教育发展的日常实践中，有两个重要的维度似乎没有引起人们足够的关注，即从伦理学的角度来反思教育发展问题，来提出教育发展是否好的问题；从教育学的角度来反思教育发展问题，来提出教育发展与人的发展的关系问题。前者涉及教育发展中的公平问题，后者涉及教育发展中的人的问题。

呈现在每个人面前的教育现象都是教育发展之阶段性的表征。尽管教育发展仍在继续，教育亦呈现出不断变化和进步的趋势。然而，呈现在我们面前的教育发展现象亦足以使我们对教育发展进行一种道德意义上的研判。各种成问题的教育现象，只能被合理地看作教育发展之结果。而隐含在有问题的教育现象之背后的，则是一种基本的教育价值取向。因此，当我们提出，随着教育的不断发展，教育的公平状况如何？是变得更公平还是变得越来越不公平？随着教育的不断发展，个体的发展状况如何？是更加全面的发展，还是趋向于片面的发展？

我们需要从两个方面来看待教育发展：一是教育公平，二是人的发展。

教 育 计 划

　　雅斯贝尔斯的存在主义教育哲学以人的自由为全部教育活动的出发点。一切有违人的自由的教育，都在雅斯贝尔斯的批判范围之列。存在主义教育哲学的自由，既非政治哲学所讨论的自由，亦非传统的形而上学所说的意志自由。如雅斯贝尔斯所说的那样，"自由并不是意志行为，而是从本源深处发出的决定，由此决定才有了所有的意愿"。教育就是要通过使人"既理解他人的历史，也理解自己和现实"，从而使人不"成为别人意志的工具"，"自己选择决定成为什么样的人以及自己把握安身立命之根"。由此出发，雅斯贝尔斯对教育的理解并非是知识的堆积，而是通过选择完美的教育内容，通过让受教育者在实践中自我练习、自我学习和成长，引导学生之思想进入事物之本源。教育是人的灵魂的教育，教育的过程是一个人的精神成长的过程，教育就是人的生成。

　　正是在自由与精神成长的意义上，雅斯贝尔斯对教育计划抱以谨慎的态度，并提出"有限的教育计划"的概念。这种有限的教育计划观念出于以下几个方面的考虑。其一，对社会进行全盘计划的不可能性和可能带来的危害性。科学的计划是以人的理性和必要的科学知识为前提条件的。然而，全盘计划所必需的完全理性并不存在，人的理性实际上是有限的。雅斯贝尔斯认为，人们都是靠理性来制订计划的。理性赋予计划以意义，同时理性对计划的界限所在也十分清楚。然而，由于我们知识和能力的限制和它根本就不可能实现，因而全盘计划只会在实际的尝试中毁灭。其二，雅斯贝尔斯认为，凡是个人出于自由意愿而做之事，都不在计划之内。但是，可以给予一定条件，使人的自发性比在其他条件下更容易发挥出来，值得考虑的是，对不可计划之事我们还是可以做出一些计划，那就是创造一个让它得以自由实现的空间。由于教育是一项关系到人的自由之大事，因而对教育进行全盘计划必将危及人的自由。对于雅斯贝尔斯来说，自由作为理性行为的决定，本身就超越了理解力的范围，因而是不可能包含在计划的范围之内。其三，人的转变作为一项必然的事情，同样是不可计划的。人的改变，最具有本质意义的是思维方式的革命。而思维方式的革命只能从自由意志中爆发，却不能对它进行计划。带着阻止人类毁灭的目的所做的计划，尽管是经由理解力思考的，但是这种计划仍然是徒劳无益的。只有在思想中发生了革命，从自由中诞生出理性时，才可能引导出拯救行动的成果。由此，雅斯贝尔斯认为，凡是以各种方式最终将我们整个的拉入不必要的违反本性的任何计划，都是不可容忍的，因为这些计划并没有把自己限制在真正而且必须可计划之事上，反而让这些计划侵吞了属人的自由。

基于这样的立场，雅斯贝尔斯把教育计划的范围作了严格的限制，并对教育计划的局限进行了深刻的分析，提出"以自由精神去领导所有的计划"的思想。教育计划大体包括三个方面，即对所传授的科学知识的计划，有关教育教学方法或方式的计划，以及把儿童培养成为社会所需成员的计划。科学教育，应该教给学生什么？这是科学知识传授计划必须要回答的问题。以雅斯贝尔斯之见，科学知识本身并不是第一位的，蕴含在科学知识之中的科学探究精神才是第一位的。有了科学的精神，年轻人就能够为这种精神所引导而掌握知识和技能。况且科学并不能提供作为立身之本的终极价值。科学的思维方式只能在有限的范围内为人生活造福，对人的本体追问才是人的深度价值之所在。教学方法计划以心理学为基础，使得心理学成为制订教育计划的基础，关键是"应适应儿童的天性和能力来因材施教"。关于将儿童培养成社会所需要之成员的计划，雅斯贝尔斯认为，首先是唤醒团体的历史性精神，唤醒潜在的生命意识；其次是学习将来所要从事工作和职业所必不可少的课程，两者不可偏废。但在这方面也存在许多问题，突出的是整体精神的缺失。过分强调学校对知识的传授，特别是专业知识的传授，会削弱学生的精神生活、反思能力以及独立自主性。

教 育 权 力

在教育权力和人的个性发展之间，存在内在的张力，即教育权力对于内在人性的压抑；反过来也同样成立，即内在人性的发展也力图压抑教育权力的增长。

因此，教育必须面对其权力与儿童个性发展之间存在的紧张关系，显然难以消除这种紧张关系，充其量只能在两者之间作出某种程度的调停，将相互压抑对方的强度控制在一定的限度之内。无奈，现代社会权力占据着上风，教育不得不成为权力的婢女，成为权力压抑个性成长的工具。教育站在权力一边而不是站在人的个性发展的一边。无论理论家们怎样张扬个性发展的意义和价值，这种张扬不过是虚张声势而已，同时亦是个性得不到张扬的表征。

理论上的教育目的是人的最高可能的发展。然而，实践中的教育则完全不是这样。严格说来，教育不过是在促进人的某些方面的最高可能的发展，促进某些人在某些方面的最高可能的发展。而之所以出现这样的情形，从某种意义上讲恰恰是权力运作的结果。

人类的教育似乎是在两极徘徊：限制权力以促进人的最高可能性发展，或者限制个人的发展而保证权力在个体身上的实现。似乎从来没有人认为应该选择后者，所有的选择都指向前者，而所有的行动都选择了后者。但是，并非所有的思想家都发现了权力与人的发展之间的张力关系。毋宁说，只有存在主义哲学家，如雅斯贝尔斯，才持有这样的观点。在其他一些思想家看来，限制人的发展的因素并非是与政治相连的权力，而是双重因素建构的结果，即生产力和生产关系相互作用所带来的必然产物。而在这两者中，生产力又具有特别重要的地位。

教育与儿童

儿童如教科书，不过是一种比喻而已。将人类的教育比之为儿童的教育，似乎不合时宜，但却宣示了部分真理。人类的教育，是通向未来的教育。教科书必须适合于儿童，同时教科书还不能包含任何完全封闭、堵死儿童通往尚未谈及的重要部分的门径，而必须悉心地为儿童敞开所有门径。通往未来之路有许多条，我们的教育或是将儿童带离某条路径，或是使儿童不能踏上某条路径：我们美其名曰"引导"。教育者总是视自己为理性的全能者，能够洞悉所有适合儿童未来可走之路。教育者的这种自负，恰恰暴露出教育者的狂妄与无知。不过，我们还是谨慎地使用"教育者"这个概念吧。因为在莱辛的语境中，"教育者"是有其特定的内涵的。或许我们不应该把现实中的教育工作者称之为教育者，而应该称其为教师，如人们一般所称呼的那样。"教师"，这是一个非常合适的称呼。教之师而已，而非教育者。今日的教师之教育儿童，或者是"带离"，或者是"堵塞"，而绝不是"敞开"。这种教育之举已经设定了非选择性的存在，包含着教师作为"理性的我"与学生作为"非理性的我"之对立。由此，引导竟成为专制，教育竟成为不同程度的暴政。

然而，教育或许就是暴政？敞开所有的门径对于理智尚不健全的儿童来说，又有什么意义？毕竟，所有的人都不可能走进所有向他敞开的路径，而只能选择其中的一个路径。从这个意义讲，教育不是"带离"就是"堵塞"。如果说，只是将儿童带离种种路径中的一条，或者使他们迟迟不能踏上某条路径，这教科书就不完整，就有根本缺陷，那么教育本身就是一项有根本缺陷的事业。实际上在这里，我们似乎感受到某种内在的冲突。就儿童来说，当他踏上某条路径时，他岂不正在离开其他所有向他敞开的路径？而如果这种踏上某条路径的行为是由教师引导的，那岂不正好表明，教师也正在将他们带离另外的其他路径？教科书的完整可以看作教育的完整。倘若教科书只不过是将所有的门径向儿童敞开，那么这种敞开的意义又在哪里呢？

另外一个问题是，路径指向何方？通往真理的路径在哪？教师必须站在山巅，俯瞰山下所有延伸而过的路径。这样的教师才可以称得上是教育者（教育家），人类的导师，引路人。

现代公共教育与家庭

现代公共教育对于传统意义上的家庭教育来说，可能是破坏性的。这种破坏性主要表现在两个方面。一个方面是，现代公共教育不断地消解家庭的教育功能。在传统的社会中，学校教育不过是家庭教育的补充，家庭是一个人成长的重要场所，是个人的主要教育因素。但是，随着现代教育制度的建立，社会赋予学校教育之社会功能越来越多，家庭教育已经变得不那么重要，变得不过是学校教育的附庸而已。教师的专业化口号，使得教师成为教育的专家，而家长由于对教育的无知而不得不求助于教师。学校日益成为吉登斯所说的"专家系统"，并"系统地侵入到日常生活的所有方面"。另一方面是，公共教育正在逐渐显露其最终的目的，如雅斯贝尔斯所说的那样，"要把孩子们从他们的双亲那里拖走，使他们可以成为只属于社会的孩子"。有意思的是，我们每个人都期盼着孩子能够成为社会的孩子。在极端的情况下，不仅要让孩子成为社会的人，而且最好是成为异类的人，成为他国的公民。在公共教育的背景下，孩子成为社会的人，成为世界的人。其结果是，已有家庭的解体和分裂。不过，家庭总是要解体的，区别在于，现代社会家庭解体的速度要远大于传统社会家庭的解体，而且解体的方式也完全不同于传统的社会。在传统的社会中，过大的家庭规模导致了大家庭的解体。现代社会则表现为家庭的无意义的分裂，孩子与其双亲分离。家庭已经开始蜕变，它存在于人们的心理和观念之中。

说现代公共教育解体了家庭，这样的论断无论如何也不会得到人们的认可。这主要是因为，家庭的解体更多的是工业化和城镇化所带来的结果。用雅斯贝尔斯的话来说，就是技术理性支配下的普遍化的结果。教育之对家庭解体所产生的影响，只是限于小部分家庭，特别只是限于能够被拉入社会的那些孩子。当孩子考上名牌大学并因此而工作于他乡，则家庭之解体也随之发生。"留守儿童""留守妇女"等的出现，是一种形式上的家庭解体。即使是在城市的家庭里，当一个人把注意力放在普遍的生活秩序上面，从而使得人成为等级的存在者、诸种利益的集合者、社会组织的功能发挥者以及社会权力的追逐者时，家庭就成为人的旅居的一个场所，而不是人的精神的港湾。犹如旅途中的宾馆，旅馆不过是暂时的栖息地，而人则沦落为家庭的匆匆过客。

教 育 秩 序

技术思维是一种与合理化紧密地联系在一起的思维。技术思维所依赖的是知识与计算。在技术思维的支配下，一切工作都被化约为可普遍化的规则与规章，所有的工作参与者都必须遵循。与这些规则与规章相联系的，则是严密的纪律以及为保证纪律而采取的严密的监控。一切都预先被设计好，人由此而成为整体工作的一个部件，一个系统正常运转的构成要素而已。

技术思维是如此为社会所推崇，其已渗透到教育实践领域。各种各样的有关教育教学的规则被建立起来，并且要求教师必须严格遵循。学校的教学已然成为一个系统运转的机器，效率成为支配性的价值观念，成为一切规则的出发点和基础。

技术思维的目标指向知识的传递。各种知识的内在关联性及社会的整体精神在效率原则的主导下，不得不让位于知识的堆集。内在的统一性消失了，有效性成为核心的准则。在技术思维的支配下，人（包括教育者和受教育者）都成为技术控制的对象。教育似乎沦落为单纯的技术性的行动，而不是内在的包含信仰与精神的事业。

或许我们可以将技术思维支配下的教育，称之为技术教育或技术性的教育秩序，即以技术原则组织起来并付诸实施的教育。其内在的理念是，有目的地、合理地安排人类的教育生活不仅可能，而且也必须付诸行动。这种理念支配的教育，核心的问题就是调节与控制，就是教育教学各个环节的精确分析与安排。

这是一种技术忄生的教育秩序。这种技术性的教育秩序不仅意味着教育的管理者对教育者不够信任，而且也意味着教育的平庸化与对象的普遍化。因各种教育教学规则而带来的教育的精细化管理，恰恰是把教育看作精密机器的结果。作为教育者的教师并不主导这部机器，真正的主导者是开动这部机器的管理者。教师不过是这架机器的附庸。在这里，独立与卓越被悄然排除，并成为不可容忍的对象。各种具有象征意义的称号、荣誉并非指向教育的卓越，而是直接地指向教师履行义务的表现，因而表彰也成为对义务履行的表彰。日常事务的处理与安排遵循着固定的规则，想要按一般常规行事以避免异于常人而引起旁人惊怪的眼光，导致了典范行为的建立。

为什么会产生技术性的教育秩序？这一切都与教育的大众化与民主化紧密地联系在一起，也与教育的去崇高化联系在一起。在民主化与大众化的口号之下，"满意"成为追逐的目标。如果人们的教育口味是随着时代的变化而变化着，那么不同的时代就会有不同的"满意"。当人们的口味发生变化时，为了满意的宗旨，教育也必须随之而作出调整。

受教育意愿

施教的前提是受教的意愿。倘若没有受教的意愿，则施教便不能取得成功。《礼记》中说："礼闻来学，不闻往教。"可见中国古代教育就已经注意到受教意愿的问题。柏拉图在其第七封信中明确地讨论了施教与受教意愿之间的关系。柏拉图指出："无论什么时候有人就他的生活中最重要的事情向我寻求建议，比如如何获得财富，或者如何恰当地训练身体或灵魂，那么，在我认为他的日常生活非常有条理的情况下，或者在他愿意接受我的建议的情况下，我会诚心诚意地给他提建议，而不会敷衍了事。然而，他若是既没有过向我寻求建议，或者显然并没有接受建议的诚意，那么对这样的人我是不会自作多情的。"

对于古典教育来说，这当然是没有问题的。但是对于现代教育来说，特别是对于现代义务教育来说，每个公民都必须接受教育，这种强制性的规定使得受教意愿问题对于教育者来说已经成为必须要考量的现实问题。这就是说，在国家法律强制规定的背景下，一个人无论是否具有受教的意愿，教师都必须对他进行教育。由此来看，受教育的意愿问题，或《礼记》提出的问题，或柏拉图的问题仍然没有过时，而且在现代教育实践中变得更为迫切起来。

第一，一个人不管是否愿意接受教育都必须接受教育，这只不过是对一个人接受教育提出的要求。然而，一个人必须接受教育与保证这种教育必须取得成功，乃是两个不同的概念。现代教育不仅追求每个公民都必须接受教育，而且还要使得这种教育获得成功。在这种情况下，真正的接受教育的意愿问题便显现出来。社会可以强迫一个人接受教育，然而却无法强迫一个人拥有受教育的意愿。因此，对于教育者来说，受教育的意愿问题仍然是一个问题。然而，在现实的教育生活中，许多人将必须接受教育与自愿接受教育的概念混淆了。

第二，在必须接受教育和接受教育的意愿之间是否必然会存在冲突呢？或许通过对幼儿园或入小学的孩子们的行为表现的观察可以很好地说明这一点。无论是在幼儿园还是小学，孩子们都是快乐的，我们很难找到不愿意去接受教育的孩子的个例。在日常的教育中，我们在不知不觉中所接受的教育，似乎也难以见到对教育的排斥者。如果说存在对教育的非斥现象，如在学校教育中，那么这种排斥现象也是由不当的教育方法所致。换言之，孩子们是愿意接受教育的。而之所以不愿意接受教育，从某种意义上说不过是不当教育的结果。

第三，现代心理学注重儿童的学习动机的激发，并且由此而提出各种不同的策略，形成不同的心理学流派。学习动机问题的提出是基于弱的学习意愿或弱的受教育的意愿而提出的。这里面所涉及的根本问题——有些东西儿童是不愿意学的。但是，是什么原因导致接受某些教育内容的意愿消失了呢？如果我们的教育是恰当的，并且做到小心呵护儿童在进入正式的教育之前就具有的强烈的受教育的意愿，那么所谓的学习动机的激发，又有什么意义呢？反之，当学习动机或受教育的意愿消退后，再来激发或已晚矣。

第四，儿童受教育的意愿可以说是人的基本的天性。为什么一些教育不仅没有促进这种人的这种天性，反而扭曲了人的受教育的天性呢？在现实的生活中，许多教师抱怨学生不愿意学，这种抱怨其实是没有什么根据的。如果学生真的不愿意学，那么一则这种不愿意学绝不是学生的错，而是教育过失的结果；二则学生不愿意则正是下一个教育的现实起点，是教师通过有效的教育需要加以解决的。从事实的层面来观察，学生不愿意学有一定的普遍性。这是教育之痛，也是教育之难题。它既是对教师的教育工作的挑战，也给予教师实现其自我价值、提升其教育艺术的机会。

教 育 问 题

生活在后现代社会中的人们努力要解决的问题，"不但包括过去已经完全疗治好而现在又以新形式出现的旧问题，也包括过去时代的人们不知道或没有引起注意的新问题"。这样的观念显然与保守主义的观念有着根本性的分歧。至少在保守主义者看来，尽管时代变了，但是我们现在所面临的问题仍然没有发生根本性的变化。我们所面临的问题，古人早就已经提了出来并对它们进行了各种有益的尝试和探索，他们对问题思考的结果能够启发我们解决当下的问题。不过，后现代主义的这种观念倒很为国人所认可，尤其在教育领域。

至少在许多中国人看来，我们时代的"教育议程"充满了过去时代的教育家几乎没有或者根本没有接触到的题目，这是因为它们没有被清楚地表达为人类的教育经验的一部分。例如，我们这个时代所面临的择校问题，又如中小学生的课业负担过重问题，再如教师问题，等等。因此，古人一些有关教育的教诲对于我们已经没有什么意义和价值了，至少是没有什么实用的意义和价值，各种新提出来的观念才更有意义和价值。求新、与时俱进等概念成为我们这个时代最为时髦的用语。然而，人们只看到教育问题新异的地方，恰恰没有看到这些问题的背后乃是最为根本的教育问题，即究竟什么是教育，谁应该享有教育。无论哪个时代，也无论这个时代教育发生着怎样的变革，遇到怎样的问题，这些都是最根本的问题。而这些问题，其实古人早就已经提出来了。不得不承认，我们面临着多元的教育观。这种多元的教育观集中体现在师生关系与交往、传授知识的方式以及对人的素质要求等方面。它们相互竞争着，谁也说服不了谁，谁都想占据权威性的地位而支配人们日常的教育行动。多元的教育观引发出对教育问题的不同理解，也引发出对解决教育问题的不同选择。

素质与教育

如果我们从素质角度将人作出区分，那么大概可以把人区分为三种，即最好素质的人、一般素质的人和最差素质的人。这里所说的素质，乃是在遗传的意义上所说的，即天生在某个方面具有某种才能的人。从应然的角度出发，则通过教育和社会制度的建构，人大体也可以分为三类，即最好的人、一般的人和"比较差"的人。我们还可以根据三分法对教育作出区分，即最好的教育、一般的教育和最差的教育。不同素质的人是否应该接受不同类型的教育？在中国，通常是让那些最好素质的人接受最好的教育。

最好的素质是如何发现的？现有的教育等级化和制度化的结构，可以通过逐步的筛选而将那些最好素质的人甄别出来。如此而甄别出来的人的素质是遗传的结果还是教育的结果，已经很难说得清楚了。

关于那些"一般"素质和"最差"素质的人，我们又该怎么办呢？从社会和谐发展的角度看，这些"最差"素质的人如果不能给予最好的教育，那么他们将成为和谐社会最大的麻烦，尽管社会致命的麻烦可能不是来自"最差"素质的人，而可能来自那些最好素质且没有受到最好教育的人。这种最好素质的人得不到最好的教育，在现实生活中仍占很大的比例，尽管我们这个社会已经设计出各种制度，以试图来帮助这些人。一个好的社会或许就在于通过设计出特定的制度以使得那些最好素质的人能够得到最好的教育，同时通过适当的教育以使得那些最差素质的人不至于危害社会。因此，教育之促进社会的发展，一方面是培养出有益于社会的高素质的人，同时亦培养不危害社会的普通人。对于普通人，教育的根本追求在于使得他们不危害社会。然而，所有的学校似乎都在进行着第一种追求，即想努力培养和造就有益于社会的人。从某种意义上讲，对于那些"最差"素质的人来说，不危害社会就是对社会最大的有益。

就此而言，教育即意味着，对于那些"最差"素质的人，社会也要竭尽全力来教化他们。只有教化那些"最差"素质的人，最好素质的人们才能够保证他们对于社会所做出的贡献不会因为"最差"素质的人的破坏性行为而损耗。这就是说，教育可以在最好素质的人和"最差"素质的人之间建立起平衡的关系，既不使最好素质的人轻蔑"最差"素质的人，也不使"最差"素质的人妒忌最好素质的人。

学会生存与培养精神向导

学会生存是我们这个时代最为时尚的教育追求。联合国教科文组织 1972 年发表的富尔报告书，在我国就被翻译成《学会生存——教育世界的今天和明天》。然而，这个最为时尚的教育追求，在一百多年前，竟然是尼采所批判的对象。尼采是这样说的："为了生存，为了进行他的生存斗争，人必须多多学习；可是，他作为个体为这个目的所学所做的一切仍与教育毫不相干。相反，唯有在一个超越于这个窘迫、必需、生存斗争世界的大气层里，教育才开始。你们不妨扪心自问，一个人是多么高估与其他主体并存的他的主体，他是多么严重地被他投入那种主体生存斗争的力量所损耗。"

仔细想一想，何尝不是如此！我们的全部精力基本上都消耗在为生存的斗争上了。更为突出的是，现在学校所做的一切，都是为了生存，或者说是要"学会生存"。只有极少数人能够逃脱这一宿命。绝大多数人，为生存而付出全部的精力和时间，包括心智方面的努力。然而，也仅仅如此而已。为生存而付出的全部努力，所得到的，都将是暂时的，都是极易逝去或腐坏的。然而，悲哀的是，我们仍然把这个作为全部的人生目标，作为全部的教育目标。人受教育，或者学习，仅仅是为了生存。这样的目标，得到联合国教科文组织的认可的目标，已经成为现代人和现代教育唯一追求的目标。现在"学会生存"成为很多学校教育机构的口号，仿佛教育除此之外，别无意义。

一百多年前尼采所批判的东西，在尼采后的一百多年时间里，被世人奉为圭臬，是尼采错了，还是我们这个时代错了？或者尼采所说在他那个时代是正确的，我们这个时代否定尼采也是正确的？不过，我们需要重新温习尼采的教诲。至少，在尼采的心目中，那种为生存而实施的教育不是真正意义上的教育。真正意义上的教育，是"一种以心灵的精选为支撑的高贵的教育"。为此，尼采明确地提出，任何一种学校教育，只要在其历程的终点把一个职位或一种谋生方式作为前景，就绝不是真正的教育，正如我们所理解的那样，而只是一份说明书，用以指导人们在生存斗争中救助和保卫自己的主体。

或许尼采和我们都错了。尼采的错误在于，将真正的教育只是局限于少数天才，那种立足于哲学和艺术的创造与理解，对教育的这种理解无意之中忽略了教育还必须要面向多数人，而对于多数人而言，生存乃是人生第一要义；我们的错误在于，只是关注多数人，忽略了我们这个社会不仅需要生存技能，那些多数人应该理解并接受的东西，更需要具有永恒价值的中国精神，而这种中国精神依赖于少数的天才。我们的错误在于，试图用面向多数人的教育来培养大师级人才。而这正困惑着我们这个时代的教育。然而，就精神向导的数量有限性、教育的艰难性以及对于我们这个社会的不可替代性而言，尼采又是正确的。

基层教育改革

中国的基层教育改革正在步入一个崭新的历史时期。这一切都是在不知不觉之中发生的。它的发生大体与新课程的实施同步，并且在不同的程度受到新课程的影响，特别是在教育理念上。它不同于以往的教育改革，此前的教育改革都是自上而下推进的，并且主要是由专家主导的。然而，目前的基层教育改革则主要发生在学校层面，并且由点而逐渐向全国推广。其规模之广，虽不比全国性的基础教育课程改革，但其声势和影响，绝不弱于由国家主导的课程改革。

发生在中小学的基层教育改革，其形式主要表现为在"有效教学"或"有效学习"口号下的"导学案"，其实质则是学生对于教学活动的切实参与，在于把教学时间和空间还给学生，把学习的主动权给予学生，其典型的代表性学校有洋思中学、昌乐二中、杜郎口中学等。基层教育改革应该如何称呼，似乎并不重要，重要的是它切实地发生了，尽管它并没有得到严格意义上的官方公开认可，没有见到教育部及省教育厅正式的推广要求，但却得到了各种教育行政部门的默认，并且在县级教育行政部门得到了肯定。它主要是因学校为了提升教育教学质量而自发组织进行的。其推进通常包含以下几个步骤：派教师深入典型学校参观学习，校内自主改革的动员与造势，改革的计划与组织，不断自我尝试与探索，在探索中进行自我修正，等等。尽管在不同的学校，这项改革所取得的成效各不相同，有的进步非常明显，有的还没有取得明显的成效，但它的确影响了学校的全体教师和学校的管理者。这项改革的最大特点是改变了传统的教育教学方式，让学生真正参与教学，成为学习的主人。通过参与式学习，每一项教学要求都得到切实的执行，并具体化为学生的学习行为。在"导学案"的推广过程中，每一所学校都有所创新，有所发展，但核心的理念并没有改变。

教育改革的实践正依照实践的逻辑而展开，然而教育理论对此并没有给予特别的关注和研究，仿佛目前正在实施改革的中学不过是将新课程的理念变成了现实，不过是新课程教育理念的行动化而已，没有看到这场发生于基层的教育改革的独特性和创造性。不可否认的是，这些正在进行改革的学校，的确在使用国家课程改革的话语，来表达其对改革的认识和各种要求，同时也在应用新课程曾经应用过的教育理论，例如合作学习、研究性学习、自主学习等。然而，仔细地观察一些学校正在推进的教育改革，其实已经包含了新的模式和组合。俄国思想家索洛维约夫曾指出，任何新东西的诞生，任何联合行动性的过程，都会把已有的各种成分纳入新的模式和组合，在这以前不可避免地伴有这些成分的躁动。正是这些学校的尝试和探索所创造出来的新的模式和组合，使得这场学校的教育改革和由政府主导的教育改革区别开来，使得我国学校的课堂正在日趋多样化和特色化。

真正历史的进步与发展源自人们的日常生活。学者所能够做到的，或许只是某种观念的创新。新课程实施中流行的所谓"专家引领"，也只有在观念这个层面才能说得过去。真正的教育改革，必须以教育实践情境的变化为标志。而要实现这个目标，就必须要有实践者的自觉与主动。

进入这些学校，人们能够看到正在发生的变化。但是如果让实践者解释为何要这样做或那样做，他们却未必能够说得清楚，也未必能够理解为何会发生这些变化。怎么办的问题，是需要依靠教育实践者的创造智慧的；而为什么是这样的问题，既需要实践者的思考，更需要教育理论的介入。对于中学正在发生的变革以及由此而带来的种种变化，教育理论的缺失，既是教育理论的不负责任，同时也是教育理论反应的迟钝。

必须要看到，成功的经验和做法往往并不具有可复制性。简单的模仿不仅不会带来好的效果，甚至会带来种种负面的影响。在这些情形下，需要切实认识和把握经验和做法背后的机制和道理。而这样的问题是实践者所不能够解决的。它需要教育理论的介入，需要教育理论去把握和认识实践经验背后的机制和道理。任何对成功经验的借鉴，乃在于摒弃成功经验的表面做法，而遵循成功经验背后的机制和道理，结合学校自身的特点和传统，创造出属于自己的经验和做法。这就是教育改革的理论化和推广化。

适 应 社 会

适应有可能意味着人们对新处境的迎合，意味着缩小我们的选择，让我们在迎合中不断地使自己处在非我化的进程中。每一次的适应，都意味着个体对自我的否定，每次的适应都意味着放弃了可能的选择。而最终的结果则是，个体能够被这个世俗社会所接纳。相反，不适应在世人看来就是傻瓜式的不知变通，意味着与世俗社会的格格不入，从而也就意味着与世人的格格不入。如此，则一个人就必然要陷入孤独之中，为世人所抛弃。对于世人来说，被抛弃意味着进入不可接受的令人痛苦的处境，但对不能适应社会的非凡之辈来说，为世人所抛弃则意味着思考机会的降临。因为适应社会者不会去思考诸如"我为何而活着"这样的问题。而对于那些不适应者来说，这是一个必须要思考的问题，尽管这种思考往往意味着活得痛苦。为思考而这样痛苦地活着，这是一个人在自我折磨。而适应社会者是不会这样折磨自己的，他们是为自己而活着的人。

现代社会是一个总要求人们学会适应的社会，因而现代教育把人对社会的适应放在了核心的位置。这个立论的一个基本前提就是，不能适应社会就要被社会所淘汰。为了能够适应社会，人们需要具备变通的实践能力，并且能够根据环境的变化而改变自己。

适应社会必须要以社会的某种奖赏为动力。否则，对于世人而言，是不可能自觉地通过改变自己而适应不断变化着的环境。对于绝大多数的人们来说，最好的奖赏莫过于"功利"两字。无论是有知识的还是无知识的，是受过很好教育的还是没有受过很好教育的，其日常行动莫不为社会所提供的奖赏所驱动。由于奖赏是面向全体社会成员的，并且为了保证社会不因奖赏的不公而陷入无序状态，社会就必须要确定一个统一的标准或准则，来分发这些奖赏。结果是，个体独特性的丧失。因此，对于适应社会的人们来说，奖赏就是一副枷锁，它由快乐、安全、轻松、名声等构成。受制于因奖赏而制造的枷锁，绝大多数人因此而成为平庸之辈并因此而快乐地生活着。

从这个意义上讲，不能适应的人，除了书呆子，往往是非凡之人。只是，这些非凡之人，一则人数稀少，二则他们总是为适应之辈所嘲笑，并且经常被那些适应社会之辈视为精神不正常。那些能够很好适应社会的人们可能没有意识到，整个社会未来发展的方向可能正在为那些在他们看来精神不正常的非凡之辈所构想，并且在不知不觉地沿着非凡之辈所构想的路线行进。

现代教育困境

个体被分裂成"人"和"国家公民"，是近代以来的事情。这种分裂给教育带来了巨大的难题。据说，人的这种分裂源之于霍布斯。在霍布斯那里，人分裂为两半：一半属私人，一半属公共——行动和作为完全服从国家法律。不过，霍布斯对个体的分裂，我们可以看作世俗王国和天国之间的分裂。霍布斯写道，"臣民在一切不违反神律的事情上应当绝对服从主权者，……在一套完整的有关民约义务的知识中，现有我们所缺的只是认识什么是神律。因为如果没有这种知识的话，当世俗权力当局命令一个人做任何事情时，他便会不知道是否违反神律"。个体既是天国的臣民，同时也是国家的臣民。前者服从神律，后者服从法律。个体的分裂，是内与外的分裂，是神律与法律的分别引导，是臣民与信众的双重角色的划分。

个体的分裂在卢梭那里，则成为人与公民的分裂。卢梭说，"必须要在教育成一个人还是教育成一个公民之间加以选择，因为我们不能同时教育成这两种人。""自然人完全是为他自己而生活的；他是数的单位，是绝对的统一体，只同他自己和他的同胞才有关系。公民只不过是一个分数的单位，是依赖于分母的，它的价值在于他同总体，即同社会的关系。好的社会制度是这样的制度：它知道如何才能够最好地使人改变他的天性，如何才能够剥夺他的绝对的存在，而给他以相对的存在，并且把'我'转移到共同体中，以便使各个人不再把自己看作一个独立的人，而只看作共同体的一部分。""凡是想在社会秩序中把自然的感情保持在第一位的人，是不知道他有什么需要的。如果经常是处在自相矛盾的境地，经常在他的倾向和应尽的本分之间徘徊犹豫，则他既不能成为一个人，也不能成为一个公民，他对自己和别人都将一无好处。"自然人是服从自己的感情的，是遵从自己的自然倾向的；而公民则是需尽义务的；自然人指向他自己，但并不损害他人；而公民则是要努力地将自己当作共同体的一部分。成为公民，意味着要改变自己的天性，使自己从一个绝对的存在而变为相对的存在。根据个体分裂成人与公民，则由此也产生两种教育：指向公民的公众的和共同体的教育，指向人的特殊的和家庭的教育。在卢梭看来，柏拉图的《理想国》是公众教育的最完善的描述。而现实中的教育，尽管自称是公众教育，但在卢梭看来，则完全不是那么一回事。卢梭说，"公共的机关已不再存在了，而且也不可能存在下去，因为在没有国家的地方，是不会有公民的。'国家'和'公民'这两个词应该从现代的语言中取消。"卢梭之说很容易让人产生困惑：明明在卢梭的时代，既有公共机关的存在，也有国家的存在，何以说公共机关和国家都已经不存在了？这种困惑是与我们对国家的理解和卢梭对国家的理解之差异所引起的。在卢梭那里，国家乃是柏拉图在《理想国》中所描述的那样的理想的国家。与柏拉图不同的是，卢梭理想的国家并非是柏拉图的王制，而是以共和形式而存在的国家。当现实中的国家不再是卢梭意义上的真正的国家，说国家已经不存在，也就可以理解了。当国家不再存在的时候，则公民自然也就不存在；当真正意义上的国家不存在时，则建立在非真正意义国家意义上的公共机制，如学院，不为卢梭所承认，也在情理之中。所以卢梭说，"那些可笑的机构，人们称之为学院，然而我是不把它们当成一种公共的教育制度来加以研究的。我也不把世人的教育看作这种制度，因为这种教育想追求两个相反的目的，结果却两个目的都达不到。"

　　有意思的是，个体的分裂并没有随着社会的发展而得以弥合，相反在现代社会中，个体的分裂有进一步扩张的趋势：个体不仅分裂为人与公民，且分裂成私人存在的人与作为公共存在的公民。后者又进一步分裂成功能性的人，即个体在社会中所扮演的各种角色，以及要完成的不同的任务。义务与责任，成为强加于个体的两个最常用的词汇。实际上，当将人的活动区分为劳动、工作和行动，人的三种活动发生在不同的领域时，即劳动主要发生在人的私人生活领域，与个体的身体有关；工作主要发生在社会领域，与人生活的物品有关；行动发生在公共领域，与人的共同生活有关，个体的分裂就进一步加剧了。劳动的人、工作的人以及行动的人，尽管可以通过角色分工来实现，不过这种区分又在人与人之间造成分裂；而如果不在人之间进行区分，那么他就不可避免地会在个体中造成分裂。实际上，当人与人才，人与接班人，人与公民这类词汇出现在不同的教育语境时，甚至出现在同一语境中时，个体的这种分裂就以一种语言的形式而显现出来。

是什么原因导致观念层面上的个体分裂？在古典时期，我们所看到的，则是个体的统一。个体以其有限的自我支配而保存其完整的统一性。人的义务对于个体的统一起着至关重要的作用。是义务而非权利成为个体的主宰。在这里，个体是没有什么私人性的东西可言的，一切的身家性命都属于外在于他的对象。甚至在某些极端的情况下，个体必须要将自己的全部生活暴露在外，以备随时接受检查。例如，思想汇报就是将自己的内心世界公布于外。这即使在今天的日常生活中也随处可见，例如在家庭生活中，父母对孩子进行教育，可以看到父母对其子女不断提出坦白的要求。家庭尚且如此，社会也就可想而知。个体的这种统一则是一种令人难以忍受的统一。因此，近代以来，权利观念的兴起，以及个体对权利的追求，导致与统一的个体相对的他者（君主、国王等）权力的让步，使得主宰个体之命运的权力从广泛的领域退向特定的领域，即与每个个体都密切相关的公共领域，而将只与个体生活相关的领域划为私人生活领域，成为公共权力所不能指涉的领域。这个过程的发生肇始于霍布斯。

个体的分裂是历史发展所不可避免的。个体的分裂所带来的，是个体与国家获得了一种相对和谐的关系：公共领域的服从与私人领域的自主之间相安无事。人与公民的相对存在，并没有给个体带来很大的阻碍，相反它给个体创造了极大的便利：一种相对的自白活动的空间。由此，个体可以通过内与外、公与私、自我与社会的区分，而确保自己的存在性。个体的分裂固然使得个体的自由得以保证，且在一定的范围内，个体可以做他想做的任何事情，而无须对此要向什么负责，例如信仰。不过，个体的分裂也带来很实际的教育问题，那就是教育到底要指向个体的哪个方面？是指向作为公民的个体，还是指向作为人的个体？这个问题，在教育学中表现为是根据社会的要求来培养人，还是根据人的完善来培养人？前者要把人培养成社会的人，参与社会生活的人；后者则是要把人培养成属已的人。

如此来看，则公民教育便是一个极有问题的命题。公民教育只是看到了个体属公的一正，而没有看到个体属私的一面。在西方，个体属私的一面，即与道德相关的内容，可以通过宗教以及家庭教育而得以保证。由此，西方社会可以将教育的主要精力集中于个体属公的一面，即个体作为公民存在的方面。它以公共生活领域的发育与成熟为条件，并且是以公共生活的存在为前提。西方语境中的公民教育，说穿了，就是西方社会针对个体的政治教育，是要将个体培养成能够正确而理性地参与公共生活的公民。

经 典 诵 读

有关《三字经》《弟子规》等是否应该让现在的孩子们去诵读，有着两种截然不同的观点。一种观点表示支持，认为这些传统的启蒙经典能够让儿童了解和认识传统的文化与思想；另一种观点则表示反对，因为这里面有许许多多的糟粕，不宜让年幼的孩子们去诵读。在这种立场相互对立的背景下，一些地方的教育行政部门则采取一种妥协的策略，试图通过对《三字经》《弟子规》的删减，来弥合或消除这种对立的立场，从而使得经典启蒙读物能够进入学校与课堂。不过，这种删减又引发新的争论，即经过教育行政部门删减后的《三字经》《弟子规》等，还能称得上是经典意义上的《三字经》《弟子规》吗？由此又带来是否应该删减的争论。尽管存在着争论，教育行政部门仍然秉持其理念，做他认为是正确的事情。不过，争论之声并没有根除，人们仍然从各自不同的立场出发，来发表自己的看法。

然而，人们在争论之余，似乎有必要认真地检视一下争论双方各自的前提或出发点，看看它们是否具有某种内在的一致性。人们只是看到，反对者强调经典启蒙读物的糟粕及其消极的影响，赞成方则强调经典启蒙读物的精华及其积极的影响，却没有看到，双方的观点都是从一个相同的前提出发，即从一种独断的强制性立场出发。无论是赞成诵读经典启蒙读物还是反对，赞成者和反对者都试图将他们所持有的看法强加给未成年的儿童，强加给那些无法表达出自己心声的父母或儿童的监护人。对于争论的双方来说，无论他们持有怎样的立场，在他们的心目中，他们的观点都代表着一种真理，一种正确的认识与看法。在赞成者看来，经典启蒙读物确实给孩子们带来了非常有益的影响，至于这种判断是如何得出的，其经验的证据何在，那是一个愚蠢的问题，因为说话者所居有的社会地位就足以保证所言说内容的确当性，而无须其他经验的证明。对于反对者来说，经典启蒙读物之具有强烈的消极或腐蚀的作用，也是不言而喻的。任何对这种消极腐蚀作用之追问，都显得愚不可及。从这个意义上看，有关经典启蒙读物的赞成与反对，应共享一个基本的前提。

那么问题争论的实质究竟在哪里呢？语言的含糊往往使得所争论的问题之真相被遮蔽起来。实际上，双方争论的焦点是，经典启蒙读物是否应该进学校而让全体儿童诵读？如果一名家长在其家庭教育中，要求其子女不仅要诵读而且还必须背诵这些经典启蒙读物，谁又有资格对此说三道四呢？然而，一旦这些读物进入学校，即进入人们的公共生活领域，那么各种相互竞争的观点之出现也就不难理解。由此，问题就变成了这样的问题：经典启蒙读物进入学校是否具有道德上的说服力或是否公正？如果这样来思考问题，那么我们就会发现，无论是赞成进入还是不赞成进入，都意味着它们总要将某种自以为是的观念强加于人。这样，问题就变成：将某种自以为是的观念强加于他人是否公正？

倘若一所学校的校长认为，经典启蒙读物确实包含着丰富的传统文化的东西，极具教育价值，因而值得将它们引入学校的课程之中，那么这种引入要成为一种公正的行为，其前提必须适当地征求全体学生家长的同意。这里所说的适当地征求同意，是因为现代教育乃是一项专业性非常强的社会实践活动，其教育的内容以及各种教育方法的选择，是需要依赖专家的知识与智慧来加以判断的。不过，尽管如此，对于学什么的问题，家长仍然可以凭借其人生的经验和经历，作出直觉的判断与考量。因此，是否诵读经典启蒙读物，必须要建立在学校与家长共同协商的基础之上。然而，仅仅如此还是不充分的。现代教育已经超越了传统意义上的私人事务，而成为公共性活动，因此在征求家长同意的同时，校方还必须进行政治与现代公民责任的考量，要从教育的目标追求以及教育的本质出发，思考经典启蒙读物的真正教育意义和价值。

这就是说，从家庭教育的意义上讲，孩子是否诵读经典启蒙读物，乃是个人的私人事务。然而学校是否要求学生诵读经典启蒙读物，就不能仅仅是校长一个人的决断或者仅凭专家的一厢情愿。它必须在一定的公共生活领域的范围内，经过公民的慎议才能够加以确定。由此，我们必须反对目空一切的赞成之声或反对之声。这种目空一切的赞成或反对，内在地蕴含着观念的专制。因此，如果是学校或教育行政部门的一项主张或决定，就必须谨慎而行，必须经过慎议，而不能将这类重大的事务之决断，完全交给专家或少数权威人士。

用先进教育理论把自己武装起来

"学习先进的教育理论，用先进的理论知识武装自己，教师才能站在更高的起点振臂高呼，发出自己强劲的声音。"这是目前教育理论界和教育实践界普遍持有的一种认识。然而，什么样的教育理论才是"先进"的呢？自有教育活动，就有人们对教育问题的思考与探索。不同的历史时期，不同的文化背景和独特的教育实践模式，造就出诸多取向各不相同的教育理论。那么，在世界的教育理论丛林之中，如果说有教育理论是先进的，那用以评判的标准又是什么？按照教育理论产生的时间来加以区分？那将导致后出的教育理论是先进的教育理论之荒唐的结论；以教育理论被人们所接受的程度来加以区分？那将会出现最平庸的教育理论为先进的教育理论；在一个教育价值日趋多元的社会里，每个人都可能持有一种他所认可的教育理论，那是否就意味着因此而有着多种多样的先进的教育理论？以言说者的标榜来加以衡量，则结果可能就是，谁拥有更多的话语权，谁就拥有了决定某种教育理论之先进或落后的权力。"用先进教育理论把自己武装起来"，即意味着对某种教育理论的肯定，同时也就意味着对更多的"非先进的"教育理论之否定。由此带来的，是教育理论的衰落而不是繁荣。

承认某种教育理论是先进的，那么其余的教育理论就是落后的了？

其实任何问世的且被流传的教育理论，都是基于解决特定教育情境中的问题而提出的，因而都具有高度概括化的特征。教育理论是否能够解决教育实践中存在的问题，则要看实践者对教育理论的把握程度。良好的教育实践依赖于"把普遍原则用于具体事例的智慧或才能"，而教育理论正是试图阐述这些实践所要遵循的普遍原则。然而，普遍原则的确立，却又是以一定的教育价值观为前提的。不同的教育价值语境，将会使教育实践遵循不同的普遍原则。因此，除非我们承认，存在着某种确定无疑的教育价值观念，否则作为阐述教育实践之普遍原则的教育理论，就难以有先进和落后之分。然而，人们又会对永恒不变的教育价值持有各种不同的看法。这样看来，所谓"先进教育理论"就纯属无稽之谈了。

我们这个社会如果少一点"先进教育理论"或"先进教育观念（理念）"之说，那么中国气派的教育学派和教育理论，可能会早一点问世。

凡被教育者，都将被教育成某种东西

人是被教育的结果，至少从现实人的状况来看是如此。"凡被教育者，都将被教育成某种东西。"一个人，其表现在他人看来是好的，当然是教育之功劳；但同样，另外一个人的表现在他人看来是坏的，同样也归功于教育。的确，许多老师把那些表现不好的学生归责于其父母或家人，这样的归责也不能说完全没有道理；不过，倘若它本身具有道理，那么以理而推，教师便也难逃教育不善之责。因为，既然教师已经知道学生的身心发展状况，为何不能对此有所改进呢？至少，倘若学生向着坏的方向发展，那么教师为什么就不能做点什么来阻止呢？

我们的无能被换说成是学生的顽劣，当然需要深入地思考"能"的范围与界限。我们到底可以在哪些方面有所"能"？能改变人性吗？能让所有的人都获得理智能力吗？民主的观念给社会造成了一种错觉，以为某人所拥有的品质，每一个人都应该拥有。如果做不到，那就是教师的过失。哪些是能的，哪些是不能的？哪些对哪些人是能的，哪些对哪些人是不能的？哪些对少数人是能的，哪些是对所有的人都是能的？这的确是教育的至关重要的问题。教师当然不是全能的，否则教育就是无所不能的。然而，人们往往赋予教育以全能的意义。这是现代教育面临的困境之所在。这种困境与民主、平等的观念密不可分。人们常在自己的期望与自身的能力之间出现他自己所感觉不到的紧张关系：一方面是自己自以为全能的期望，另一方面则是并非全能的实际作为。

所谓人是被教育的结果，这个命题意味着，无论是好人还是坏人都与教育有关联。然而，这并不意味着，人们刻意地把某个人教育成人们所不期望的那种人，而是说，人们所采取的教育方法或手段，不适合那个教育对象，结果反而产生了与预期相反的结果。这就是所谓事与愿违。人们不懂这个道理，以为最终的结果与己无关，殊不知，可能恰恰是自己的无意之举，造成了目前的这种状况。

好的教育方法，会产生好的结果。什么是好的教育方法？现代人以为，好的教育方法就是所谓的某些方法，而忘记了古典哲人的教诲。这种教诲就是，好的方法一定是适合于对象之灵魂的方法，而不存在普适性的好方法。由此，就需要对人的灵魂作出区分，以此确定教育的能与不能。现代人往往不问教育对象，而试图将教育方法泛化，其结果是适得其反。之所以出现这种观念，是因为现代人不是从对象的特殊性出发，而是从期望的附着于人的身上的某些普遍的性质出发。由此，更准确地说，人是教育方法与教育对象之间适切性的产物，适切产生好的结果，不适切则产生坏的结果。

能力与考核

某市选聘小学副校长，要求竞职者公开演讲、答辩。参与选聘的专家评委有五人，都是外地一线优秀的小学校长或教育局局长。演讲答辩共分三个环节：一是竞职演讲，时间是十分钟；二是三个标准问题的提问与回答，时间是十五分钟；三是评委的自由提问，时间是五分钟。这样的设计与安排主要的目的是希望能够由此来考查竞职人选的领导能力、分析能力、管理能力、沟通与交往能力以及语言表达能力。应该说，从整个考核的环节来说，这样的设计与安排确实能够让竞职者的上述能力尽可能多地得到展示。例如，有一道题目，其意图是考查竞职者的管理能力，题目的大意是：一青年教师体罚学生，电视台记者来学校采访，恰当校长出差在外，并不知晓此事，也无法及时赶回来处理。作为主持学校工作的副校长，面对记者的采访，应该怎么做？尽管应聘者都是副校长，但是，这个问题在不同的竞聘者那里，就有着不同的回答。回答之好坏，实际上从其叙说的条理性、事情的处理与其身份的符合性、事情必须立即处理的紧迫性以及人们在遇到类似问题时的原则性等，是可以看得出来的。尽管竞职者都非常优秀，但显然有的竞职者并不适合去做他要应聘的那所学校的副校长之职位的，而更适合去做校长，或者做教研室主任或教导主任。另一个题目是：如果你是副校长，你的校长在工作中出现了失误，你应该怎么做？评委的自由提问也是非常精彩的。如有评委出了这样一道题目：作为副校长，开学初你要排课，有一名教师一定要到某个班上课，如果遇到这种情况，你打算怎么处理？只可惜，这个问题只提了一次，而没有向其他几位竞职者提问。不然，在这个问题上也同样能够看到竞职者的管理协调能力的。

对某种能力的考核，确实是一个比较困难的问题。这是因为，能力作为个体所具有的处理问题的品质，通常是作为私人的隐蔽信息而存在着。除非人们能够经常相处交往，彼此熟悉，一般人是难以对另外一个人所具有的某种能力有所了解。一般而言，一个可靠的方法就是让被考核者直接处理一件事情。但是，这种方法对于人事管理而言，是难以普遍实施的。因此，设计出有关能力考核的方法和程序就成为评价理论研究的重要问题，同时也成为人事管理面临的重要实践问题。尽管考核能力之问题的设计无论怎样科学，恐怕都难以准确地测出一个人所具有的能力，毕竟人们在处理事情时会动用他的各种感觉器官搜集有意义和有价值的信息，并基于这些信息而作出恰当的判断，但是从总体上看，恰当的问题，特别是有关事务处理的问题，是能够大体反映出一个人所具有的某方面的能力的。要做到这一点，关键是问题之设计。问题本身须是实践性的，而不应该是理论性的。理论性的问题通常多突出对客观对象的认识，而实践性的问题则强调对问题的实际处理。对事务或问题的处理当然要应用到所学的知识，不过它完全不同于对知识的记忆。一个实践性的问题，在不同的人那里就会有着不同的回答，而这种回答本身就反映出一个人所具有的某个方面的知识、经验，同时也能够反映一个人所具有的能力。

　　有人曾经对这种公开招聘的方式表示出一定的怀疑，总以为这其中会有一些人为的因素在起作用，因而不能够把真正有能力、有水平的人选拔出来。这种怀疑虽然不无道理，不过这次主持公开竞聘演讲答辩，还是让我们看到了公开竞聘的公正性所必须要具备的前提条件。公开招聘，关键是公正，即将真正适合某个岗位的人招聘到该岗位上来。如此，徐了问题设计科学外，招聘者的识人能力以及公正心也非常重要。一个随意设计出来的问题，固然难以考核出一个人的能力；然而，一个好的问题也并不必然能够保证招聘本身的公正性。在这里，程序的设计变得非常重要。

观 念 冲 突

　　人们对事物所持有的立场或认识将会导致一定的实践行动。人们的认识是他所处特定环境的产物。环境既束缚着人的意识或认识，同时也制约着人们的意识或认识。在不同环境中的人们往往会对不同的事情形成不同的认识，这我们可以理解。然而，身处同样环境中的人们，对于同样的事情也会有不同的认识。我们该如何来看待这些不同的认识呢？

身份和地位的差异，使得一些人的认识往往被看作错误的，或者是非理性的，或者说短视的；与此相反，另外一些人的认识则被看作正确的，或者是理性的，或者是目光长远的。由此就会产生这样一种现象，即以后一种认识来取代前一种认识，以后一种人的行动来启发和教化前一种人。也许后者能够以恰当的教化艺术和持续的努力来向一切他认为有认识问题的人们进行着这种教化，不过这样的教化是否能趋向成功则很难说。那些自以为代表先进立场的人们试图进入另外一些人的心灵深处，从而将一些人纳入正常的、有序的、理性的或正确的轨道上来。不过，事实表明，这样的努力鲜有成功的。即使成功，也只是极个别的现象。有意思的是，人们往往以这极少见的个案来证明自己努力之价值，或炫耀自己的荣光。

我的两篇有关学生教育的短文就遇到了这种尴尬。据说，作为教育问题提出的当事人认为，关于他自己的困惑以及关于我对他困惑的思考，乃是两种不同的思维模式。我对问题的思考只不过是一种"术"而已，一种理论的空想，并没有考虑具体的情境性和现实制约性。相反，他的选择所体现的是"道"，是切合实际的。这样来看，我的思考当然是浅层次的，甚至是低俗的。因为无法进行直接的对话，我们彼此当然无法说服对方，不过是在自我言说罢了。显然，他是不同意我对问题的分析的。这种不同意的背后，说穿了，就是关于某类特定问题所持有的不同认识。尽管我可以举例说，他的困惑本身即表明他所选择的道路行不通，然而又如何能表明，我所设想的道路就一定能行得通呢？我只是提出了一些原则性的建议，而要将这个原则性的建议付诸实施，则需要教师有更多的努力、更深刻的反思以及更明智的选择。然而，我有什么权力对他提出这些要求呢？一名教育行政官员可以凭借他所拥有的权力而提出各种合理的或无理的要求，而我的合法性权力有哪些？以知识的名义还是以理性的名义？或者仅仅以我所从事的职业的名义？

我自认为已经把道理讲透了，然而当面对那些案例当事人的诘问时，我所感受的，只有讶异。实践本身已经表明现行的做法行不通，却又要固执己见。这种固执己见并非全然是非理性的。它可能恰恰见证着一种盛行于日常生活中的教育理念，一种从学校的管理者到家长所共同持有的教育理念。处于这种教育理念背景下的教师个体，要想有所突破，必然要冒着巨大的风险。从这个意义上讲，教育是要有勇气的。尝试抛弃传统的习以为常的做法，对于每个人来说，殊非易事。遵循常道，安全却充满着焦虑与苦恼；抛开常途，充满着风险，却可能有意想不到的收获，从而获得意想不到的惊喜。这就是教育之难。

当我们感觉难以改变教师日常的观念时，教师在日常的教育生活中往往会产生同样的感受，那就是他们在许多情况下也很难改变学生的观念。因为有一些前见的东西，这些东西以非反思的形式出现在自己的思维之中，并不为思考者所觉察。而恰恰是这些前反思性的东西，制约着我们的日常思维以及对问题解决方案之选择。这是一些给定的前提，一种理所当然。一切的思维和推论都是由这个理所当然的前提推演出来约。如果不对这些前反思性的东西或理所当然的东西进行深入的反思和批判，则人们便不能认识到自己的思维之误区和盲区。单独凭借一己之力，其实是无法将那制约思维的前反思性的东西显现出来的，这需要借助于外在之力，进行反复探询。

以上所说当然也是一种乌托邦，一种以为教育问题都可以解决的乌托邦。如果没有解决，那只是人们偏离了理性之规定，或者暂时还没有找到解决之道。或是一种进步的观念，一种目前最为流行的发展的观念。教育中的进步就是对无序的控制，对影响学生发展的因素之控制，是学生自治的不断增长。然而，倘若方向错了，则我们愈是努力，就愈偏离目标。就我所涉及和思考的个案而言，则我们愈是对学生严加管制，我们就愈是不能达到我们所期望的目标。

理　解　力

近代的教育理论必须承认，自然在人与人之间造成了非常大的差异，特别是在理解能力上。这是所有学校教育必须要面对的前提。不承认这个前提，则教育就只能是面向少数人。必须看到，一些学生在理解力上明显地超过其他人，与此同时也必然有一些学生在理解力上低于其他人。为此，就需要教师根据学生的理解力来实施不同的教育。

现代学校教育的困惑在于，如何依据学生不同的理解力而实施有差异性的教育。因为教师在教育过程中，所面对的并非往往是作为群体而出现的学生，也非如卢梭那样只是面对爱弥尔一个人。这就是说，现代学校教育实践的发生是以无差异的个体为前提的。差异性的存在因为群体而演变成无差异的存在。换言之，在班级授课制下，教师其实是"目中无人"的。

可教性的概念则使理解力之差异的事实被遮蔽起来。由此，人们便产生了一种错误的认识，以为可教即意味着每个儿童可以获得人们期望他所获得的东西；忘记了这样一种可能性，即不同的儿童对于不同的东西可能存在不同的领悟能力。理解力的差异一方面表明对同样的东西不同的人可能会有不同的理解；另一方面则表明，不同的东西，每个人都有他能够达到的理解。对某一方面理解力的不足并不表明对另外事物的理解力也同样不足。

实际上，我们总是不愿意承认儿童存在理解力方面的差异。不过，对于成年人，我们能够对此不加以否认。例如，就我对自己的判断而言，我的理解力就不如那些在大学中特别杰出的老师。并非是我没有志向，也并非是我不够努力，可为什么会这样？可能的原因是，成年人的理解力已经定型，而儿童的理解力则处在发展的过程中。每个人最后会获得怎样的理解力，在教育的过程中是难以确定的。只有经过一定的教育之后，特别是在一个阶段的学习之后，理解力的差异才会显现出来。

理解力的差异可能并非是学习的结果。因为，学生的学习结果是与许多因素联系在一起的。学习不好，并不意味着学生的理解力就一定差。毋宁说理解力乃是人们对于事物的把握和认识能力。概念的学习当然能够反映出理解能力，不过这也要人们在同等努力的情况下才能够这样来说。

不过，说不同的学生存在着理解力方面的差异，实际上是一个含糊不清的说法。因为当理解力成为一个叙述的概念时，这个概念无意间将理解的对象遮蔽起来，从而理解力便成为一个纯粹的抽象概念。严格说来，理解力作为概念，它是不能脱离主体所欲理解的对象而孤立地言说的。说一个人理解力差，是说一个人在理解某个具体的事物或对象时，较之别人显得差，或者是在给定的时间里不能很好地理解某个特定的对象。由此就会出现这样的情形，即同一个对象，不同的人可能会有不同的理解，即表明不同的人有着不同的理解力；而面对不同的对象，同一个人也会有着不同的理解。因此，不能笼统地说一个人的理解力高或低，而必须结合理解的主体和理解的对象来评判一个人理解力的高或低。一个人对于抽象符号的理解力可能会低，然而这绝不意味着他对某些实际活动过程的理解力也低。相反，那些对抽象符号有着较好理解的人，可能恰恰不能很好地理解人类活动的操作过程。

表象与事实

我们生活在一个表象的时代。

各种表象而非事实构成了人们日常生活的基本对象，并且成为人们日常生活的组成部分。

表象不是假象。假象是事物的非本质的呈现，是事物的本质以扭曲的方式而呈现出来的现相（不是现象）。在日常的生活中，假象主要是人们以某种故意的行为而释放出来的且与真正的存在无关的各种信息，是一种行在此而意在彼的表现。例如，人们的强作欢颜，非真实性的信息传递，等等。表象是以公开的方式或以日常所习见的方式而呈现某些事物及其状态。它是真实的，只不过是将事物或事态的真实性以更加醒目和更加让人关注的形式呈现出来。表象包含着真实性，但却并非是本质意义上的真实性，而是经过刻意加工而形成的真实性，是事物的本来面目的展现。

由此，这个社会便被区分为两种人，努力于事实的人和努力于表象的人。前者通常总是以是什么便是什么的样态将自己呈现在公众面前，不做作，不修饰，不空谈，不哗众取宠；后者则极力将自己的行为表现遮蔽起来，而努力将那些看起来好像是某些品德的东西呈现在公众面前。尽管这些东西不极力地呈现也存在，但刻意去这样做的时候，就有了某些表演的成分。表象是让他人能够看到的现相，并且这个让他人看到的现相，一定要能够引起人们的惊异和震撼，才能够达到表象制造者的目的或企图。表象由此成了一种工具和手段，成了人们表演的绝妙的文饰。

人们之所以如此看重表象，是因为表象具有重要的社会功能。首先，它能够让那些权贵者看到下属的丰功伟绩。这些丰功伟绩不仅仅是下属的，而且亦是他们本人的。因此，表象与其说是向上级奉献的大礼，不如说是通过恰当的方式让上级进入表象之中，成为表象的核心组成部分。其次，表象具有掩饰变化的功能。在这里，人们往往借助语言而将自己所欲真正追求的东西掩蔽起来，而让公道性的东西显现于外。例如，新事物的显现，往往需要借助于表象而得以成功实施。表象让变化着的事物变得不那么有变化，让人们感觉有威胁性的事物变得不那么有威胁。最后，表象具有凸显的功能。仅仅是有事实是不够的，还必须有表象来显现事实。人们的生活之必需，都是由他人提供的。提供生活之必需的人们，每日的生活都是真实的。实际上，不仅是生活之必需的提供，与此相关的各种精神性的活动以及由此而产生的产品，都属于基本的事实。不过，这仍然需要表象来彰显那些管理者。

有人说，这是一个表演的时代。而我则说，它更是一个表象的时代：做什么仍然是重要的，但更为重要的是，所做的这些事情是否为他人所知悉、所了解、所赞赏。换言之，重要的不是是否做了某些事情，而是这些事情是做给谁看的。如果一些事情非常丑陋，但只要它们不为某些特定的人们所知悉，那么就可以为之。反之，某些事情固然不是那么让人称道，但如果为公众所知悉，那么它就会受到人们的斥责。

差异与反感

休谟在《道德原则研究》中说："不可能想象任何一个人类被造物竟能认真地相信，一切性格和行动都一样有资格获得每一个人的好感和尊重。"这当然是一个可以根据经验而加以判断的命题。我们也可以在此基础上对此加以改造，而得出这样的结论：一切性格和行动，总会受到某些人的反感与厌恶。而自己的日常经验也告诉我们，某些性格和行动，我们往往并没有好感，也并不给予尊重，例如我们的讨厌之情、反感之情等。当我们产生某种反感或讨厌或鄙视的时候，我们也很少去深入地思考这样的问题：为什么我们会对某些对象不喜欢甚至是厌恶呢？我们只是依自己的情绪而行动，而很少去做深入的思考。

当我们反感他人的性格和行动的时候，或许完全没有想到，我们自己的性格和行动也可能遭遇同样处境，即被他人反感或鄙视。所有被反感的对象绝不会无动于衷的。他们必然会有所反应，并产生出类似的情绪。

反感或不尊重是如何发生的呢？依休谟之见，一些人之所以会对另外一些人的性格和行动没有好感或厌恶，是与人的差异性有关。恰恰是人与人的差异性，使得每个人的性格和行动都不一样。不过，差异性只不过是一个事实而已，而好感或反感、尊重或鄙视，都是与人们的态度或情感有关。通常每个人都愿意与有较大共性的人相处，而对差异性较大的他者往往敬而远之，或者干脆群起而攻之。有人说，这是人的自然倾向，也有人把这种倾向归之于生存之境况，一种对生存之安全的寻求，更有人从理性的角度来解释这一现象。不管怎样解释这种倾向，一个人对另外一个人总是会表现出一定的倾向性的。这种或亲近或疏远的倾向性或许果真和人与人之间的共同性或差异性有关。

反感与不尊重对于社会的和谐来说是致命的。因为这些因素的存在，使得社会有可能陷入混乱之中。为了不因差异性而导致社会之混乱，自由主义者因此祭出自由的旗帜，以使得人们不会因为差异性而彼此反感或不尊重。即使无法做到使人们从内心深处排除反感和不尊重，至少也要使人们在行动上或者说在表面上认可这种差异性。

实际上，人与人之间的相互关系，并不就是彼此的相异或不同，即差异性。只是，一些人看到了差异性，便从差异性出发来思考所有的问题。所幸，还有另外一些人，他们所看到的并不是差异性，而是共同性，并赋予共同性以更大的意义和价值，由此而得出截然不同的结论。同样，一些哲学家看到了人们彼此之间的反感与不尊重，却没有看到人们之间的好感与尊重。这便是看世界的眼光和视角。人们在日常生活中总会显现出同与异，有人看到的是同，有人看到的则是异。有趣的是，人们往往夸大他们之所见，即从夸大的前提出发来判断全部的现象之本质，其结果就不免产生谬误。

教育与完美

追求完美几乎是人的天性。人们对现实所持有的批评与不满恰恰可以看作他们是追求完美的反面表现。追求完美的这种心态，约翰·劳概括为："指望一切事物都是完美的，期望一切事物如果变得完美就会胜过它们实际的情形。"这种心态不仅在政治事务中见到，在教育事务中则尤为常见。当教师不断地指责他的学生时，当教育管理干部不断地指责教师时，当教育理论工作者不断地指责教育实践时，所有的指责都为我们勾画出一幅幅不完美的图画：有问题的学生，有问题的老师，有问题的行动。而所有这些问题都源于指责者内心所确立的有关学生、教师、教育实践的完美形态。

对完美性的期望总是预设着唯一完美性的存在，即人们已经建构并形成统一的、完美的理念。只有在这种情形下，完美性才会获得真正的用以评判现实之物或人的意义。倘若人们或社会没有形成统一的完美性的概念，则会怎么样呢？对于后者，约翰·劳进行了精辟的分析：对某些人而言是更好的事物对他人而言却几乎肯定是更坏的；那些对某些人而言的更好、更简洁和更完美的事物是不牢靠、不确定地依赖他者的工作，并且常常是依赖他者的痛苦。这是一种典型的后现代的观念，一种以不承认绝对性和永恒性为前提的概念，大概也是能够为人们所认同的概念。且不论完美与他者有着怎样的关系，一个显见的道理是，任何完美都意味着艰辛与付出。在日常生活中，追求完美的人，总是要比他人付出更多；而当完美是对他者提出时，对完美的期望就必然意味着他者为此要付出更多。据此，约翰·劳的话是非常有道理的，即完美的背后是痛苦，完美与痛苦相伴而生！

每个人都拥有一种确定性的关于人、事或物的完美概念。我们就是以这种确定性的完美概念来行动的，至少是以这种确定性的完美概念来对外在于己的人或事提出要求的。完美概念的确定性也仅仅是在个体的意义上才是成立的。由此，完美的理念与现实事物之不完美性，就会形成一个鲜明的对比。在这种情形之下，人们往往看不到体现在与完美性理念相对应的人或物之上的某些方面的完美、完善，因而看到的便总是那不完美、不完善的方面。人们的指责、批评、抱怨、牢骚等，皆由此而来。在教育活动中，这种情形最为常见。不是老师不想发现学生的优点，而是老师太自以为是地认定着自己完美性的概念。令人悲哀的是，老师往往感觉不到这其中到底什么地方出了问题。各种教育理论，特别是主张赏识教育的理论，并没有说出其中的道理。

对完美性的期望造就着我们这个社会，同时也推动着这个社会不断地变化。不过这种造就与推动也不是无条件的，而是有着严格的社会关系之前提条件。并非所有的完美性概念都可以成为评判的标准与行动的准则。只有那些拥有优势地位的人们之完美性的概念才会成为一种被人们视为确定性的概念，其余一切都属于落后陈旧的东西而必须予以清除。教育就是这个清除的工具，它让某些完美性的概念中心化，而让更多非完善性概念边缘化。在特定的生活范围内，总有某种强势的概念主导着完美性意识。

概念与事实

面对概念，人们常常忘记了现实或概念所指的对象，以为概念所指乃是某种非现实的存在，因而一定是现实生活中所难以寻觅的东西，如"课程资源开发"。我们提出这样的问题——农村教师课程资源开发有着怎样的取向，则人们首先所想到的乃是农村教师有课程资源开发吗？在此问题发问者的心目中，课程资源开发一定是一项非一般的活动，因而是一般教师所不愿也没有能力从事的活动。于是，我们在用抽象的符号表达与人们的实际行动之中，无意间划出一道深深的裂痕。

然而，如果我们对农村教师在日常教育教学活动中的各种行为进行经验的描述与深入的分析，那么就会发现，课程资源开发这一活动其实早已贯穿在教师的教学之中，甚至在"课程资源开发"作为命题提出之前，就已经存在各种形式的课程资源开发活动。一个简单的事实即可以说明这一点：任一教师课堂教学所呈现给学生的，都不可能完全是课程自身的内容，必然包含着课程之外的各种素材。这些与课程相联系却又外在于课程的素材，恰恰是教师课程资源开发之结果。

也许教师自己都没有意识到，他们每日都在不同的程度上或在不同的方面进行着课程资源的开发。当我们面对教师提出有效课程资源开发的相关问题时，通常教师都会矢口否认，认为自己的教学任务特别繁重，教学工作的压力特别大，全部的精力都集中在学生学业成绩和升学率上，哪有时间进行课程资源开发？但经验告诉我们，实际行动所表现出来的与人们口头言说所表现出来的，存在着极其严重的不对称。

为什么会出现这样的现象呢？首先，为什么在日常的生活中，人们往往会否认自己每日都在进行着概念所意指的活动呢？这里面一个关键的因素是，人们通常赋予概念以理念化与普遍化，从而难以在理念的和普遍的意义中发现具体与个别。其次，学者们在思考问题时，有意无意地将概念神圣化与绝对化，也使得行动中的人们产生一种错误的认识，以为学者所提倡的东西都是他们无能为力的东西。此外，每个概念都会在概念使用者的头脑中形成某种镜像，而正是这种镜像使得人们产生一种错觉，以为这种镜像是不可能在现实中存在的。反复的探询能够在概念与现实的裂痕之间找寻一个可贯通的桥梁。然而，这种探询也并非是无条件的，而是以概念的准确把握为前提。从某种意义上讲，之所以认识不到现实中已经包含着概念所包含的因素，主要是因为人们对现实没有准确把握。概念的镜像乃至幻象都与此有关。还有一个不可忽略的因素，就是人们的想当然。思维惯性与惰性，使得人们不愿意去对这类问题作深入的思考与探究。

就课程资源开发而言，它无疑是教师一直在进行的活动，并构成了日常教学活动的重要组成部分。当教师搜集各种相关的素材来充实教学内容时，当教师不断地将校外生活的片断与事件引入教学活动之中时，尽管教师未必能够自觉地意识到或说出"课程资源开发"，然而他们却实实在在地在进行着课程资源开发。这是一个无可辩驳的事实。需要进一步思考和研究的，是有关在这个过程中教师所面临的困境与困难问题，教师在进行课程资源开发时的基本价值取向问题，以及所开发出来的课程资源在教学中的作用与价值问题。

不　平　等

不平等问题只是近代以来才为人们所关注和思考。不平等是一个事实的存在，至少在描述的意义上可以这么说。令人们感兴趣或要加以抨击的是，这些事实状态的不平等是如何产生的。因此，与其说人们是关注不平等本身，倒不如说是关注不平等产生的根源以及多大程度上的不平等可以为人们所接受。首先，不平等的根源是复杂的。大体而言，人的自身状况、外在的社会制度、个人的努力以及各种机遇等，都可能导致不平等。例如，在许多情况下，不平等并非是外在的社会制度造成的，而是由人们的懒惰所造成的。不过，许多人却并不这样来看。他们通常把不平等看作社会制度的产物。其次，不平等本身不是问题，真正的问题是，人们对不平等的接受情况。如果不平等是在人们可容忍的范围之内，则这样的不平等就不太会引起人们的关注；当不平等超过了人们所能够容忍的限度之后，对不平等的批评以及尝试改变不平等之现象的努力就会出现。

有意思的是，帕斯卡尔对不平等持有这样的观点：人与人之间存在着不平等是必要的，这一点是真的；但是承认了这一点就不仅是对最高的统治权，而且也是对最高的暴政，大开方便之门。帕斯卡尔的意思是，一旦承认了不平等，那么统治者就会借助这个承认来实施暴政，制造更大的不平等。这是一悖论，不承认不平等，社会就无从改变不平等；而一旦承认不平等，则同样难以改变不平等。显然，帕斯卡尔并不反对不平等，他所担忧的只是对不平等承认的政治性后果。其实不仅仅是帕斯卡尔，绝大多数思想家对不平等本身也并无根本性的反对。他们与其说是在反对不平等本身，倒不如说是在反对不平等的产生。对于任何一个社会来说，不平等都是必要的，或者换言之，不平等乃是合理的存在。既是一种必要的或合理的存在，却同时也是一种有害的存在。那么该如何处理有关不平等这种矛盾或冲突的关系呢？无论如何，我们都不能对不平等只进行言辞上的承认，不能仅仅公开表明对于不平等的反对；我们需要既认为不平等是必要的，同时又不公开地承认这一点。

不平等可以分为自然的不平等与人为的不平等。对不平等的否认，主要是在人为的不平等的意义上来说的。对不平等之必要性的不承认，恰恰也是指向一种非人为的不平等。权力可以带来平等，权力也可以带来不平等。而从描述的意义上看，权力之带来不平等乃是一基本的事实，无论人们怎样辩解都难以掩盖其事实。不仅如此，即使是在社会不断发展的当下，人们仍然在通过各种不同的方式来制造人为的不平等，仿佛制造出某种程度的平等，就会给社会带来毁灭性的灾难似的。

自由主义者如哈耶克，强调法律面前人人平等，包括社会规则和道德的平等，强调国家对每个人要平等对待，却反对制造平等，亦即反对制造一种结果意义上的平等；同时也反对国家对其公民施以差别对待。从这种既赞成又反对的主张中我们可以看到，平等是必要的，不平等又是不可避免的。平等是在政治领域，而不平等的主体表现在社会生活领域。前者是以形式的意义上来讲的，后者是以实质的意义上来讲的。平等主义者试图在政治和社会领域实现平等，以为任何的不平等都是恶的，因而是要加以清除的。因此，他们明确地反对制造不平等。就平等或不平等的制造而言，两者所使用的平等概念的意义是相同的。只是，价值取向不同，最后关于平等的主张也出现根本性的差别。

也许人类根本无法实现完全的平等，但不管最后人类的平等境况如何，也不管我们现在的处境如何，关于不平等，社会或国家都需要确立一个道德底线，即坚决反对制造不平等，无论是规则上的还是实质上的。如果不平等并非是制造的结果，那么我们每个人大概都需要以一种心平气和的心态来接受它。

共识的困惑

一项工作，如果需要多人合作完成，那么共识问题就会出来。社会组织的合作行动，一个最大的困惑是组织共识的达成。没有共识，则社会组织行为就可能陷入一种形式上的合作，最终可能是所有参与组织活动的个体不能够尽心尽力地实现组织目标。由此，有关共识的达成就成为社会学、政治学、管理学以及心理学等学科共同关注的问题。例如，哈贝马斯的交往行动理论就试图借助交往理性并通过商谈或对话来达成共识。然而，在现实的生活中，商谈或对话的最终结果，仍然并非是真正意义上的共识。在这个过程中，必然会有某种意义或观点占据着主导地位，并使得其他的观点或意见被边缘化，被人们所忽略而不能成为组织追求的目标。对话是否就一定意味着平等，本身就是问题。不是人们设想平等，就意味着对话就是平等的。因为在对话的过程中，每个人都是活生生的存在者，都以特定的社会角色和背景经历而参与到对话中来。如此，进入对话的所有参与者，就已经预设了某种身份的不平等。设想的平等必然会遇到现实的不平等。其结果是，共识往往是不平等地位的对话者对某些观点的勉强认同而已。

有两种方式可以形成组织共识：一种是独断的方式，即某种观点借助于权力而成为主导性的观念，并强行在组织内部推行；另一种就是现在人们普遍推崇的所谓民主的方式。然而，即便是通过民主的方式而形成的共识，也不可能是在完全的意义上为每个人所认可，只不过遵循某种先定的程序，少数人的观念或观点不得不服从多数人的观念或观点而已。因此，通过民主而达成的共识不过是较弱的一种独断表决而已。

实际上，在组织群体内部，每一种观念都希望能够成为主导性的观念。一种观念或观点一旦被表达出来，那就是某种主导性思想的表现。对于另外一种观念或观点的质疑或否定，本身也是某种其他观念或观点的潜在表现，只不过这种观念或观点还没有借助于语言而表达出来，但是它已经开始萌芽。为什么人们都想使自己的观念或观点成为主导性的观念或观点？这里当然不完全是虚荣心在作怪，在很大程度上，它体现了观念的表达者之个人的偏好，以及观念背后可能存在的利益。人们总是喜欢在符合自己的偏好的情况下来展开其社会性的行为。个人的好恶或情绪反应，都可能使得一个人偏向于某种观念而厌恶另外一种观念。由此而带来的结果，则是社会组织内部的观念的斗争。斗争不完全是以赤裸裸的利益的方式而展开，也不完全是以直接的恶语相加的方式而展开。观念的斗争是社会组织成员之间更深刻、更严重的冲突。

观念斗争的结果，是某种观念的退让，或称之为"妥协"。通常人们将这种妥协的产物称之为"共识"。不过这种共识的背后，仍然是冲突的观念或观点。社会组织仍然没有达成共识。所有的共识都只不过是一种假象而已。但是，对于社会组织来说，这又是非常重要的而且是必不可少的假象。没有这种假象，就不可能有社会组织行动。没有这种假象，则社会组织成员都可能会感到非常痛苦。而这种假想的共识就表现在看似热闹的对话或商谈的过程之中。因为要使得某种观念或观点被所有的参与者都认为是有道理的，因而是值得追求的，似乎是不可能的。无论某种观念或观点如何正确，总会有不同的观念与之相对抗。也就是说，总会有人认为，被认识是正确的观念或观点在某些方面是没有道理的，是不值得追求的。

共识的达成不仅仅是技术或组织技巧问题，而是更深层次的认识一致问题。如果我们还能够承认可能会达成某种共识的话，那么所达成的共识也一定不会有很多实质性的内容。也就是说，人们所能够达成的共识也仅仅在于某种行动的意向性，至于如何行动，如果真的听取所有行动参与者的意见，则一致的意见几乎是不可能的。但是行动又是必需的，不可等待的。因而，共识的假相就替代真正的共识而发挥着行动的观念基础的作用。

上述主张未免有些悲观，不过它却是符合现实的。

教育与人性

"如何超越人性"，这个问题因为被权威学者否定而使得问题的提出者觉得很难堪，认为自己提出了一个很无知的问题，担心在他人的心目中产生这样一种印象——连常识也不知道。然而，在我看来，这个问题尽管可能有着这样那样的局限，却是一个很有价值的问题。其局限性在于，这个问题本身就预先假定，人性是有问题的，是不完善的，因此需要对不完善的人性加以超越；人性是可以超越的，只是我们不知道如何超越。但是，这样两个前提都一定成立吗？这正是它的局限性所在。这个问题的价值在于，它促使我们思考并追问这样一个根本性的问题：人性是什么？教育与人性之间存在着怎样的关系？倘若人性是不能超越的，那么教育的意义何在？倘若人性是能够超越的，那么这种超越的基本条件是什么？被超越了的人性又成为什么？

从逻辑实证主义的角度来看，所谓人性本来就是一个形而上学的概念，一个既不能证实也不能证伪的存在。因而，无论是"人性能够超越"或"人性不可能超越"，都是形而上学的命题，是没有什么意义的，因为它们都是无法用经验加以验证的。对于形而上学的命题，逻辑实证主义的态度是不予理睬。然而，对于属人的存在，逻辑实证主义有它无法着力之处。人的存在与生存，需要形而上学为基础或支持。教育也同样是一个需要形而上学基础的活动领域。因此，尽管人性对于逻辑实证主义哲学来说是无意义的概念，对于教育来说，则是一个需要在理论上加以思考的问题。

人性之超越或人性之不能够超越，其实蕴含着两种根本不同的人性假设。就人性能够超越而言，人性是不完善的，是恶的。人性恶本身就意味着人性之需要超越。这种超越的途径在于立法和教育。我相信，在提问者提出这样的问题时，这种人性观已经隐含地存在了，只不过他没有说出来而已。或者人性是分裂的，人性可以分解为人的自然性和社会性。因而所谓人性之超越，就是通过外在的和内在的努力，来增加人的社会性而减少人的自然性。这是从性恶论或人性的构成论出发而得出的结论。但是如果将人性看作人的自然，是人之为人的本质之所在，则人性便无超越之说。莱辛说："给予我们的是教育，但一百多年来，我们在改造欧洲人的性格方面却收效甚微。"雅斯贝尔斯也说："教育只能根据人的天分和可能性来促使人的发展，教育不能改变人生而具有的本质。"以上说的都是人性之不可超越性。

人性之超越性，使得我们对于教育与人性的关系之理解并无多大的困难，但是教育却总是在不断对这种命题本身提出实践的质疑：自古至今，人性并无根本的超越；人性之不能超越，则使得我们对教育失去信心和希望，即教育究竟对人起着怎样的作用？各种现实的提法，如人的完善，人的提升，人的潜能的开发，人的价值的实现，其实都与人性的超越没有直接的关系。由此，人性与教育的关系问题便被悬置起来，仿佛这根本不是一个有意义的问题。提问者之遭到否定，本身就是这种状况的反映。然而，在我看来，它却是教育最为复杂也是最为根本的问题。自古至今的教育家们，都在直接地或是间接地思考着这样的问题，并且得出各自的结论。

人性，或者是现实人的归纳，或者是理念人的建构。前者是现实的，因而也是有缺陷的。因此，超越是不可避免的；教育就是超越，就是对现实人的否定。理念人是完善的，是真正的，因而是需要通过教育加以实现的。后者不是超越，而是发展。我们的教育观取决于根本的人性观。每个人都有其人性观，相应地也就拥有他或她对教育与人性之关系的不同的看法。

我相信，倘若真有什么人性，那么这种人性也是不可超越的。教育不过是根据人之本性来促成人的发展而已。无论人是什么样的存在，理性的存在、政治的存在、选择性的存在、自由的存在、劳动的存在、自爱与同情的存在等，作为人的规定性，它是不变的，因而也就是不可超越的。然而，这绝不意味着，由此就能够对"人性如何超越"问题加以否定；相反，因为问题本身的复杂性，它反而让我们认识到这个问题的意义和价值。

事件的解释

任何事件发生后，人们总试图对此加以解释：为什么它发生了，或者到底是哪些因素导致了该事件的发生。这是一个有关事件或事态起因的问题。从日常生活事件到为社会关注的大事件，从日常经验到社会科学理论，人们都在作出各种各样的解释。然而，对于生活在现代社会中的人们来说，人们更倾向于将事件的发生归之于外在的因素，归之于物质性的力量，因而事件之发生就具有了必然的宿命论的色彩。在这种倾向下，个人往往会体验到一种无力感，仿佛是被抛向惊涛骇浪中的一叶小舟，无法把握自己的命运与前途。

然而，艾伦·布鲁姆则认为，社会事件是人们思考和选择的结果。布鲁姆写道："倘若有人只把谋利看作人们行为的动机，那就很容易解释这些行为。只对真实的事物加以抽象即可。他马上就会只注意这种预设的动机。人们一旦开始相信这种理论，他们就不再相信自己还有其他动机了。社会政策若是建立在这种理论上，最终就会成功地造就出符合这种理论的人。"这样看来，"我们之所以是我们所是的存在者"，并非是因为外在的某种或某些因素的存在之必然结果，而是某种理论的结果，亦即他人思考和选择的结果。如是，则我们仍然是被控制的。只不过控制我们的，并非是某种宿命，而是某种理论。因此，这样的结论就不足为怪："在人们认为自己软弱的民主政体中，他们太易于接受自己就是软弱的理论，这种理论让人相信不可能采取控制措施，使他们变得更加软弱。"当然，也可以这样来解释人们对理论的接受，即对某种理论的接受仍然是思考和选择的结果。但是，问题在于为什么"在人们认为自己软弱的民主政体中，他们太易于接受自己就是软弱的理论"呢？显而易见，这其中的选择余地非常有限。就是说，我们几乎没有选择。倘若连选择的余地都非常有限，那么"社会事件是人们思考和选择的结果"这一命题，就失去了它所立论的最重要的前提。

倘若"社会事件是人们思考和选择的结果"这一结论成立，那么就需要追问，是什么决定着我们的思考与选择，以及我们应该怎样思考和选择。任何的思考和选择表面看来是纯主观的事件，然而，其背后却似乎包含着任何人都无法抗拒的客观因素。就布鲁姆的主张而言，现实的理论在引导着人们的选择，而这些理论本身是有问题的。因此，倘若一个人进行真正的思考和选择，就需要有一个可供比较的视角，而不是单纯地从现实的理论出发。只有在比较中，通过比较而获得新的体验，人们才能够作出真正的思考和选择。在这个意义上，事件就是人们思考和选择的结果。所以，对于人们应该如何思考，布鲁姆建议应该回到古典中去，换一个思维的视角来重新审视现实的理论。在布鲁姆看来："对于生活在被抽象概念改变了的世界、自己也被抽象概念改变了的现代人来说，重新体验人的唯一办法，就是依靠那些思想家的帮助去思考这些他们所没有的抽象观念。"在这种理论的引导下，阅读就是人们重新思考的必要选择。对于如何阅读，布鲁姆的建议是：霍布斯对各种美德的功利性描述在心理学中大获全胜，应当把它与亚里士多德的描述加以对照，为了恢复真正的辩论，从而恢复人的现象，必须同时阅读亚里士多德和霍布斯，以了解他们各自从人身上看到了什么。

困 惑 卢 梭

卢梭说，人生来就需要接受教育。这种教育由三部分组成："或是受之于自然，或是受之于人，或是受之于事物。我们的才能和器官的内在发展，是自然的教育；别人教我们如何利用这种发展，是人的教育；我们对影响我们的事物获得良好的经验，是事物的教育。"读了这一番论述后，我们对有关卢梭所说的人的三种教育仍然不甚了了。什么是自然的教育呢？人的才能和器官的内在发展，严格说来还不能称之为教育，它不过是人的自然发展之过程。什么是人的教育呢？什么是事物的教育呢？良好的教育是否包含这三个方面？如果是，则三者之间是什么关系？

在卢梭看来："自然的教育完全是不能由我们决定的，事物的教育只是在有些方面才能够由我们决定。只有人的教育才是我们能够真正地加以控制的。"自然的教育不加以控制，那么它如何能够称得上是教育呢？卢梭真的认为，人的教育是能够加以控制的吗？显然不是。因为卢梭随后补充道："我们的控制还只是假定的，因为谁能够对一个孩子周围所有的人的言语和行为通通都管得到呢？"

对于卢梭来说，所谓受到良好的教育，就是三种教育保持一致。然而，由于自然的教育是人所无法控制的，因此，所谓良好的教育，就是努力使人的教育与自然的教育保持一致的教育，使那部分能够控制的事物的教育与自然的教育保持一致。但是，教育者是否有能力让三种教育保持一致呢？对于现代社会的人们来说，教育的过高期望，使得每个人以为，通过一种教育艺术，可以使得人的教育、事物的教育与自然的教育保持一致。然而，在卢梭看来，完全地保持一致是不可能的。它不仅需要人们的殚思竭虑，而且还需要一点点运气。没有那一点点运气，就难以做到保持三者的一致。如果是这样，那么这种对于个体而言良好的教育，在现实的生活中显然是不存在的。然而，这种推论只是建立在"人的才能和器官的内在发展"之尚未能充分认识的前提下。若"人的才能和器官的内在发展"能够为人们所认识，如现代心理学理论所发展的那样，那么保持三种教育之一致，是否就已经具备了事实的基础？

三种教育的圆满配合才能够实现教育的目标，而且必须使人的教育和物的教育配合无法控制的自然的教育。其教育目标就是"自然的目标"，也就是"人的才能和器官的内在发展"。但是在这里卢梭似乎显得有些犹豫不决。一方面，他说，"自然的目标"是"刚才论证过的"，另一方面，他又说，"自然这个词的意义是太含糊了，在这里，应当尽量把它明确起来"。的确，不理解卢梭所说的自然的含义，也就无法理解卢梭整个教育设计的意图。而就理解的起点而言，则理解卢梭的"自然"，也就意味着我们对卢梭的"自然的教育"和"自然的目标"之把握。

卢梭将"自然"看作"习惯"，一种"只限用于适合天性的习惯"。这样的解释似乎很明确了。然而，问题又来了，习惯与天性到底存在着怎样的关系？习惯是后天养成的，而后天养成的东西又如何成为自然了？与习惯相关联的，往往是"习性"，那么自然与习性又是什么关系？尽管古人早已有论：习惯是人的第二自然（天性）；但是习惯与天性判然有别，后者可看作第一自然。那么，卢梭在这里是在折中的意义上来使用"自然"这一概念的？如果将"自然"理解为人的天性，则这样的理解较之把自然理解为"适合天性的习惯"要容易得多。此外，卢梭还说，"教育确实只不过是一种习惯而已"，更让人觉得难以把握。如果教育是一种习惯，那么我们也同样可以说，教育是人的第二天性。这就意味着，没有教育，人也就不称其为人。康德认为，人只有通过教育才能成为人以及人只有通过人，通过同样是受过教育的人，才能被教育。这与卢梭的思想是内在一致的。

自然、天性、习惯、习性，四者之间之应有关系，在卢梭那里应该是清楚的，所不清楚者只是读者而已。如果我们把自然等同于天性，那么习惯与天性最为相近。天性与环境的相互作用，形成人的习惯；由习惯进而形成人的习性。所以卢梭说，"只要人还处在同样的境地，他就能保持由习惯产生的习性"。习性是最不自然的，然而，所有的人都又无可奈何地拥有这样那样的习性。从这个意义上讲，人就已经是最不自然的了。或者说，人的习性之形成恰恰是人的自然的另一面。由于习性离自然最远，因而在卢梭的语境中，习性就成为一个非常令人怀疑的对象，因而也成为教育所需要努力避免产生的对象。

教 育 惩 罚

卢梭在《忏悔录》中写下了一段话，提醒所有的教育者，必须谨慎地用惩罚的方法对待儿童。因为，某些惩罚恰恰不是在中止惩罚，而是在惩罚者意想不到的情况下，鼓励儿童的违规行为。卢梭写道，"朗拜尔西埃小姐对我们不但有母亲般的慈爱，还拥有母亲般的权威，遇到我们应该受罚的时候，她有时也采用惩罚子女的办法。有一段相当长的时间她只是以惩罚来恫吓我们。受着这种在我看来是十分新颖的惩罚的恫吓，我觉得十分可怕；但是在她惩罚了以后，我却发现受罚倒不如等待处罚的时候那么可怕；而更奇怪的是，这种处罚使我对于处罚我的那位朗拜尔西埃小姐更加热爱。我发现在受处罚的痛楚乃至耻辱之中还掺杂着另外一种快感，使得我不但不怎么害怕，反倒希望再尝几回她那纤手的责打……"这是一个受罚者在被惩罚过程中的心理过程和心理状态。在卢梭的善于描述的笔下，这种受惩罚的心理状态被刻画得淋漓尽致。的确，一个受处罚的人在某种意义上还渴望着处罚的再次发生，这真是一个非常令人惊奇的现象，估计也是大大超出所有教育者所能够想象的现象。以卢梭的看法，这种对于处罚的渴望源于一个八岁小男孩的早熟及某种对母性的依恋。卢梭在其出生时即已丧母。因此，在卢梭的眼中，朗拜尔西埃小姐从某种意义上来说即是母亲的化身。因此，在对早年的这段求学经历的回顾中，卢梭两处用了"母亲般"的字眼，并在另外一处用上"子女"这样的概念。这意味着，卢梭把朗拜尔西埃小姐看作母亲。而朗拜尔西埃小姐对他们的处罚则体现了母亲对于她的孩子的关心与疼爱。

孩子需要母爱！失去了母爱的孩子渴望得到母爱。这也许是卢梭期望朗拜尔西埃小姐的处罚再次降临的根本原因之所在。由此，惩罚就不是通常意义上的惩罚了。对于卢梭来说，它已经成为母爱的表现了。而当母爱不复存在的时候，教育者就成为替代母爱的化身。在儿童就学的早期，我们可以看到教育者之爱对于儿童未来成长和发展之必要和价值。无论是在家里拥有母爱还是在家里没有母爱，来到一个陌生的地方，在实际脱离母爱的地方，教育者就应该义无反顾地承担起母爱之责。

从教育学的角度来看，更值得关注的一个问题是教育者和受教育者对于处罚之意义的理解问题。显然，在教育者和受教育者那里，处罚被赋予了不同的含义。对于处罚意义的不同理解，使得处罚之本身所可能产生的结果发生了根本性的变化。在《忏悔录》中，对于朗拜尔西埃小姐来说，处罚的目的在于减少某种违规行为的出现；但是由于处罚本身被卢梭理解与母爱相关联，而使得处罚给卢梭带来了额外的快感。多少教师自以为得意的处罚，其实际的效果往往是适得其反。

农村学校的家校合作

学校与家庭的合作关系，是教育成功的保证条件之一。丘伯等在思考美国公立学校绩效低下问题的时候，曾经对此有过探讨。在他看来，学校的自我改进必须要建立起和家庭的良好的合作关系，否则学校改进便难以成功。不仅学校改进如此，留守儿童教育以及农村教育中其他方面问题的解决，也同样离不开学校与家庭的密切合作。然而，在现实生活中，农村学校与家庭的良好合作关系还没有很好地建立起来。

学校与家庭合作的表现，就是面对学生存在的问题，学校老师与家长进行密切的联系与沟通，共同商定相关的教育方案或计划，并在此问题上取得一致意见。如果学校和家庭在孩子的教育问题上不能够达成共识，或者对孩子的教育存在认识上的偏差和观念上的分歧，有关孩子教育的方案或计划难以确立，则学校教育的影响力就会被削弱甚至不起作用。这就是我们常说的，家庭应当配合学校做好学生的工作。家长与学校的不合作，通常表现为，对孩子教育的不重视或不关注，无视学校对孩子提出的各种教育要求，在极端的情况下甚至反对学校对孩子的教育主张。当学校面对家长这样的态度时，则学生的教育就会面临极大的困难。

家庭与学校在孩子教育问题上的合作，重要的一环是与学校的沟通与联系。但是在农村，这种联系沟通的情况并不乐观。学校与家长的联系与沟通，其方式主要有电话联系、家庭访问、请家长到学校、电子邮件或网络平台、开家长会以及其他如口信、便签等方式。但是，无论是何种方式，老师与家长的沟通都存在一定问题。

第一，家访流于形式。农村学生家长比较普遍地不太愿意教师进行家访。有班主任老师坦诚地告诉我们，家长之所以不愿意老师家访，一是风俗习惯方面的原因。农民质朴，老师来了，无论如何得招待，否则于理说不过去，但家长又不太愿意招待老师。由于受到这种礼俗观念的影响，一些家长甚至产生了这样一种想法，即老师家访就是到学生家要吃要喝。家长这种观念的形成可能与老师平时不太注意这方面的细节有关。正是因为存在这种现象，所以才导致学生家长产生这样的观念。二是家访通常多以学生在学校出了问题而出现。如果学生没有问题，则老师一般不会家访。在这种情况下，学生家长只要见到老师，就会自然地想到自己的孩子在学校出了什么问题，并且老师的出现也使得邻居产生类似的联想。这种情况的出现当然也与教师家访的缘由或出发点不无关系。实际上，要想改变家访的"告状"名声，教师就必须要转变自己的教育观念，变"告状"式家访为"嘉奖"式家访。三是因为"告状"式而带来的不好的社会影响，即家长不愿意孩子在学校的不良表现成为村子里人所皆知的事实。四是家长忙于工作，即使家长愿意接受老师的家访，老师通常也难以找到学生家长。家长不愿意老师家访，所带来的结果就是家长对待老师家访的冷淡、躲避以及抵制。无论是何种情况的出现，都使得学校与家庭的沟通与交流出现困难。如此，学校对学生的教育如何能够取得家长的理解、支持与配合。

第二，在外打工的家长难以与学校取得及时的沟通与联系。即使是电话联系，因为家长为生计而辛劳，也无多少精力来关注学生在学校的表现与存在的问题。对于这些家长来说，只要孩子在学校不出什么大问题，就可以了。能否成人或者能够成为什么样的人，则在"儿孙自有儿孙福"的观念支配下，顺其自然。有的时候电话联系上了，不过是将学生在学校的表现告知家长，使家长多少了解其孩子的情况，除此以外，对于学生的教育并不能起到什么积极的作用。

第三，有的时候，学生家长并不是不愿意配合学校的教育二作，而只是没有这种配合的能力。这种情况多发生在隔代养育的学生身上。孩子的父母外出打工，将孩子托给祖父母或外祖父母代管。但是，祖父母对其孙辈多溺爱而放纵孩子的行为，想管教而又不知管教之法。在这种情况下，想请家长配合学校的教育，那只能是一种奢望。

上面所说的都是家庭方面的原因。其实恐怕也不能全然把学校与家庭之不合作或难以合作的原因归之于家长。在这个过程中，学校特别是老师也需要进行自我反思。实际上，家庭与学校的教育合作，并不是在学生出了问题的情况下才发生的。严格说来，从学生进入学校的第一天起，学校与家庭就应该建立合作关系，为学生的健康成长共同拟定教育计划。然而，正面的教育合作不常见，常见的往往是在学生出了问题后才求得家长的协助，由此而造成家长的反感，当在情理之中。此外，不可否认的是，一些老师之求得家长的协助与支持，从根本上来说，带有推卸责任的想法，即情况我都告诉你了，你不管，出了事情就不能责怪学校或老师。这种思想支配下的沟通与联系，其实根本上就是一种非合作的思想。

教育家长当然需要，但更重要的是教师的自我改进，即必须要改变与家长联系沟通的主旨、理念以及方式方法以建立起积极的合作关系。另外，我们也应当加强家校合作方面教育理论的研究。现在这方面的研究工作不在少数，然而，真正能够把握根本性问题的研究并不多见。期望家校合作，这没问题，根本的问题在于，为什么不合作多于合作？或许在家长看来，合作与不合作对于孩子的教育并无实质性的区别。而合作毕竟需要一定成本支配的，倘若不合作与合作对于教师而言在收益上没有什么差异，那么为什么一定要选择合作呢？现有的研究将家校合作的关系过于简单化了，其结果是根本性的合作问题被遮蔽。

县片教研中心制度

农村学校由于布局分散，学校教师人数偏少，同年级同学科的教师往往只有一个至两个，由此而带来教学研究的困难。因此，开展教研通常都是同一学科不同年级的教师相聚而交流。不过，又因为教师较少而使得教研的氛围和效果都不是很好。自2001年农村义务教育实行县管体制后，小学的教研活动可以在中心小学的统一安排下进行，相比较而言，教师教研的规模扩大了，合作性和研究性也随之而得到加强。但是，农村初级中学以校为单位的教研活动之格局并没有得到根本的改观。概言之，农村中小学教研活动存在组织难、效果不明显等问题。

为了解决农村中小学教研存在的问题，许多农村学校都在进行有益的探索与尝试。安徽省郎溪县的片教研中心就具有典型意义。郎溪县的一个行之有效的做法是，将全县划分为五个教研中心，俗称"片"，即东片、西片、南片、北片、城区片。全县的教研活动，通常以片为单位来组织进行。这样，从教研活动的组织情况来看，则形成县教研室、片教研中心、中心教研室、完小（完全小学）教研组的组织架构。郎溪县教育局计划，对片教研中心提出的要求是，加强片教研中心建设。中小学各片要围绕全县教研工作重点制订年度工作计划，落实片教研活动，实现资源共享、优势互补和整体进步。各教研组每年至少举行一次片教学开放或教学经验交流活动，开展一到两次片际视导活动。各中小学要促进教研常态化建设，学科教研组每周开展一次教研活动，各校每学期至少组织一次学科公开教学和研讨课活动。在组建片教研中心的同时，还成立学科教研中心组，如语文中心组、数学中心组；所有的学科教研中心组又细分为小学和初中。全县的教研活动或者以片教研中心组为单位组织开展，或者以学科中心组组织开展，形成县教研活动的纵向和横向的组织网络。在此基础上，又成立县学科教学专业委员会。考虑到不同学科的差异，有的是小学和初中分开，如小学语文教学专业委员会；有的则是中小学联合在一起，如中小学英语教学专业委员会。遗憾的是，对于学科教研中心与学科教学专业委员会二者的关系，我们没有进行深入的了解，不知其中的联系与职能的分工。

根据郎溪县教研室2009年教研主要活动安排，教研活动的内容大致包括：全县初中和小学期末调研测试的命题、制卷、阅卷及分析工作，是教研部门的重要工作，也是一项经常性的工作；县教研课题立项研究；全县中小学学科教研论文评选，初中生综合素质评价，中小学教学视导，中学数学新课程调研活动，初中英语课堂教学互动形式专题研讨，中学思想政治、历史、地理小论文竞赛，中考语文、数学、思想政治复习研讨……活动内容丰富多彩，每个月都有若干项活动安排。归纳起来，主要有三个方面的内容，即课程、考试和评教。在所有的教研活动安排中，我们没有见到有关教师在教育教学中所遇到的典型问题的研究，例如留守儿童的教育问题，学校与家长的合作关系问题等。教研活动的内容安排，体现出安排者对教研活动的认识。显然，单纯从教研内容来看，教研的观念还有待更新。目前农村中小学教研活动主要思考这样的问题，即研究教、研究怎么教等问题。这些问题当然是教研的主要内容。但是对于现实学校生活中遇到的典型问题，教研部门如果能够对此加以关注，并将它们纳入教研活动的安排中来，或许更能使教研活动成为实实在在的教师改进的途径。

上述教研内容都是由两个教研中心来组织实施的。如果我们把教研组织网络看作教研的组织形式，那么各种教研活动就是其实质性的内容，而教师通过各种形式的活动而实现专业发展，则是全部教研活动的最终目标。实际上，对于教师来说，重要的是参与教研活动。在日常的教研活动中，人们认为各种教研活动徒具形式而没有什么意义和价值，这样的观点没有看到，教师的自我发展乃是一个成长的过程。缺少参与教研活动，何有教师的专业发展与生成？因此，中国教师参与教研真可谓是世界教育的一个创举。

尽管农村教研活动的开展一点也不比城市来得少，但理论界对农村中小学教研活动之研究却少之又少。现有的各种研究，如人们关于校本教研的各种思考，只是一种应然层面的追求，而少有对农村中小学教研活动作实然的描述与分析。农村中小学教研有着怎样的益处，又存在哪些方面的问题，似乎没有人能够说得清楚。换言之，我们还缺少对农村中小学教研活动的理性认识。从这个意义上讲，将农村中小学教研作为一个课题来加以研究，不仅具有理论上的意义，更具有实践上的价值。对农村教研活动的研究，可以县作为研究单位，也可以学校作为研究单位。像郎溪县的片教研中心，作为一种独特的农村教研组织形式，就是一个可加以深入分析的独特现象。

农村学校布局结构调整

农村学校布局结构调整，是教育改革的重要内容之一。不仅教育行政部门，而且连中小学校长在介绍相关情况以及存在的问题时，都会很自然地提到这个表述。而且通常它总是与"优化与合理利用教育资源"紧密地联系在一起。但是，农村学校布局调整在实施的过程中，则存在不同主体的价值冲突。这种潜在的价值冲突往往表现为实施过程中的不同意见。

从政府的立场来看，所有的学校布局调整，都是基于效益并且服务于效益的，有的时候则用"办学规模效益"这样的表述。农村学生数减少了，教师仍然维持原来的数量，政府的开支相比较而言明显地增大了。从节省办学成本的角度来看，则学校合并，班级学生数达到部颁标准，可以有效地降低办学的成本。这是政府进行学校布局调整的初衷。不过，另外一个方面的理由似乎更具有说服力，那就是通过布局调整达到教育资源整合，使得更多的学生能够享受到更好的教育资源。一所弱势学校被撤除并合并到一所好的学校里，更能够造福于当地百姓，满足人民群众的教育需求。这就是说，学校布局调整，政府有两个方面的追求：一个是效益，另一个是更多的优质。两者归结起来，核心是人民满意。

对于政府所进行的学校布局调整，村民的态度是复杂的。不过，大体而言，可以归结为两类：一类从教育质量出发，赞成布局调整；另一类则从孩子上学路途的远近出发，反对布局调整。不可小看村民的这种反对意见，它是农村学校布局调整中影响学校命运的重要力量。或许正是考虑到农村的需求，所以地方政府在进行布局调整时，所采取的基本原则，概括起来是四个字：因时顺势。这意味着，从大的方面出发，强调调整；同时也不强求。其结果是，农村学校形成了目前的格局，即镇中心小学、村完全小学以及村教学点。村教学点或者一至二年级，或者一至三年级，主要解决低年级学生因路程远而带来的入学不便问题。就农村初中学校的设置而言，大体上仍保留了一乡设一所初中的格局。对农村教育来说，撤乡建镇，仅仅具有行政区划的意义。学校的设置基本保留了原有的格局，或许将来中国农村教育可能的格局是：县设高中一所，镇设初中一所、小学若干，村（行政村和自然村）设学校的格局将不复存在。这只是一种推测。

由此，三种价值取向——效益、质量、方便成为布局调整的制衡力量。就教育质量的追求而言，政府与一些村民有着共同的价值基础。正是这种价值基础，使得布局调整，至少建制意义的小学布局调整成为可能并且也成为现实。另外一方面，政府在进行布局调整的过程中，也不得不考虑孩子上学的便利性。

在布局调整的过程中，教师是边缘化的群体。无论是调整还是不调整，教师都是失语者，不仅难以发表自己的看法与观点，甚至自己的命运也完全被政府所主宰。因此，在这个过程中，我们基本上听不到教师的声音，也听不到教师对此项工作的评价。不过，一般而言，教师对这项工作基本上是持支持与赞成态度的。至少，学校的合并与集中，使得学校食堂的开设成为可能。它在某种程度上也方便了教师的生活。另外，教师的相对集中也使得教师有了更多的、更适合的交往对象，课余生活也变得丰富起来，不至于因为教师太少而单调枯燥。此外，现在的许多教师多选择居住在县城或集镇上，"村村通"工程很方便教师的出行。所有这些，都使得布局调整失去了对教师的根本意义。因此，教师对这项工作不发表自己的看法，颇有些事不关己的味道。

布局调整中存在的另一个问题，是学校撤迁与建设的矛盾。一些完全小学或中心小学面临着再次被调整的可能性。教育行政部门已经有了初步的意向，只是条件没有成熟，还没有正式实施。这样，学校的各个方面的建设就不敢大规模进行。否则，一旦学校被调整掉，就是巨大的浪费。但是，从学校教育教学的需要来看，则许多方面的不完善又迫切要求学校要加强基础设施建设，改善办学条件。这是一个两难问题。不过，着眼于学校的发展，学校领导还是立足于调整，将学校的基础设施建设停下来。一所小学的校长告诉我们，现在学校的各个方面的建设都已经停了下来。考虑到学校未来极有可能调整，教育局相关的建设项目也不给这所学校了。那么教学基础设施不完善的问题该怎么解决呢？能够作出的选择是：

尽可能地修修补补，以保证教学之需；同时加强学校的内部管理，完善各项规章制度，强调学校的内涵发展之理念。

农村校车安全

农村学校布局结构的调整，使得儿童上学的路程变远了，也使得上学乘车安全问题突出起来。学校离家路程远了，不得不坐车。一旦乘车，则安全问题就凸显出来。突出的问题有超载、车况不良、行车不安全、非法运营等。政府开始组织相关部门，加强对校车的监管与安全检查。在农村，分管教育工作的副县长以及教育局的领导开始下乡进镇进行校车安全的调研，期望能够根据农村学校校车的实际情况制定出既能保证学生乘车安全又不影响车主运营效益的具体政策。

实际上，政府和学校围绕校车安全已经作了许多努力，开展了许多卓有成效的工作。为了保证学生的乘车安全，一些学校规定，只允许学生乘坐指定的车辆，不允许坐三轮车、"大雅机"（一种稍经改造而可载客的三轮车，在农村可常见这种运载工具）、农用车等没有安全保障的车辆。一些学校为了保证安全，甚至让专门接送学生的车辆在指定的时间停在校园内指定的位置。由于道路狭窄，为预防道路堵塞，学校在放学前的二十分钟，让所有的车辆都开进学校里面，等学生全部坐上指定的车后，教师才离去。在农村的一些学校，你甚至可以看到一个很大的车棚，车棚顶上挂着年级和班级的指示牌。同时，学校加强乘车安全的教育，特别是教育学生不可乘坐非法运营车辆、超载车辆等。

政府相关部门，特别是交通、公安和教育三部门，也加强对校车的管理，三管齐下保校车安全。一是交通部门重点做好学生接送车辆运力调配工作，对运力明显不足的线路，设法增开车辆或增开班次，解决超载问题；严把中小学生接送车辆和从业人员的资格关，对中小学生接送客运企业（车队）和驾驶员进行教育培训与考核管理；加大对非法营运车辆的打击力度，加强对接送车辆的管理。二是公安部门做好接送中小学生车辆的安全检查以及驾驶员的安全教育工作，切实做到"谁检验、谁签字、谁负责"，严防不合格车上路。加大执法检查力度，严厉查处车辆超载行为；按照有关规定，设置交通安全标志和标线；与教育部门建立联席会议制度，加强联系沟通，及时发现和解决学生交通安全管理工作中出现的问题。三是教育部门严格执行有关学生安全教育的法律法规和规章，加强对学校学生乘车安全工作的指导，帮助学校建立健全乘车安全管理制度。加强对学校中小学生乘车安全工作的监督、检查，重点检查学校对学生的安全教育情况、安全管理制度、相关应急预案和事故预防措施的落实情况。学校则从实际出发，开设针对性、操作性强的交通安全地方课程，提高中小学生安全防范意识，通过调整放学时间等措施，减少同一时间、同一地点学生的流量，保障家远学生按时乘车。

农村学校校车的经营基本是私营性质的，为了获取更多的利润，超载是常见的现象。通常作为校车之用的车辆，都是十几个座位的面包车。虽然说不允许超载，但经营的成本与超载之间有冲突，超载现象难以杜绝。但是，校车因为超载，交通管理部门严查，经营校车的车主以经营亏损为由，停止对学生的运营。违法车辆被查处了，但合法运营车辆的标价又比较高，且难以满足学生上学、放学乘车的需要，由此学生家长集体上访到县政府、教育局。这其中的矛盾，突出问题是超载，关键问题是校车的运营成本。运营成本是如何分担的，教育部门和交通管理部门各自承担怎样的管理职责，似乎都是问题。大体情况是这样的：交通管理部门只是在他们的职权范围内进行车辆管理，学校则是负责校车进出校门以及学生上车时段的管理，运营的成本主要是由学生来承担。政府对校车是否有补贴，不得而知。大体确定一个票价，除非出现某种突变，并经协商，一般票价不会改变。不过在这里我们还了解到一个信息，就是义务教育阶段学生受教育的成本并没有因为杂费和书本费的取消而有所减少。相反，由于要乘坐校车，要在食堂吃饭，学生受教育的成本反而有所提高。

农村校车问题的根本解决，恐怕需要由政府牵头，让学生家长、学校和教育行政部门、交通管理部门、公安部门以及校车车主等利益相关人坐在一起，进行沟通与交流，从中协调。与此同时，也需要政府适当加大投入，如对校车运营给予政府财政补贴等。校车安全问题的背后是多方利益的博弈与互动。例如，校车的座位是确定的，如果不让超载，那么车主要想获得利益，就必然要提高票价；而票价的提高则会驱使学生家长让学生选择安全性差，但票价相对较低的车辆。这又会对非法车辆起到激励的作用。说到底，在安全与成本之间存在着矛盾。如果票价定得不合理，使得经营校车无利可图，则有可能使得人们退出校车运营市场。这又会加剧学生家长的负担以及学生的负担。总之，这是一个看起来容易而实际上较难解决的问题。

农村教师队伍建设

教师队伍是制约学校发展的核心因素。人们常常论及薄弱学校，其实无论是城镇学校还是农村学校，所谓的薄弱主要还是弱在师资力量上。如果把师资放在县域范围来考察，那么农村师资问题就会以一幅素描画的样式而呈现出来。

首先，提到最多的是师资队伍老化问题。某所完全小学，十几名老师，平均年龄53岁。在镇中心小学，情况要好一些，教师的平均年龄也偏大，最年轻的老师也有三十好几了。其次，就是教师的学科结构极不平衡或者说不合理。音、体、美、技（信息技术教育）、思（思想品德）教师奇缺。学校音、体、美、技、思课程的教学任务，基本上是通过搭配的方式而分派给班级主科（语、数、外）教师。在一些校长和教师看来，这些课程主要对学生的学业起着心理与情绪的调节作用，并非是全面发展教育的重要组成部分，也不是素质教育的重要内容。从对农村小学校长及学校教学管理者所使用的概念和对这些课程之作用的理解可以看出，这些课程之所以不受到重视，不仅是因为没有专业师资，还和教育局对教师的业绩考核以及教师职称评定中所要求的相关指标密切相关。再次，即农村师资统计上的超编与实际缺编并存问题。农村教师编制的核算是以县为单位来计算的。但是具体到学校，则根据编制标准，学校是超编的；而根据学校教育教学工作的实际需要，学校又是缺编的。这与农村学校规模偏小以及学校分布较散有一定的关系。最后，是教师的业务素质不能适应素质教育的要求和新课程的教育理念，不适应培养创新精神和实践能力人才的需要问题。

农村学校教师面临的上述问题，归纳起来主要是三个方面的问题，即数量上的问题、质量上的问题和结构上的问题。从导致的原因来看，数量上和结构上的问题可归为一类。例如，许多校长和教师抱怨说，学校近十年没有进新教师。这是一个基本的事实。但是不进新教师，并非是教育局不给学校分配新教师，而是学校的教师编制已经满了，无法再增加新教师。编制意义上的教师饱和，首先，与计划生育政策的有效实施有关。随着计划生育政策的实施，人口出生率下降，适龄儿童数随之而减少。但这只是导致上述现状的一个方面的原因。其次，与城镇化建设进程的加快有关。随着城镇化进程的加快，大量的农业劳动人员向城镇转移而成为城镇居民。以郎溪县新发镇为例，全镇一万七千余人，新建的新发镇就有居民五千余人。而在新发附近还有一个小镇，居民也有五千人，两者加起来就有一万余人。在这种情况下，新发镇的完全小学学生数就可想而知。再次，农村居民对其子女的教育期望越来越高。为了让孩子接受更好的教育，一些家长千方百计将孩子送到城镇较好的学校就读。这也导致农村学校学生数量减少。最后，则是市场化带来的人口流动的加剧。父母在外地打工，则其子女也随父母而流动。

教师在学科结构方面存在的问题，其实并非是一个新的问题，可以说是中国现代学制建立以来就存在的问题。以安徽省郎溪县梅渚二小为例，这所学校原名店埠小学，有一百多年的办学历史。建校之初，有教师 3 名，学生 36 名。从建校时的历史背景来看，这个规模应该是比较大的。可以推断，店埠小学建校之初也是没有专门的音、体、美教师的。由于受到规模限制，农村小学均难以设立专职的音、体、美教师。由此，在师范教育的培养目标上，特别强调师范生应一专多能，不仅要能够有效地从事某一门学科的教学，而且也应当掌握音、体、美等课程的基本技能。从这个意义上讲，音、体、美专职教师的短缺不应该被看作问题。真正可以看作问题并且需要解决的，则是英语教师的问题。倘若农村学校的学生在英语教育方面存在缺失或不足的话，那么最终就可能影响到他们的人生发展。

农村教师的业务素质问题是一个比较令人担忧的问题。由于教师年龄偏大，接受新事物的能力以及相应的学习能力和动力的下降，教师较难以适应基础教育改革的要求。为了加强教师业务素质和职业道德素质的自我提高，安徽省宣城市开展了对教师的业务能力考试工作，其目的在于通过这种方式来促进教师的自我提高。考虑到一些老教师的适应能力低、记忆力下降等，宣城市规定，年龄在 45 岁以上的女教师及 50 岁以上的男教师可以免考。一些学校校长由此抱怨说，这些年龄偏大的教师恰恰是最需要加强学习的教师，却在相关的政策上得到了不应有的豁免。且不论这种考试本身是否合理，单就教师的素质提高而言，校长们的议论还是有一定道理的。其实，教育局和学校校长都认识到农村教师素质面临的问题，并采取了多种措施来改善它，如开展各种类型的激励性的教师比赛、校本培训、自我反思等。但在管理者看来，效果不是非常明显。不过，该县教研室针对农村英语教师的专业培训，还是发挥了很大的作用，效果非常明显。蕴含在英语教师培训中的经验或许是很值得总结和推广的。

另一个说的比较多的话题是关于"民办教师"（俗称"民师"）转正的教师群体。对于这一具有特殊身份的教师群体，学校管理者所担忧的倒不是他们的敬业精神和职业态度，而是他们在教育教学中所出现的业务水平问题。这个群体的教师离退休还有若干年，从提高农村教育质量的角度及师资队伍建设的角度看，他们的退休可以给这个县的农村教师队伍更换新鲜血液。然而，也不能绝对地以否定的目光来看待民转公教师群体。郎溪县教育局的领导介绍，有一所小学，十几名教师都是民师转正的，但这个学校的教学质量很好，教师的教研风气很浓。教育局领导有时候不经意间到这所学校检查工作，发现课间休息的时候，老师们都围在一起热烈地讨论教学问题，有的时候是激烈地争论。不合格的民办教师已经被淘汰了一批，能够转正的民师都是经过一定的程序而确定的。或许因为年龄的关系，这些教师已经难以适应新形势的需要。有的时候我们甚至在想，当教师的年龄在 55 岁以上时，教学的效果与质量总体会怎样呢？恐怕多数都已经难以与年轻教师相比较了。在这样的情况下，一些人所抱怨的这种情况，就很值得思考：青年教师承担着主要的教学任务，并且教学效果和教学质量都明显好于老教师，然而老教师的职称和工资待遇都比青年教师要高得多，这很不公平，应该建立一种能上能下的教师人事管理制度，将岗位让给青年教师。这样的主张是否考虑到了这样的后果，即青年教师也有老的时候。到那个时候又该怎么办？不过这里倒确实给我们提出了一个课题，即教师的年龄阶段与教学质量或教学效果的关系问题。

农村留守儿童教育

留守儿童教育问题是一个教育行政主管部门、校长、学校中层管理者乃至教师都普遍关注的问题。留守儿童是一个外延不确定的概念。它的所指实际上是处在不断地变动之中，并随着父母是否在外打工而定，而儿童是否留守也会发生变化。同时，人们对留守儿童的界定也有一个判断标准上的差异。有的是以父母双方均在外打工为标准，也有的是以父母一方在外打工为标准。由于界定标准上的差异，学校和教育行政主管部门在留守儿童的统计上就存在不一致的现象。例如，我们在郎溪县新发镇中心小学调查时，一位班主任老师提供的留守儿童率为15%，而在县教育局，我们得到的数字则为30%。父母一方在外打工，通常多为父亲在外，母亲在家。然而，母亲在家并不意味着孩子不缺失家庭教育。在家的母亲长期处于与其丈夫分居而带来的精神与情感上的空虚，因此有的留守在家的农村妇女往往对孩子的教育不大关心，而是沉溺于娱乐之中。因此，尽管父母一方在家，但对于儿童的教育基本上处于缺失状态。

在访谈与调查的过程中，人们往往是在两个不同的概念上来分析留守儿童问题。一是在更宽泛的意义上来言说留守儿童。这个意义上的留守儿童问题更是一个内容包含广泛的社会问题，涉及社会的方方面面，包括家庭、社会、政府、企业等，其中也包括学校如何对他们开展教育的问题。另一种取向则是从教育的角度来看留守儿童，因而主要是在"留守儿童教育问题"这个意义上来使用"留守儿童"这个概念的。它仅仅是指，面对留守儿童存在的问题，学校如何开展有效而合理的教育，使其不良心理与行为得到矫正并形成良好的行为。实际上，在思考留守儿童教育问题的时候，是不能够脱离作为社会范畴的"留守儿童"这个概念的。从根本上来说，了解形成留守儿童形成的社会因素，乃是解决留守儿童教育问题的基本切入点。

留守儿童在与同伴相处以及在班集体中的表现令所有的老师担忧，也令班主任老师和学科教师头痛不已。有班主任和教导主任反映，一个表现欠佳的留守儿童可能会带坏十个同伴；而一个班上只要有十个这样的留守儿童，则这个班级就会处于极其混乱的状态之中。这样的描述不免夸大，但是却也真实地反映了留守儿童存在的问题。这些问题在初中表现得更为明显，更为严重。相比较而言，小学阶段的情况要好一些。其实从教师所描述的留守儿童所存在的问题来看，主要的问题是行为、习惯方面的问题，或者说是学生的社会性发展方面的问题，突出地表现为各种各样的行为问题，如自私、自大、自卑、打架、抽烟、喝酒等。相应地，我们倒较少听到老师对留守儿童在学业成绩上的抱怨。无法得知，在留守儿童各种问题形成的过程中，不良教育在其中起着什么样的作用。不过，我们所得到的，则是教师为了矫正留守儿童行为问题以及为给予留守儿童更多爱的关怀所作出的努力。例如，一旦留守儿童在学校出现行为表现方面的问题，则班主任就会和其留守的父母一方或其祖父母、外祖父母取得联系，或者给其在外地打工的父母打电话，同时将相关的情况告知"爱心妈妈"或关照儿童的邻居。虽然效果似乎不明显，作用也不是很大，但毕竟在进行着各种各样的努力，在尽着教育者的职责。实际上，学校和老师做了许多工作，但有效的教育方法似乎不多，教师面对现实的问题时往往束手无策。从这个意义上讲，做好农村留守儿童的教育工作，需要加强对教师这方面的培训，使其能够采取有效的策略与手段，而不仅仅是电话联系。由于效果不尽如人意，所以每学年学校在对留守儿童摸底调查的时候，总是劝告父母将孩子带在身边，但是许多父母对此心有余而力不足，最终还是将孩子留在了家乡。

解决留守儿童的一种选择是，让留守儿童寄宿，交给学校托管。然而，这可不是一句"托管"就能够解决了的问题。因为，首先学校得要有寄宿的条件；其次一旦托管，另外一个问题就会显现出来，那就是法律上的监护问题。学校有这个能力来承担对留守儿童的监护责任吗？学校愿意承担这样的监护责任吗？教育行政部门为学校承担儿童的监护责任做好了充分的准备了吗？在访谈中我们得知，民办学校在这方面工作做得比较好，留守儿童可以全天候地寄宿在学校，只在周末回家一次，全部的教育以及管理都交由学校，学校也分派专业的工作人员来进行管理。从民办学校的员工分工来看，承担儿童日常管理事务的员工接近全部教职工数量的一半。然后，这对于受编制限制的公办学校来说，则是不可能的。经费问题和法律问题是目前公办学校面对留守儿童时所遇到的两大障碍。

在学校对留守儿童教育作出多方面努力的同时，社会也给予留守儿童更多的关爱。为了尽可能地弥补学生因父母之爱的缺失而带来的孤独感与心理的空虚感，政府采取多方联动机制，以使留守儿童能够享受到社会之爱。共青团、妇联、村民委员会（居民委员会）和学校共同努力，将有关留守儿童的关爱责任落实到不同的社会组织。学校负责建立留守儿童档案，并加强留守儿童在学校中的管理与教育，妇联则与村民委员会（居民委员会）合作，为留守儿童确立离校回家后的专门联系人，其名称多为"爱心妈妈"。共青团则通过发动青年团员的作用，给予留守儿童以丰富多彩的社会活动，以丰富留守儿童的家庭生活。

各种努力取得了一定的效果，但是问题仍然存在。根本的原因在于，儿童的自然方面的情感之缺失是无法弥补的。留守儿童作为农村的一种社会现象，乃是现代化所带来的社会后果之一。现代化使得农村青壮年被卷入劳动力流动的潮流之中，由此而形成一个独特的群体——留守儿童。父母一方或双方外在谋生打工，一些留守儿童便面临着家庭教育与父母之爱的双重缺失。从个体的成长角度来看，留守儿童所面临的双重缺失，对孩子产生的最大影响就是人格与性格养成的不健全。从教育的角度来看，任何学校教育以及政府和社会所采取的各种补救措施，都难以弥补父母子女之间的自然之情。因此，在调查过程中，无论是政府官员还是学校校长和教师，都意识到目前所采取的各种补救措施之有限的作用，但同时也都在进行着多方面的努力，以使因父母之爱的缺失以及家庭教育的缺失所带来的消极影响降到最低。

从根本上说，留守儿童问题之解决，并非单纯是一个教育问题，这需要消除目前城乡的二元结构。许多老师希望孩子能随父母的流动而流动，但现实情况往往不是如此。留守儿童问题是需要我们长期思考和努力解决的问题。

农村闲置校产处理

随着学校布局调整的全面展开，农村学校资产闲置现象越来越普遍，有关调整后闲置的校产处理便成为一个现实的问题。围绕闲置校产的处理，各级政府以及教育行政部门发布了一系列的文件，以对这项工作的开展进行规范。然而，在实践中，问题的复杂性又似乎远远超过了文件所规范的内容，从而使得这项工作在展开中遇到许多的困难和障碍。

目前农村学校闲置资产面临着许多的问题。第一，闲置校产的被侵占问题。闲置后的校产如果不及时处理，就有可能被侵占。而一旦被附近村民侵占，则日后处理起来就更困难。第二，闲置校产的安全隐患问题。校产中的危房，如若不及时处理，则有可能因坍塌而伤及附近的村民，由此而造成很大的隐患。第三，闲置校产的维护问题。闲置校产如果不维护和修理，就可能因此而损坏，而维护又需要一定的维护费用。上述三个方面的情况，都要求必须要对闲置校产作及时的处理。

但是，由于历史和现实等方面的原因，闲置校产的处理又非常棘手。真正的困难在于学校资产的产权归属问题。从历史的角度看，闲置校产并非是完全意义上的公有资产。20 世纪 80 年代后期，一方面是普及义务教育的需要，另一方面是教育经费投入的不足，在这个背景下，"人民教育人民办"成为农村学校发展的主要思路，集资办学成为解决教育经费投入不足的主要渠道。因此，从那些闲置的校产构成来看，其性质就变得非常复杂。政府虽是农村学校的产权主体，但是村民也在不同程度上是学校产权的主体。由于政府教育经费投入不足，农村学校的建设需要农民集资，包括无偿提供校舍建设的劳动力，村民委员会无偿划拨的土地，等等。在这种情况下，闲置校产的处理，如拍卖、拆除、转让、租赁等，也在不同程度上受到村民的制约，不仅遭到村民的反对，而且也遇到来自村民委员会的抵制。即使教育行政部门最后通过法律手段赢得官司，但是最后仍然不能顺利地处置闲置校产。

通常合法的处置程序是，学校向教育局提出处置申请，教育局将申请移送财政局。财政局同意后，成立资产评估小组，对学校资产进行评估。然而，学校的资产处理还涉及土地部分，这一部分又涉及土地管理部门，还必须得到土地管理部门的许可，最后得到行政许可以某种方式处理校产。然而，最终能否顺利进行学校资产的处理，也仍然有许多不确定的因素。因为如我们在上文所分析的那样，学校资产的混合性意味着学校资产的主体还包括村民。村民不同意，最后还是难以处理。从已有的经验来看，农村闲置校产的处理如果不能得到来自村民委员会的支持，不能得到来自乡镇政府的支持，则所谓的闲置校产处理就是一句空话。根本的冲突还来自这样一个问题，即如果闲置校产被拍卖，拍卖所得归谁所有？

从现有的经验来看，目前农村闲置校产处理，主要有三种方式。一是改变闲置校产的功能，但改变后的功能必须要服务于当地的村民，如将原来的学校改建成为农民文化服务中心，或者使其成为农村敬老院。通常在这种情况下，村民不会有什么不同意见的，反而会积极支持校产的功能转变。二是将原有的学校拍卖，但是拍卖所得必须用于地方教育建设。在这种情况下，村民通常也是积极支持的。但是如果拍卖所得归地方政府财政收入，则反对的力量就会非常大，以至于最后连拍卖都变得不太可能。毕竟政府不能将原来的学校"拿"走。而当村民因为这方面的原因而占据学校时，政府也不能通过"动武"的方式解决之。闲置校产问题的最终妥善解决，需要教育行政部门与村民委员会共同签订协议。第三种方式，即学校资产处理所得在政府（教育行政部门或学校）和村民委员会之间进行按比例分享。如某地一些乡镇所采取的一种折中办法就是，学校和村委会根据实际情况按比例分享。

农村学校可以说是当代中国农村教育发展的"活化石"，其中新中国成立以来不同历史阶段的办学政策以及人们对教育的态度和认识等，都可以在"农村学校"找到它的影子。实际上，政府在农村闲置校产的处理中所发生的与村民的纠纷，很大程度上恰恰是农村教育在发展过程中复杂性与艰难性的体现。村民对闲置校产处理干预越多，说明在历史上人民群众集资办学的积极性可能越高，集资投入也可能就越多。当然，这只是一种可能的假设。从问题思考的角度看，围绕着校产处理而发生的各种纠纷，也在一定程度上反映着当地政府、村民委员会、村民个体等复杂的社会关系与结构模型。迄今，无论是教育学研究者还是社会学研究者，都没有对此现象给予足够的关注。

上述三种被实践证明行之有效的经验，我们在安徽省郎溪县新发镇都得到了实践的验证。在这里我们看到，村民通情达理，地方教育行政部门的管理者也充满着创造性的实践智慧以及对教育事业的高度责任心。

农村教育问题的性质

走进农村学校，我们能看到学校办学条件的明显改善，校园的整齐与洁净，学生的朝气与向上。与校长、教导主任、班主任等座谈，听取县教育局领导、各职能部门的报告以及镇党委政府的介绍，切身地感受到中国农村教育正在呈现的巨大变化以及在这种变化的过程中所出现的各种问题：农村教育的变化是明显的，问题也是明显的。

当我们把更多的目光投到那些直接从事教育管理与教育教学的人们所提出的问题时就会发现，目前农村教育问题主要不是集中在办学经费、教育投入等问题上。我们之所以没有听到有关对教育经费不足的呼声，或许是与我们所调研的对象以及我们所事先提供的调研提纲有关。但农村学校办学条件的改善却是不争之事实。在安徽省郎溪县梅渚镇梅渚二小，我们看到了一个非常现代化的多媒体教室，可容纳四十五名学生上课，有笔记本电脑，有电视机，可上网直接使用和下载"农远工程"教育资源。尽管如此，校长感觉教学设备还是太少，不能够适应教学的需要。想一想也是，梅渚二小有 16 个教学班，如果所有的教师都想利用这个教室上课，那确实是不可能的。郎溪县新发镇中心学校，有电脑 64 台，2 个机房。不过，尽管办学条件得到了改善，但问题仍然存在。例如，在调研中，一些校长和教师就认为，学校的办学条件还需要进一步改善，特别是音、体、美等学科存在着教学条件不足问题。不过总体上看，农村学校的关注点已经不在教育经费投入方面了，这是一个非常巨大的进步。然而，这并不意味着农村教育发展的全部问题都已经解决。各种各样的问题仍然存在，如留守儿童问题，因布局结构调整而带来的闲置校产的处置问题，农村教师队伍的学科结构不合理和年龄老化问题，教师的教育教学理念不能适应新课程问题，学校场地狭小问题，校车安全问题，学校撤迁与农民的矛盾问题，教师编制统计意义上的超编与实际缺编问题，农村学校数字教育问题，农村学校的标准化实验室建设问题，教育投入问题，学校管理的功能定位问题，农村学校食堂卫生安全问题，寄宿制学校的管理与经费问题，农村幼儿园发展问题，普教职教协调发展问题，农村家长的教育取向问题，等等。

尽管这些问题需要作专门的分析和研究，但在对这些问题进行专门的分析和研究之前，需要对这些问题作出性质上的分析与判断。从我们调研所得到的信息来看，上述问题只有放在更大的社会变革的背景才能够得到真正的理解。如果就教育而论这些问题，则非但这些问题不能够解决，反而有可能使得这些问题变得更为复杂，最终变得不可解决。这就是说，农村教育问题必须置于深刻的社会变革的背景之中。第一，农村教育问题的普遍性。大体而言，上述问题在农村教育中带有普遍性。也就是说，这些问题不是仅仅发生在某个县、某个乡镇，而是在中国的农村中普遍地存在着。在这种前提下，对一个县甚至对一个乡镇的教育进行解剖麻雀式的研究与分析，就具有很好的参照意义和价值。尽管中国各地农村文化传统、经济发展水平以及地理自然条件等存在差异，但是这些差异性因素在总体的政治因素的制约下，并没有起到直接的作用。换言之，中国农村教育之现状是现行政策之结果。这一点对于所有的农村教育都是一样的。第二，农村教育问题的发展性。农村教育所出现的问题必须被看作发展过程中的问题。由于社会环境的变化以及对这些变化的适应性，农村学校教育必须作相应的调整。农村教育调整与变革不仅要考虑调整与变革本身的科学性与合理性，而且还需要考虑调整与变革所具备的条件。但是，农村教育变革与调整所需要的条件，在设计方案的时候往往不能准确地预计到，因而为了实施调整与变革的方案，就必须努力解决实施这些方案所需要的条件。由此，问题便在发展过程中暴露出来。例如，校车安全与食堂卫生安全问题。第三，农村教育问题的社会性。实际上，上述各种问题的出现，需要放在更大的社会背景下，放在城镇化、工业化和市场化的社会背景下来理解。以农村学校布局调整为例，政府之所以需要对农村学校进行布局调整，绝不仅仅是因为人口出生率的下降所致。在更严格的意义上讲，它是城镇化建设以及由市场化所带来的人口的大规模的流动密切相关。由此而产生连锁反应，各种问题便应运而生，如留守儿童的教育问题，闲置校产的处置问题，教师的结构性超编与缺编问题，等等。

实际上，对农村教育所存在的各种问题进行性质分析与判断，本身就是一个非常重大的课题。它关系到上述教育问题之解决到底由何处切入，是立足于长远解决还是立足于当下解决？应该看到，教育理论对这些问题的关注是不够的。解决这些问题的策略与方法多来自实践工作者的创造性的智慧，来自他们对待教育的责任感与使命感，来自现实问题不可悬置的现实紧迫感。不管这些方案是否能够从根本上解决现实的问题，但是他们在尝试着，努力着，行动着。他们直面农民的孩子，直面农村的教育环境，直面农村教育的不完善。

农村教育之变与不变

1993 年之前，我在农村中小学工作了 12 年。之后一个偶然的机会，带领 6 名教育学专业本科学生到农村学校进行关于薄弱学校的调研。回想我在中小学工作时的办学条件和教育教学设施，深刻感受到农村教育的巨大变化。我们调研了两所学校，一所是安徽省南陵县许镇镇中心小学，另一所是南陵县弋江镇大圣完全小学。我们和县教育局的吴丹副局长，许镇镇中心小学的梅杰松校长、王劲松副校长、谢国祥主任以及该校六年级的两位语文老师汤老师和俞老师，大圣完全小学的肖林校长，九连初级中学的吴咸成校长等进行了座谈。从有形的教育教学设施到无形的理念，以及交流所使用的话语来看，变化都是显而易见的。

位于镇中心的许镇镇中心小学，当时有学生 1500 余人，教师近 60 人。学校有教学主楼两栋，办公楼一栋。两栋教学楼中间的操场正在新建现代化的塑胶操场。从所占有的空间来看，这所农村中心小学绝不逊色于城市的一般小学。学校内有人工筑成的小桥、流水、假山，虽然不大，但很秀气、精致。学校里的每个教师都有办公电脑，可以直接上网查阅相关的教学资料。教师办公室的布置全部网格化，如公司职员的办公室，引得我们教育学专业的学生羡慕不已。班主任的办公室与教师的办公室分开，相对而言，所占有的办公空间也大得多。办公环境的不同布置表明学校对班主任的重视以及班主任在学校工作中的重要地位。教室里装有与电脑连接的电视机，教师通过网络可以获得中央电教馆提供的课程与教学资源，并通过电视而直接播放。学校有资料室，遗憾的是，正值星期天，值班老师休息，没有进入资料室的钥匙，而不能一览资料室之详情。不过，我们在资料室的拐角处看到了被淘汰的电脑显示器，见证着学校发展过程中物质条件的变化与改善。问陪同的王校长和吴局长，他们都不约而同地提到"农远工程"。所有这一切的变化，都要归功于"农远工程"。"农远工程"是农村中小学现代远程教育工程的简称，也称农村现代远程教育工程。2003 年 9 月，国务院召开了全国农村教育工作会议，下发了《国务院关于进一步加强农村教育工作的决定》。该决定明确提出：实施农村中小学现代远程教育工程，促进城乡优质教育资源共享，提高农村教育质量和效益。在 2003 年继续试点工作的基础上，争取用五年左右时间，使农村初中基本具备计算机教室，农村小学基本具备卫星教学收视点，农村小学教学点具备教学光盘播放设备和成套教学光盘。经国务院同意，按照"总体规划、先行试点、重点突破、分步实施"的原则，2003—2004 年，教育部、国家发展和改革委员会、财政部共同实施了现代远程教育试点示范项目和农村中小学现代远程教育工程试点工作。"农远工程"所带来的直接变化，就是我们眼前所看到的一切，与我在农村中小学工作时的办学条件相比，真有天壤之别。

在访谈过程中，校长们都反复提到师资问题。在他们的观念中，农村小学的办学条件，特别是在硬件方面，与城市小学相比，差距不大，主要的差距在教师方面。为此，他们特别提到农村小学一些学科的教师短缺问题，如英语、音乐、美术、体育教师不能满足不断扩大的办学需求。不过进步仍然是明显的，县教育局已经给他们派来一名音乐系本科毕业的学生在镇中心小学担任音乐教师，同时还有一名本科学历的英语教师。这样的师资配备在我那个时代是想都不敢想的。当然，这还不能满足学校艺体学科的教学需要。特别是体育教师，基本是由非专业的教师兼任。因此，在课程表上，我们总能看到这样的现象，即一个教师最多兼任六门课程的教学，包括品德、写字、音乐、体育与健康、美术、科学等，最少的也兼任两门课程的教学任务（从事学校行政管理的教师，如大队辅导员、教研室主任等）。

农村教育问题虽然不少，但主要的问题还是人的问题，即师资问题。一是年龄老化问题，农村小学教师平均年龄普遍较大，难以适应基础教育改革的形势与要求。二是素质问题，农村小学教师中有许多是民师转正，他们的初始学历较低，即使后来通过各种途径提升自己，但情况不容乐观。三是这些教师占了编制，年轻教师进不来。上述问题与我们在郎溪县的调查基本上是一致的。

学校管理手册

现代学校管理需要有规范。人们把这类管理规范称之为规章制度。规章制度涉及师生员工的行为，是调控师生员工行为的重要手段，同时也是实现教育目标的保证。师生员工的行为很多，且在不同的环境下，会有不同的行为表现。基于师生员工行为的多方面性，学校的规章制度也很多。由此，规范什么，不规范什么，就成为学校管理的基本问题之一。近年来，在加强教育教学管理的情境下，学校管理呈现出一个普遍的趋势，即与教育教学有关的规章制度越来越多，由此催生出学校的管理手册（规章制度的汇编），并且美其名曰"制度化管理""规范化管理""精细化管理"。制度化的结果是，教育教学活动越来越标准化，越来越程式化，教师似乎也因此越来越被动化和去主体化。

不过，也有例外。一个偶然的经历让我发现，在一个制度化管理大行其道的社会大环境下，竟然有一所学校，所有的管理规章制度汇编在一起，不过十六开本的薄薄一小本。这是一所有着一百多年办学历史的省级示范高中。在如此类型的学校出现的这种现象，不能不令人称奇。至少在一般人的眼里，例如，在我的眼里，我想当然地认为，这样一所学校的管理规章制度汇编在一起，一定非常厚实，八开本的管理手册，至少也应该是几大本。"加强教育教学管理"经常被人们提及，能够表征管理之加强的，当然是尽可能地对教育教学有关活动的规范化与制度化，并且教育教学质量之高低，与管理规范之有无是密切相关的。一个基本的预设是，教育教学质量是与管理规范密切相关的。因此，一所名冠全省普通高中的中学，竟然只有区区一小本管理规范，当然是一个值得关注的现象。

知名的办学品牌，良好的社会声望，令人羡慕的高考升学率，人们开始对这样一所学校所取得的骄人成绩进行深思：取得如此之成绩的根本原因是什么？当众多的人将关注的目光投向这所学校所拥有的优秀的生源时，大概没有人会注意到这个薄薄的管理手册。无可否认的是，生源之优秀无疑是学校办学成绩的重要基础，但恐怕不是全部。我们需要追问的问题是，为什么那么多优秀的生源都向往这样的学校，这才是问题的根本。这个问题还可以换一个方式提出来，为什么优秀的生源不报考其他的学校呢？显然，我们不能将过多的目光聚集于生源这个因素上。我们关注这本薄薄的管理手册，一是因为在普遍强调制度化管理的当下，它是如此独特，非常引人注目；二是这本薄薄的管理手册，它到底意味着什么。

管理手册之薄，表明学校针对师生的规范性要求不多，学校的外在约束性要求少，从而表明师生在教育教学活动中有着很大的自由空间和主体性发挥的空间，表明师生有着较大的独立自主性以及对作为教与学主体的权利之承认，表明师生对于教与学有着很高的自觉性。与此同时，它也意味着，在师生获得相当大的教育教学自由权利的同时，他们的责任意识和责任感的存在。自由必伴随着责任。无责任的存在便不能说自由的存在。这种责任是什么？那就是"视课堂如生命"的教师责任精神。概言之，学校对教师的教育教学管得不多，但是学校的教育教学质量并不因此而受到影响，仍然能够在普遍的竞争环境中赢得更多优秀的生源。

或许也还需要对具体问题作具体分析。一所由精英化的师生群体所组成的学校，只有薄薄一小本管理手册，这本身或许就是一个特殊的情形。换作一所普通中学，那么是否就能够仿效呢？当学校总体规模较小的时候，管理手册的薄本化或许可以，随着办学规模的不断扩大，教育对象越来越广泛，管理手册的薄本化是否仍然有效呢？这当然是一个需要思考和探讨的问题。但是，我想，一个基本的管理精神是必须要有的，那就是教育乃是一种创造性的活动，学校的管理规范必须要有一个适合的范围和限度，以能够保证教师的教育创造力的发挥。超越一定的范围和限度，将学校的教育教学活动等同于程序化的工业生产，则这样的学校必将是一所难成气候的学校，也必将在竞争中被淘汰。

政治与市场共谋

在丘伯等人看来，优效学校具备一些特征："强有力的管理机制、明确的长远目标、优良的学习项目、教师专业化、共同的影响和教职员工的和谐相处。"其实质是管理人员与教师共同工作，为实现共同目标而通力合作。由此来考察中国的优效学校和普通学校则可以发现，其实无论是怎样的学校，"通力合作"都是比较普遍的现象。然而，最后的差异是如此之明显，以至于我们不得不认为，通力合作可能不过是优效学校的必要条件而非充分条件。

丘伯的问题是有意义的：这些优效学校是怎样发展并巩固起来并站稳脚跟的呢？为了回答这个问题，丘伯使用了两个概念，即科层制和独立性。在丘伯看来，由于美国的公立学校在科层制和教职员工的独立性之间形成了一种张力，科层制破坏了优效组织的最基本条件——自主权和灵活性，因而要发展优效学校，就需要由此出发：提高教育的效率，取决于学校及其教职员工，必须解放他们本身内在的生活潜力，要做到这一点就必须给予他们足够的独立性去选择他们最出色的工作。学校愈远离外在的控制，越减少科层制的调控，就愈能提高组织的效率。

但丘伯的解释又是有问题的。这种分析框架可以很好地解释美国的公立与私立学校的组织效率存在的差异现象，却无法解释中国的公立学校之间存在的组织效率差异现象。就中国的公立学校，科层制对于所有的公立学校都具有同质性，甚至越是优质的学校，表现出越强的科层制特性。相反，那些未受到严格的科层制影响的学校，其组织效率反而不如科层制强的学校好。那么，是什么原因导致了这样的情形发生呢？科层制可能破坏了独立性和自主性，但却未必破坏了组织的效率。另外一个有趣的现象是，根据丘伯等人的分析，民主管理体制（美国学校的科层制）形成了一种规范化的、对政治高度敏感的环境，促成教师组织权力的形成，这些组织通过正式的规定对学校管理和运作进行调控，以此维护成员的利益，而这种维护自身利益的行动则破坏了团队能力。然而，在中国的公立学校中，教师组织权力几乎并不存在，或者不过是具有象征的或形式的意义。因此，丘伯等人的立论同样不能解释中国公立学校之间存在的差异现象。

丘伯等人的立场是，通过建立市场机制来提高学校的组织效率，促成优效学校的形成。市场体系的建立，迫使学校之间产生竞争，"学校竞争的目标是学生及其家长的支持，学生和家长也有选择学校的自由，市场体系建立的核心是分权、竞争和选择"。因此，改善学校组织效率的重要策略之一，就是"择校"。但是，中国的公立学校则受到双重的影响，即来自政治权威的直接控制和来自市场的间接控制。从某种意义上说，中国的公立学校在政治控制和市场竞争之间找到了一个很好的平衡点。

德育的实效性

关于学校德育，一般人们认为实效性不好，或者实效性比较差，因此便有了提高德育实效性之主张。然而，德育的实效性到底意指什么，似乎没有人去思考或研究这个问题。一般而言，人们总能举出几个例子来证明学校德育实效性的确不高。不过，这并不能说明问题。因为我们也同样可以举出若干事例表明，学校德育的实效性很高。例如，据教育部发布的消息，大学生群体中的90%以上政治立场坚定，拥护中国共产党的领导。如此，至少可以说明，作为学校德育之重要内容的政治教育与思想教育是成功的，是卓有成效的。即使不涉及政治和思想两个方面，而仅仅就个人的品德而言，学校德育的实效性也并不低，至少不能说不高。因为中小学学生的日常行为表现，总体上看是符合道德规范要求的。

如果是这样，有关学校德育实效性不好之说法是如何产生的呢？

实际上，人们在讨论德育的实效性问题时，往往把它与学生的行为习惯联系在一起，并且根据学生的不良行为习惯，来证明学校德育的实效性不好，但是这样的说法也极其可疑。就学生的行为习惯而言，许多行为习惯与道德并没有什么关系，例如学生的学习习惯，学生的文明行为习惯，以及与学校管理规章有关的行为习惯等。举一个例子，一些来自农村的学生有时会随地吐痰，但这种随地吐痰的行为严格说来不能说他品德不良，只能说在他的行为表现与文明社会的要求不相符合而已。再以偷窃为例，我们在中小学群体中，几乎很难看到学生有偷窃问题。另一个让中小学教师头痛的问题，那就是早恋。不过也不能说早恋的学生品德不良。

人们的一般道德品行，通常在他们进入学校之前就已经基本上形成了。如果在中小学学生身上还能够发现某些不良的道德表现，那这种不良的道德表现一定是成人社会普遍表现的。例如，如果一个孩子缺乏公共意识而在公共场合下旁若无人地大声喧哗，那么这样的行为表现一定与他身边大人的表现密切相关。在大街上，闯红灯亦是如此。

不可否认的是，的确有一些学生，在其身上能够看到品行不端的表现。然而，这些品行不端的表现并不是普遍的，而只是个别的；并不是必然发生的，而只是在某种特定的情境下才发生的。然而，非普遍的、非必然发生的品行不良，也并不能够说明学校德育就是低效的。

上述分析表明，所谓的学校德育实效性不好，建立在三个基础之上。一是把非道德的规范道德化，把不遵守这些非道德的规范行为看作学校德育的失败；二是把体现在中小学日常生活中的某些不良行为扩大化，作为成年人的教师没有意识到，这些问题同样存在成年人的身上，是整个社会道德发展水平在孩子身上的表现。深入一所学校认真地观察或许能够发现，中小学学生总体的道德状况要远远优于成人社会；三是把个别的品行不端现象放大为普遍的现象。

进入中小学，真实的道德教育既发生在课堂教学情境中，也发生在师生的日常交往之中。真实的德育效果恰恰来自这两个方面。相反，那些学校刻意组织开展的各种活动，其德育的效果究竟如何，恐怕是要加以怀疑的。

关 怀 伦 理

道德教育的实践经验表明，成功的道德教育既要做到以理服人，也应当以情感人，唯有将两者有机地结合在一起，道德教育才有可能实现预期的目标。然而，道德哲学以及奠基于其上的道德教育理论却难以将"理"与"情"融贯于某一理论体系之中，由此而形成一种奇怪的理论格局，从"理"出发则难以兼顾"情"，从"情"出发则无法包容"理"。"以理服人"指要有逻辑的说服力，"以情感人"则指要有情感的震撼力，这反映了关怀伦理和规范伦理两种不同的道路。从男性视角出发的规范伦理遵循"论理"逻辑，具有普遍性、规范性，多用在本体世界；而从女性视角出发的关怀伦理则遵循"说情"逻辑，体现特殊性和具体性，更多应用于生活世界。当关怀伦理学在传统的伦理学理论体系中脱颖而出并引起世人关注，并使伦理理论从规范伦理走向关怀伦理时，这种现象或许如有些学者所说的那样，反映了伦理学探究方法由传统的形而上到面向生活世界的转变。

关怀伦理学的出现与女性主义运动和女性主义思潮密切相关。最初它是以"女性主义关怀伦理学"为名而提出，后经伦理学家不断完善，最后发展成为一种可应用于人与人之间普遍关系的关怀伦理学。关怀伦理学的出现，有着深刻的社会背景因素。全球化、国际化以及市场化所引发的社会竞争日益激烈，引起了人际关系日渐紧张化、功利化。"为了缓解这一激烈竞争和紧张关系对人们所造成的伤害，人与人之间需要更多的关怀。在这种情况下，对于人际关怀的需求，就成为社会文明发展与社会稳定过程中出现的重要道德需求，而关怀伦理理论也就应运而生。"关怀伦理学的理论模型最初是由内尔·诺丁斯提出的。她认为男女两性有着不同的伦理观念。男性以普遍的道德原则为基础进行抽象逻辑分析，女性应用的则是集中于实际关系和感性的，对于事件发生情境进行细节分析的推理方法。

如果说道德认知发展理论的出发点是普遍的道德原则即公正原则，价值澄清学派的出发点是自由选择，那么关怀伦理的核心概念就是人际关怀。在诺丁斯看来，我不能退避在我的办公室，然后逻辑地想出我该做些什么——我应该运用什么原则来证明我的行为是正确的。我不能依赖于有用性的计算。我也不能召唤我的美德，并且英雄式地展现深受我的社区的人们所钦佩的那些行为。当然，我可能会受到这些思考中的任何一种思考或全部思考的影响。然而，实际上，我必须应对女士们以特殊的方式向我述说并向我指出具体的，甚至是独特问题的被关怀者。因此，作为关怀者的我，为一个人所做的一切可能不会令另一个人满意。我不是从一个一成不变的原则，而是从我所遭遇的活生生的他者那里寻找线索。

关怀他人，是关怀伦理的首要表达。在诺丁斯看来，关怀可以分为自然的关怀（natural caring）与伦理的关怀（ethic caring）。诺丁斯指出，在许多共同的人类情境中，我们会自发地对别人的困境做出回应。这一关怀的动机是自动产生的，它不需要别人的召唤。而相比之下，伦理的关怀则"需要召唤"。因此，"我应该"产生了，但遭遇到了冲突：一个内部声音抱怨说，"我应该做但我不想去做。"在这些情况下，我们不必诉诸原则；更为有效的是，我们回到我们的关怀和被关怀的记忆、我们自己作为关怀者的图景或理想。关怀伦理学抛弃抽象的和普遍的原则，强调体验和关心人们的欲望、需要和情感，对待他人要仁慈，要富有同情心。关怀伦理只给原则留下微小的空间。相反，关怀伦理坚持认为，伦理的讨论必须是在关怀的互动中与受到讨论影响的那些人一起做出的。在那些最困难的情境中，往往是原则让我们失败。因此，关怀者不寻求原则的指导，而是转向被关怀者。

关怀伦理涉及两个重要的概念即仁慈和同情。首先，关怀是与仁慈相关联的。所谓仁慈，就是抱有爱心，细心地去爱别人，关心别人的疾苦，更多地帮助别人。仁慈的实质，是一种全心全意关心他人、具有异常的敏感和无微不至的照顾在内的关怀。其次，关怀是与同情相关联的。所谓同情，作为人类天真纯净的天性之美，是人类的善良情感，它是看到命运强加于别人的不幸时所产生的共同悲哀。它是对别人痛苦的感受，并由此产生出一种救援与爱护相混合的爱怜。在这个意义上说，同情会在一定背景下转化为深切的爱和全力的拯救行动。关怀伦理把人看成是相互依赖的，而不是独立的个体，认为道德应强调人们之间的关怀、同情和关系问题，而不仅仅是，或主要是单个道德行为者的理性决定。

关于关怀的具体表现形式，关怀伦理认为，存在着文化和个体的差异，这种文化和个体的差异使得关怀有着不同的表现形式。因此，在规范的水平上，不存在普遍性的关怀指导原则。关怀伦理仅仅承认人类处境的普遍性：出生、死亡、身体和情感的需要之共通性，以及人人都期待关怀。期待关怀则成为关怀伦理的基本起点。舍此，便不再有普遍性。

关怀伦理强调关系，强调被关怀者所发挥的作用。关怀伦理认为，关怀并不完全存在于关怀者的态度和意图之中。诺丁斯写道："我们必须追问对关怀者所产生的影响。如果 A 声称关怀 B，但 B 予以否认，那么 A 和 B 之间的关系就不是一种关怀关系。这并不意味着 A 有过错（尽管他可能是错了），也不意味着 B 有过错（尽管他也有可能错了）。可能是这一情境出现了问题。"

特殊的德育课堂

"为了解决有些学生频繁违纪的问题，我校政教处决定办一个'学习班'，把违纪学生集中起来，进行纪律强化教育。进'学习班'的学生平时还在原来的班里上课，下午活动课时间集中参加'学习班'纪律教育。学校领导对此寄予了很大的期望，请学校里富有教育经验的老师和社会上有名望的教育工作者来给学生上课。上课的老师精心备课，认真授课，尽力使课堂更有效率；学生也很配合，课堂气氛非常好。但是出乎意料的是，这个'学习班'的效果并不好，甚至出现了副作用——参加'学习班'的学生，在'学习班'里是乖乖学生,但是走出'学习班',不仅没有改好,反而有变本加厉的趋势。这大大出乎组织者的意料,于是这个'创新'措施也就虎头蛇尾地结束了。"这是一则有关如何教育特殊学生的案例。在讲述这个案例的同时,作者还分析了"学习班"失败的原因,归纳起来有三点,一是忽视了学生的主体性,二是忽视了"标签"可能产生的消极影响,三是忽视了同伴关系的负面影响。分析似乎是有道理的,但所呈现的案例有许多含糊之处。例如,所谓的"效果并不好"到底意味着什么?用什么评价标准来说"效果并不好"?"效果并不好"的具体表现是什么?"有变本加厉的趋势",至少表明还没有"变本加厉",而只是有"趋势",这种"趋势"是什么原因导致的?具体表现是什么?"学生频繁违纪",违反的是什么"纪"?频繁到何种程度?"富有教育经验的老师"是否就一定是适合于教育学生的老师?学生行为的改变与心灵的感化是否只是一个技巧的问题,而不涉及情感因素?更让人感到困惑的,是"学习班"这种教育形式本身有问题,还是"学习班"的组织与安排有问题,因而需要对"学习班"作进一步改进和改善?从案例作者的角度来看,则显然是"学习班"作为教育形式有问题,"学习班"的解散就清楚地说明了这一点。然而,作者关于原因的分析却又似乎在表明这样一种观点,即学习班本身并没有什么问题,而是教师没有很好地运用好这种特殊的德育形式,诸如学生的主体性的发挥,贴标签问题以及同伴的消极影响问题,这些表述似乎都在表明,教师今后在举办类似"学习班"的时候,需要将这些因素考虑到并努力避免各种消极因素产生的影响。

与此相反,我在一所中学获得了一个"学习班"成功的案例。同样是针对违纪的学生,不过,学生的违纪行为主要是违反学生的日常行为规范,而"学习班"学习的内容也很明确,学习《中学生日常行为规范》,并且要求学生逐条朗读,逐条理解直至背诵。学习的时间就是学生上课的时间,一个上午或者一个下午,各班违纪的学生集中到学校的会议室。学习的环境非常好,学校提供茶水,学习材料人手一份,仿佛这些学生不是在参加学习班,而是在参加一个有档次的会议。学习班还有一项规定,如果一次学习没有效果,即继续原有的违纪行为,则下次继续来参加"学习班"。不过请注意，这是一所教育质量非常高的中学，学生的学习动机都比较强烈，都有着较强的学习进取心，每个学生都不愿意耽误功课学习。结果，这样的"学习班"不仅没有产生什么副作用，而且收到了良好的教育效果。参加过一次"学习班"的学生，绝不愿意再次走进这个"学习班"。

关于这个"学习班"，一个可能会引起争议的问题是，它是不是侵犯了学生的学习权利。单纯地从"学习"字面上理解，学校的做法似乎有此嫌疑。然而，这样的理解只有在把"学习"片面地理解为"课堂学习"或与学业有关的学习时才能够成立。相反，如果我们把学习不仅理解成一种学业的学习，更是一种成人的学习，品行的学习，为人处世的学习，那么我们说，学校的这种做法就并没有侵犯学生的学习权利。相反，它在一定的程度上进一步扩大了学生的学习范围和领域。

由此，我们可以把这样的"学习班"看作一个特殊的德育课堂。当前学校面临着德育针对性不足的批评与指责，为学生举办有特殊目的的"学习班"恰恰可以看作一种加强针对性的尝试与探索。这里所说的尝试与探索，并不说这样的"学习班"就完全是一种创新。实际上，"学习班"这种教育形式是改造人们的思想与观念的一个创举，它在革命战争年代乃至在新中国成立后的相当长的一段时期内，都是被实践证明为行之有效的教育形式。有意思的是，随着社会的不断发展，这种教育形式渐渐地获得了一种负面的评价，甚至被视为对某种权利的侵犯，由此而不断地被人们和社会所否定，乃至于在学校教育的场所，这样的教育形式似乎也成为被排斥的对象。而我们说它在加强学校德育的针对性，包含着两层意思，一是它是将特殊的学生集中起来，他们有着同样的道德问题，因而集中起来学习就使得教育对象具有针对性；二是教育的内容也有明确的指向性，以及所要解决的教育问题的明确性。在很长的时间里，人们一直在呼吁加强学校德育的针对性，但到底如何做到这一点，教育工作者似乎处在一种茫然的状态中，不知道该从何处入手。"学习班"可以说是加强学校德育中针对性的一个有益的尝试。

其实为特殊的学生举办"学习班"也并非是一件轻而易举的事情，并非是一件只要将学生集中起来就大功告成的事情。它需要学校的德育工作者做精心的准备，需要学校全面的行动与配合。例如，每期"学习班"要解决什么问题，学生在学校的日常生活中所表现出来的普遍性问题是什么，这都需要做前期调查的。普遍的问题摸清后，学校要进行系统的工作布置，要求班主任将那些具有普遍性问题的学生甄别出来，并要进行预先的分析与调查，并以书面的形式向"学习班"的组织者报告。然后，学校拟定有关学习班的学习计划及学习要求。

在学校教育中，有许多的教育形式在实践中效果往往并不明显，然而这不能用来证明某种教育形式就应该被拒斥。讲授法的教学效果不明显，并不意味着讲授法本身有问题，而只能说明教育者没有用好讲授法。"学习班"作为一种特殊的德育形式，其效果不明显也同样并不意味着这种特殊的德育形式本身有问题，而只能说明人们没有很好地应用好这种德育形式。

谈　心

> "我每天早上都找学生谈心。……但是这种谈心并没有达到我的期望值，没有达到我想要的效果。"
>
> ——摘自某教师博客

与学生谈心是教师，特别是班主任老师做学生工作的主要手段之一。教师仍然在努力，而在努力的同时也在时刻体验着失败。老师希望通过与学生谈心来达到一种期望的效果，但是，这种效果并没有出现。教师将这种结果归因于家长的不配合，也不是没有道理。但是，从反思性的分析来审视，则需要教师将反思的焦点集中到"谈心"这一教育手段上来。教师显然赋予"谈心"以更多的教育意义，或者说，谈心对于教师来说意味着教育工作的开展。没有别的选择了吗？或许最大的困境来自教师紧张的工作。

范梅南说，在希望找出有效的系统干预方法时，我们往往忘却了这样一个事实：我们所关注的变化对不同的学生来说可能有不同的意义。教师在期望什么呢？如果教师能够帮助某学生摆脱内心深处的阴影，使得该学生不再痛苦，不再绝望，那岂不是对这个学生来说最好的变化吗？但是对于教师来说期望出现的变化，对于某个学生来说，可能恰恰是没有意义的。我们需要一种前反思性的、前理论性的态度来进行反思。通过这种反思，它提供给我们可能的洞察力，以使我们与学生的联系更加直接。

谈心的教育意义何在？谈心对于那些在教师看来需要谈心的学生来说，真的是有意义的一种教育形式吗？通过与教师的深度交流发现，教师选择谈心这一教育形式，与教师的工作情境密不可分。紧张的工作，无暇顾及学生的具体问题，早读时的空闲，以及其他方面的情况，都使得教师选择谈心这一教育形式。由此，一个更大范围的问题便提了出来，教师的教育时间如何保证？那些业绩较好、工作认真负责的老师，往往是超负荷地工作着，实际上是在降低着教育的效率。让教师全身心地投入教育工作，这固然是需要的，但却有一个限度的考虑，必须要对"全身心地投入工作"有准确的理解。它并不意味着要让教师的工作被安排得满满的，而是指教师集中精力、投入时间去做好教育工作。

反思的教学需要教师对自己提出这样的问题，即我这样做对学生来说是适合的吗？我这样找学生谈心对学生来说有意义吗？我是否还有其他方面的选择？其他的老师对学生又是如何做的？的确，提出这样的问题并非是一件易事。因为，一旦谈心成为教师教育学生的一项常规工作时，则提出这样的问题就意味着对自己惯常行为的质疑，意味着如果改变这种惯常的行为，就必须要具有如此这般改变的条件，意味着教师的责任感及其相应的自我调整能力。

反思的要义是指，我们的处理是否恰当、正确，是否是可能的最佳方式。它所涉及的，是教师应该如何与学生交往的问题。在这里，谈心是班主任老师与学生的一种交往方式，一种已经成为惯例化的交往方式。教师如果要对这种交往方式进行反思，就必须要准确地定位，在谈心的交往方式中，学生的感受如何？显然，对于这样的交往方式（即谈心），不同的学生可能有不同的感受，好的感受或不好的感受甚至于没有任何感受等。不同的学生可能适合于老师不同的交往方式。究竟适合于哪一种交往方式，需要老师对学生进行体验式研究。适合的交往方式可能不仅与学生特殊性相关，也与交往的情境有关联。因此，进行相关的体验式研究，需要把情境考虑进来，使交往方式、学生以及交往情境等结合在一起。

谈心是师生的一种交往方式。这种交往方式是由教师来确定的，因而在整个交往过程中，学生都是处于一种被动的状态。这样的交往方式是不是真正意义上的师生交往呢？要回答这个问题，需要考察这种交往是否能够对学生的心灵产生某种影响，使得学生处于一种不断成长的状态之中。

家长不配合

"家长总是不出现，或者不配合，我喊家长喊不到。"这是摘自某教师博客的一段话。教育需要家长的配合，这是许多成功教育经验的总结，也是教育的诸多道理之一。然而，家庭与学校的合作问题大体是目前许多教师所困扰的问题。家长的不配合，使得教师的工作找不到着力之处。教师的期望不能成为现实，这使教师产生无助感和无力感。

面对着家长不合作，教师该怎么办？在思考这样的问题之先，我们首先要提出这样的问题，即家长配合或家长的不配合对教师来说意味着什么？许多教师抱怨说家长多不配合，显然教师对家长的配合有着他们自己所理解的含义。在许多情况下，教师也并没有对家长的不配合作出明确的界定或给予确定的意义，而是通过举例的方式来说明家长的不配合，例如，打电话给家长，家长不接电话；或叫家长到学校，家长根本就不来；或者是开家长会，家长不来参会。类似的事例举不胜举。这些事例给我们探寻家长配合或不配合的意义提供了典型。不过，所有这些描述似乎都忽略了这些现象所嵌入的情境：为了什么事情而打电话叫家长？教师开家长会的意图是什么？都是一些什么样的家长没有来？这些家长的孩子在学校的表现如何？这些学生的表现与教师开会意图有什么关系？这就是说，仍然存在许多不明确的问题。这些问题如不明确，则我们就难以深入把握教师的言说所表达的意义。

配合对于教师和家长有着不同的意义。对于教师来说，要求家长配合已经确立了主体中心的存在，即家长生活的各个方面都必须要围绕教师的期待来展开；在这种观念的支配下，家长通常也多持这种对配合之意义的理解，感受到自己与学校的合作过程中处在一种被动的地位。在这里，家长及其孩子在配合中形成了双重的被动意识。这使得许多家长不太情愿到学校里来"配合"教师工作。许多教师在谈及与学生家长的关系时，多使用"配合"这样的词汇而不使用"合作"这样的概念，已经将家长与学校以及家长与教师的服从关系表达出来。如果是合作，那么双方的地位应当是平等的，合作的形式和内容应该通过协商的方式来确定。不过，在一般的情况下，我们看不到这种平等的合作关系。

在教师的抱怨背后是否存在这样的问题，即教师不过是在一厢情愿地实施着自己的追求，而这些追求对某些学生及其家长而言，已经不过是一个梦想而已。例如，教师期望学生的学业成绩能够提高或改善，而一些学生及家长则已经完全放弃了对学业成绩的期望。配合意味着合作，而合作则意味着需要有共同的追求。当共同的追求已经不存在或根本没有共同的追求时，那么就无法论及合作。如果教师期望学生有所变化，那么这个期望发生的变化对于学生及家长来说是否也是同样的期望？不能想当然地把教师所期望的东西就等同于家长所期望的东西。教师也清楚，家长的某些行为，不过是一种借口而已。真实的想法被掩盖起来：来了也没有什么意义。这或许是问题的症结所在。

家校配合需要有共同的基础，即价值观。这种价值观总体上是有的，那就是对孩子的教育以及促进孩子的健康成长。但是这种基础因过于抽象而失去了作为合作的基础作用。它需要具体化，需要将这种抽象的基础化为具体的指向。特定学生所存在的特殊的教育问题，在教师和家长之间是否有着某种共识，这是前提，也是家庭配合的关键之所在。教师在进入学生家庭情境之中时，首先要考虑的，恐怕并非是向家长报告学生存在的问题，而是探询家长对其孩子的教育期待，探询家长的教育意图。这是教师需要进行的现象学分析。通过这种探询，发现家长对教育意图的理解，由此而在家长的教育意图和教师的教育意图之间进行一种比较分析，发现差异与共同之处。特别是共同之处，它是将来家庭配合教师教育工作的重要基础。

道 德 选 择

在通常情况下，每个人所作出的选择都包含着理性算计的结果。无论人们是否承认，也无论人们在进行理性算计的过程中是否足够精确，但理性算计本身是不变的。在亚里士多德看来，道德行为要成为真正道德的，其行为必须是自觉选择的结果。但是亚里士多德意义上的选择，并不同于现代人所说的选择，这种不同在于，道德选择并不包含对道德行为的义务和利益的理性算计，而是在两个极端之间进行选择，以便做到中庸。诚如卡恩斯·劳德所评论的那样：像亚里士多德反复强调的那样，道德行为的本质就在于道德行为以这种行为本身为目的，而不是以这种行为的结果为目的。善者的所有行为的动机不在于指望诚实正直是最好的策略或德行有助于幸福。

然而，受到功利主义道德观的影响，整个社会倾向于以行为的结果来判断行为的道德性。由此，道德选择便被理解为道德的理性算计。一个人的行为是否是道德的，并不取决于他的行为的动机，而主要是从行为的结果来加以判断。受这种取向的影响，一些自称有道德的行为者甚至提出了这样的要求，即施惠于人必得有所报，否则就是受惠者的失德。在这里，施惠者试图通过施惠而得到双重的回报，即来自社会的赞美和来自受惠者的感恩。由此也使得对于受惠者未感恩的表现之谴责成为一种普遍为人们所认可的行动。中国自古以来就有"施恩不图报"的传统，同时也有"滴水之恩当涌泉相报"的传统。前者是非功利的道德观的反映，后者则体现了社会对人际交往的互惠期望。

从功利主义的伦理观出发，则道德选择似乎并不是一个非常困难的事情，但也使得下列情形变得有问题起来，如一名大学生救了一名落水的农民工而付出生命的代价，这样的行为值不值得？这样的事情之所以成为社会争论的问题，恰恰就在于这其中有一种功利主义的伦理观在起作用。然而，从德性伦理的角度来看，则这本身就不是一个问题。因为一个人去救另外一个人，只是因为救人本身是一种道德的行为，因而本身就是值得为之的。然而，这并不意味着基于德性伦理，道德选择就不成其为问题了。根本的原因在于，这种道德选择如何才能够作出并恰好符合道德的要求，同时在作出一种道德选择的时候，还需要哪些因素起辅助的作用？实际上，最困难的还是德性伦理的道德选择问题。例如，即使是从亚里士多德的立场出发，勇敢的人是惯于在怯懦和鲁莽之间选择中庸的人，那么要作出合乎道德的选择，道德行为者也必得先知道"何谓怯懦""何谓鲁莽"，否则就没法作出合乎道德的选择。由是，作为实践美德的道德选择，必当以理论理性为其基础。或许正因为此，才会出现这样的观点，即中庸是不可定义的，而只能由理性视具体情况来决定。

现代人讲道德选择，主要表达的是这样的含义，即实施道德行为还是不实施道德行为。这是一种完全不同的道德选择，至少这样的道德选择概念在亚里士多德那里是不存在的。

道德选择中的核心问题之一，是在作出道德选择时如何摆脱激情的影响。一旦个体在进行道德选择时受到激情的影响，那么这种激情的存在就可能会影响到理智的道德判断，就可能难以根据其所拥有的知识而行事。因此，在进行道德选择时，就需要有理智的保证。道德选择的理智保证被亚里士多德看作"智虑"或"实践智慧"。实践智慧在道德选择中发挥着两项功能，一是将普遍的原理恰当地运用于具体的情境之中。智虑的任务不是为了保护自己的利益，而毋宁说是为了设计合适的手段，以有助于实现道德的美德所设定的目的。智虑首要关心的是使反映在道德美德中的普遍概念，适应道德行为在其中得以实现的特殊情况。因此，智虑在很大程度上依赖于经验。在这里我们可以看到智虑或实践智慧与经验的密切关系。它关注日常生活中的细节，而不是普遍的立法。二是智虑要控制道德行动中的激情因素。

灌　输

政治教育中的一种流行的观点认为：政治教育要反对灌输，应该以一种说服的方式来使学生接受某种正义的理念和政治观念。这种主张看起来很富有真理性，以至于几乎没有人想要对此加以反驳。然而，政治教育中的"说服论"者忘掉了这样一种事实，即政治教育的灌输主张已经在人类社会中存在了非常长的历史时期，并且证明是行之有效的。问题在于，为什么这样一种行之有效、历经数十世纪的教育方式会遭到如此厄运，以至于现代人对它产生强烈的反感，非要使它从日常的政治教育中彻底退场不可？

这是一个不太好回答的问题。反对灌输的理由不外乎有以下几种。一种理由认为，灌输的方式容易导致人们的反感；另外一种理由认为，灌输的方式不会产生良好的效果；还有一种理由认为，灌输的方式无视人的主体性。似乎都有道理，又似乎都没有道理。这几种理由忽略了这样的事实，即政治教育乃是关乎政治的教育，而如果政治是令人反感的，又如何期望政治教育不让人产生反感呢？至于灌输的效果，在我看来就更不称其为理由了。因为政治教育是否有效并非是体现在人们对于政治的言说上，而是要体现在人们的政治行动或实践之中的，体现在人们的政治理想的追求之中的。就后者而言，谁都无法对两种教育方式之效果作出恰当的评判。灌输的教育方式之有悖于人的主体性，犹如政治之有悖于人的主体性一样，都是不可避免的。即使是说服的教育方式，就一定能够保证人的主体性？而如果政治教育真的培养出具有主体性的公民，那么政治教育是在促进现行的政治秩序之稳定呢，还是要做着一项颠覆现行政治秩序的工作？

从根本上来说，人们对政治教育中的说服方式之宠爱，与人们对于政治的理性诉求之想象是联系在一起的。它设定政治在最高的境界上应当是理性的，因而政治教育就在于通过说理而使人们服从理性的政治法则。这种立论的预设恰恰忘记了这样一种事实，即政治活动作为统治人的活动，从根本上说是以权力为基础的，而任何权力都是违逆理性的。说服人们去接受这种违逆理性的权力，这种观点有点痴人说梦。

其实政治家是完全能够清楚地意识到这一点的。政治家之清楚的意识，与学究们之强作清楚的意识，表明了学究们不具有政治实践的智慧与谋略。明知说服的政治教育方式之不可能，却偏要从理论上对此种方式加以合理地论证，难道不是政治之欺骗的特征在教育理论研究中的反映？如果遵循柏拉图的教诲，从政治秩序之稳定的希望出发，政治的欺骗乃是必要的，且属高贵的谎言，那么显而易见，理论的颠倒是非，如果不是服从政治之需要，那就是学究们缺少理论智慧，或者是丧失了探究的良心。

第二编　教学不是为学生做什么

教学过程"黑箱"

对已经发生的事情进行解释，是人之本性。无论发生了什么，人们总是想试图找出一个合理的理由，由此来说明事情之发生的合理性或必然性。

这种现象在学校生活中，特别是在教师的教育教学活动中，最为常见。不过，有关所发生事情的解释却又往往是背离事实，包含着偏见与曲解的。例如，关于学生学习成绩的解释，就是这种常见的解释中的一种。面对学生难以理解所学的内容，或者不能很好地掌握所学习的内容，教师通常的解释是学生笨，或者不具有某方面的天赋，或者是没有某个方面的思维，或者责怪学生不够努力，等等。概言之，由于学生学习的过程对于教师来说往往是不清楚的，并且也不知道在哪个环节发生了问题，因此就从结果出发，以为某些知识的不能掌握，是学生的理解力或思维能力或者学习的努力程度等方面不适合所要学习的内容。在这种解释下，教师就会心安理得地放弃对学生的教育，而稍微获得一种良心上的安宁。

在日常的学校教育生活中，教师对于学生学习结果的解释，特别是对于那些学业成绩比较差的学生的解释，有许多是错误的，或者说是有偏见的。由于对事态的解释是人进一步行动的基础，因而这种错误的解释往往会导致错误的教育行为。由于相关解释是如此普通，以至于教师已经认识不到解释有什么问题。甚至在某些情况下，教师往往以结果所呈现出来的事实而强化自己的错误解释。

事情果真如此吗？可能的情况是，在教学过程中，学生遇到了某个方面的障碍，而这个障碍没有为教师所注意并由此而被忽视，从而导致积累性的效果。一时的障碍对于学生的成功学习而言绝不是一个小问题，甚至有可能是关系到他未来终身发展的大问题。无奈，在目前的教育情境下，教师绝大多数都不能注意到学生学习过程中的障碍，从而埋下了学习困难的种子。就如同成功的学习需要基础一样，失败的学习同样是有一定的基础的。而这个基础往往是教师所造成的，自己造成的结果人们多半是不承认的。

实际上，当教师面对众多的学生进行授课或与学生讨论教学内容的时候，通常教师是无法做到对所讲授或讨论的结果进行评估的。然而，这种评估对于有效的教学来说又是不可或缺的。由此，我们看到了一种折中的方案，即在经过一个阶段后进行一次评估（考试或测验）。然而，时间所带来的时滞效应使得这类评估往往只具有了解教学状态的功能，而失去了真正诊断与反馈的功能。课堂教学时间的有限性，使得对每一个教学内容之掌握情况的评估，变成实实在在的障碍。一节课结束，全班同学对于同一个学习内容，到底理解和掌握得如何，对于教师来说往往是不甚清楚的。教师只能通过对那些积极参与教学的学生，特别是在课堂提问中积极发言的学生之状况，有一个大概的了解。而那些经常保持沉默的学生，究竟对哪些方面的教学内容了解、掌握或不甚了解、不甚掌握，恐怕没有一个教师能够作出正确的判断。

由此，教学过程就变成一个真正的"黑箱"，一个置身于其中却不解其中之味的"黑箱"。真正有效的教学，或者并不仅仅是改革教学方法的问题，从根本上讲就是一个准确地对每个教学行为进行正确评估的问题，即教师应该努力做到对所发生的教与学的行为进行适时的评价和估量。

师生课堂分歧

有个物理教育专业的同学在博客上给我留言，向我请教问题，这让我不禁惶恐不安。我之所以惶恐不安，是因为我怕自己对问题把握不清，误导学生。如比，那就是我的罪过了。不过，同学的问题提出来了，不回答，似乎又与为师之理不合。于是便强使自己细读学生所描述的情境，竭力厘清学生的问题之所在。学生的问题记录在他的博客里。为便于正面回答这一问题，现摘录其问题的关键内容如下。

  一同学在模拟教学时与老师发生了激烈的争执。在讲到物体受重力运动的时候，这位学生觉得课堂太没劲，于是，他开玩笑地说："受重力运动的情况很多，不一定就是铁球下落，像我们尿尿一样，也是受到了重力作用。"

  老师（很生气）："你这是在举什么例子！这个话不能说！"

  学生：我这样说为什么不行？通过这句话可以给我们一个记忆的支点！

  老师：在课堂上能讲这句话吗？

  学生：为什么不行，请你告诉我！

  老师：我教了这么多年的书，你这样是学生该做的吗？

  学生：为什么？

  老师：你们学习是为了什么？

  学生：我们只是想通过学习而获得一个机会！

  老师：你这学生思想就是有问题！我不和你讲！

  学生：好！老师！请你放心，在下个月的实习过程中，我不会给你惹什么事。

  最后的问题是：在今后的教学过程中，面对像这样的学生的情况，我们又该怎么办？

  据同学在博文中交代，以上记录是模拟教学中的一个小小插曲。这个插曲被同学视为"师生争执"。同学的不解之处在于，教师认为学生在模拟教学中出现了某种问题，学生又不承认自己的这种行为有什么不当，在这种情况下，教师以命令的口气判定学生思想有问题，并且拒绝和学生进行交流与沟通。实际上，这位同学提出了课堂教学中的一个最常见的现象，即当师生就某些事情或某种观点而发生争执的时候，教师应该如何对待？这个问题虽是指向以上所提到的模拟教学，但它也具有普遍性的意义。

  就所发生的这件具体的事情来看，整个事情起因于学生举尿尿以说明重力现象，而教师认为这样的事例是不妥当或不恰当的。尽管教师没有说出其中的道理，不过教师的话语中已经隐含了为何不妥或不恰当之理，那就是这种尿尿的事例与教师的身份以及与物理学的高贵不相符合。就此事情而论，不能说教师的判断有什么问题。因为是模拟教学，当然就需要考虑模拟者作为教师在教学中的言与行。作为教师，当他面对渴求知识的年轻人时，他必须以恰当的言行向学生呈现他应该呈现的东西，无论是知识，还是社会现象，或者是对某一问题的看法。教师不仅仅是向学生传递知识，更时时刻刻影响着学生的心灵、精神与道德。因此，对教师在课堂上的言行提出严格的要求，无论在哪一个社会，都概莫能外。只是不同的社会，由于价值观和道德观的差异，这些要求各不相同罢了。发生在我们身边日常生活中的事例千千万万，但是否都能够用于课堂教学，这是教师在进行准备的时候需要加以认真考虑和选择的，是教师在备课的时候就要设计好的事情。因为我们身边各种事例有正面的，也有负面的；有主流的，也有非主流的；此外还有高雅与低俗之分。就学生的健康成长与发展而言，无论是为了帮助学生理解文本或符号，还是为了培养学生的创造能力，我们的教学都主张以正面的、主流的和高雅的东西来影响学生。实际上，当事例已经成为教学的组成部分的时候，事例也就同时构成了教学内容。在这里，用于教学的事例就需要精心地选择，而不应具有随意性。

　　但另一方面也要看到，作为模拟教学，该同学就具有双重的身份，即"教师"和学生。因此，我们就需要进行一个视角的转换，即从作为"教师"的同学转向作为学生的同学。由此我们就会面对这样一个问题，即如果学生在课堂中出现了不恰当的言行，教师该如何回应？更具体地说，如果学生在课堂教学的发言中或表演中表现出俗的一面，以至与教师的价值取向发生冲突的时候，教师应该如何对待？当然这其中不可避免地会涉及对某些现象的认识问题。更具体一点，以"尿尿"为例，其中便涉及师生双方如何看待在课堂这样一个公共的场合说出"尿尿"这一事情的真相？这是一个价值取向问题。教师以为这样的事例可能俗了，过于接近事情的真相；而学生则可能认为，这是人们每日都在进行的事情，不过是人的自然本性而已，无伤大雅。由此，具有教学论意义的问题是，教师如何对待师生之间发生的争论？学生在博文中感到困惑的，大概也是这个问题。就此而论，此问题已经超出了具体情境的范围。

现代教学论所教导我们的是，教师应当平等地对待学生。当学生出现思想上或认识上的问题时，教师应当晓之以理，通过正面的说服或讨论，来解决相关的思想问题或认识问题。现代教学论要求杜绝传统教学所盛行的教师的专制。不过，这种说法本身也并非没有问题。问题在于，这种要求过于普遍，而使得新任教师可能会产生一种误解，以为在任何条件下教师都应该如此。平等地对待学生，通过交流与沟通解决师生间认识上的争执，总是具有特定的条件与适用范围的，而并不具有绝对的意义。例如，时间的限制，或者场域的限制，或者情势的限制，或者师生之间所存在的年龄上的差异，都有可能提出拒绝平等要求的主张。特别是后者，教师可能把自己当作是学生的长辈，从而表现出长辈所特有的不拘泥于教学习俗要求的一面。由此会出现伦理性的表现压倒教学性的要求这一现象。这种现象在日常的教学生活中，在各级各类的学校教育中，都有不同程度的表现。例如，在对研究生的教育中，一些导师有时候也表现出某种程度的独断与武断。在通常的情况下，当教师认为学生出现了认识上或行为上的问题时，交流与沟通可能是一种更加理性的选择，至少从现代教育价值观念来看是这样的。如果由于教学时间的限制，或者由于众多学生的在场一些话不方便说出来，那么可以和争执的学生作一个约定，即暂时将争执搁置下来，等下课后或另寻恰当的时机再作交流与沟通。作为教师应该认识到，让学生接受一个观念或一种认识，靠独断或命令是难以奏效的。它最多只能让学生缄默其口，或将不恰当的观念与认识置于其内心的世界，暂时不表达出来而已。

以上只是针对学生的困惑而提出的一点想法，并无评论模拟教学指导教师之意。站在一旁对他人的行动说三道四或许容易，然而当自己身处这情境之中，或者当自己是事情的当事人时，我们也无法确定自己会做出怎样的反应。实践的紧迫性不容许实践者停留片刻进行理性的思考，由此来确定合理选择的行动。实践行动的这一特征，固然使得人们的实践都不可避免地留下遗憾，却也给我们的理性思维带来了无限的空间。

黑板与教学行为的改变

　　课程改革，一个基本的目标是实现课堂教学行为方式的转变。新课程实施以来，课堂里的教学行为虽然不能说没有改变，但总体的感觉是，改变不大。很长一段时间，困惑于这样的问题，教学行为改变后的课堂到底应该是什么样子？为什么很多专家都在呼吁课堂行为的改革却见效甚微？

　　到了一所农村中学，听了两节课，忽然对我那个长期困惑而苦思不得其解的问题有所领悟。因为，当走进课堂的时候，我发现，教师与学生在课堂里的空间位置发生了根本性的变化，这种变化是师生关系的变化，而让我们感受到这种师生关系变化的，恰恰是师生在课堂里所表现出来的行为。行为是关系的中介，当行为发生某种程度的变化时，这种变化所反映出来的，恰恰是行为主体间的相互关系。在我所听课的课堂里，秧田式的教学组织形式为另外一种结构化的组织形式所代替。由于班级规模不大，四张或六张课桌组合在一起，组成学习小组。教室里一共有约六个这样的学习小组。这样的组织形式我在别的学校也曾见过，然而变化的只是组织形式，却见不到变化了的教学行为。教师在教学的过程中仍然是中心，学生仍然是围绕着教师来开展学习活动。一切都如秧田式的教学组织形式。形式的变化并没有带来实质性的行为方式的变化。在我所听课的这所农村中学，每个教室都是这样的组织形式；而在每个教室，每个小组都是学习的中心，同时也都是学习的参与者。教师的中心位置在教室里消解了。我们几乎看不到教师的存在，看到的是学生的各种表现。尽管学生的表现不尽相同，有好，也有不好，然而，总体上看，所有的学生似乎都不存在那种严整的课堂教学所呈现出来的那种疲倦与不相干的状态。

　　我在惊讶之余，则在不断地思考着这样一个问题：这一切是如何发生的？当我仔细地环顾教室四周，认真地观察教室里的一切布置与设计时，我忽然明白了，在整个教室里，你已经找不到传统教室意义的中心位置。在传统的教室里，中心是黑板，是黑板上方的标语或口号或伟人的画像，没有了黑板左右的课程表、值日表或班级公约或班级规范之类的东西。在这所中学，教室的四周都是黑板，每个小组都拥有自己的黑板。教室正前方的黑板也划归为同学的学习小组所拥有。教室的左右各四块小黑板，前后两块大黑板。说前后左右仍然是在传统的意义上讲的。在这样的教室里，已经没有了前后左右之分。每一个墙壁面都是正面，同时也是辅助面。每个小组汇报本组的学习情况，都是在本组所拥有的黑板上演示。而当小组进行学习演示或汇报的时候，则这个小组就是教学的中心，这面墙壁就是教室的正面。同学或坐在原位，或干脆全部走下自己的座位，簇拥到正在演示的黑板前面。于是，我们看不到教师了。只有在点评的时候，在矫正的时候，在评论的时候，我们才感觉到教师的存在。我们还不得不顺着声音来寻找教师立于何处。教师和学生自然地融合在一起。

我忽然意识到，教学行为的改变并非是无条件的；这个条件也并非是教师的观念问题，而是教学的结构与安排问题。对于教学的结构与安排，教师其实是无能为力的。它必须依赖学校办学的整体教育理念。从某种意义上讲，恰恰是教学的物质结构以及由此而形成的心理结构在制约着教师的教学行为。在传统的教室里，我们当然可以见到课堂讨论。然而传统的教室里的课堂讨论总是让人感到别扭，感到做作。因为所有的讨论都是在后面的同学看着前面同学的后脑门而展开的。而在这所农村中学的教室里，六个人一组的小组讨论，是一个真正的讨论的小组。大家面对面交流他们所思考或困惑的问题，自然而又融洽。

四面墙壁，六块黑板。小小的变动，则是教室真正的结构化的变动。这是一种真正的教育创新，而这种教育创新背后，则蕴含着人们耳熟能详的教育理念。

教 学 任 务

教学应当完成教学任务，这是学校对教师提出的基本要求，也是教师履行教职之所在。

为了让学生更好地理解教材，教师可能要花费较之一般情况下多一倍甚至是两倍的时间。例如，根据教材的安排，某项教学内容只安排一节课的时间，然而由于学生的基础较差，教师为了让绝大多数学生理解该内容，就不得不花费两节甚至三节课的时间。如此一来，教师便感到无法完成教学任务。而如果根据教学计划来完成教学任务，则许多学生就根本不能理解教学内容。

这是一个非常现实且为一般学校的教师所常见的问题。

为什么会出现这种悖论性的问题？其中的一个重要的原因就在于，人们对教学任务的概念在理解上出现了偏差，因而产生一种不恰当的教学任务之观念。这种不恰当的教学任务观念如此深入到学校的日常生活之中，以至于每一个置身于其中的教师及管理人员，都已经意识不到这种隐含的教学任务观。

教学任务，一个似乎明确但又含糊不清的概念。

说它是一个明确的概念，是因为在日常的交往中，所有的老师和学校管理者都知道教学任务是什么，而无须在交流与沟通的时候来对"教学任务"进行定义，也无须对此概念的使用加以补充说明。当一个教师说他无法完成教学任务时，所有的倾听者都能够明白他在说什么，或意指什么。如果要作进一步地追问：什么是教学任务呢？那么教师也能够用通俗的语言对此概念加以明确地说明。这意味着，这是一个意义似乎自明的概念。

说它是一个含糊不清的概念，是因为这个概念也并非只有一种含义。它可以从教师教的角度来看，也可以从学生学的角度来看。一般情况下，人们提到"教学任务"这个概念时，多是在第一种意义上，即站在教师教的立场来理解这个概念。这个意义上的"教学任务"主要是指教师在课堂教学中完成了规定要完成的事项，讲授完规定要讲授的内容或传授规定要传授的知识点等，诸如此类，不一而足。由此出发，则"教学任务"就是由教育行政部门以及学校所规定要做完的事情。这是一个形式的教学任务的概念。但是，如果从学生学习与领会知识、从学生的受益与发展的角度来看，则教师讲完了教学内容，亦即完成了形式的教学任务，则学生没有理解或领会，那么这种教学便不能称作为完成了教学任务。

由此在教学实践中，便会出现一种悖论性的冲突，完成教学任务则不能够让多数学生理解或领会教材，而让学生理解或领会教材便不能完成教学任务。这种悖论性的冲突根本的原因在于"教学任务"越来越具有行政化的色彩，即从教育行政管理的角度出发来确定，而非从学生的发展出发来加以界定。

行政化的教学任务观是如此之普遍，以至于连学校日常的教学管理制度之设计都体现出这种理念。

在这种背景下，学校要想真正实现让每个学生都得到充分发展的教育理念，就必须要从最基本的教学任务概念之厘清入手，通过澄清教学任务之概念，重新设计学校教学管理制度。舍此，任何教学改革或课程改革都将如传统的课程与教学一样，只能惠及少数学生和少数教师。

课 堂 讨 论

新课程实施以来，与课堂合作学习相对应的课堂讨论也越来越成为师生较为普遍的教学方法。所谓的课堂讨论，据一般教育学教材的定义，是指师生围绕一个确定的问题而发表各自的见解与意见，从而在研讨的过程中获得一种新的认识的教学方法。然而，在教学实践中，教师普遍地感到，课堂讨论教学耗时多，往往难以完成教学任务，且在讨论的过程中，也并非所有的学生都参与到讨论中来，总有一些学生游离于讨论之外。由此，一些教师从完成教学任务的角度出发，教学仍然多采用传统的讲授法。

教师在讨论课的教学实践中所获得的有关认识，是一个很值得教学理论去探讨的问题。当教师在讨论课的教学中感受到某些问题的存在时，这种感受无疑具有理论反思的现实性与紧迫性。如果我们排除人们通常对讨论课所持有的态度，即总是将讨论置于讲授的对立面，以为讨论即展开师生对话，而讲授即教师的课堂独白，那么对课堂讨论本身加以研究，就是理论研究的迫切任务。

应该看到，传统的教学方法（严格说来，讨论也是传统的教学方法，这一点我们在苏格拉底的对话中可以见到），如讲授法，由于经历了长时段的实践与反复的改进，从而使得人们已经获得并形成有关教学规则的基本认识与要求。如何进行课堂讲授？在讲授的过程中应该注意些什么？讲授的要领有哪些？不同的历史时期，不同国家的教育研究者或思考者，都曾对此进行过深入的分析。实践的反复运用以及理性的思考，成就了讲授教学的规范化与形式化，也成就了讲授教学的科学化与合理化。随着班级授课制的建立，人们对教学效率的追求以及教育规模的不断扩大，讲授教学日益显示出其与现代效率观念的一致性，而讨论教学则由于其操作的复杂性与不易把握性，而日渐受到人们的冷落。因此，当新课程试图复兴讨论教学时，很多的教师与学生往往感到难以适应，这也是情理之中的事情。不过，毕竟在教学实践中，许多教师开始认识到讨论教学之于学生发展的意义，因而也尝试着在教学实践中尝试采用讨论教学的方法，有关讨论教学所面临的问题也随之而出现。

最大的问题之一是，采用讨论教学，难以完成教学任务，这是教师普遍的困惑。为此，我们需要把困惑问题化，通过一种明确的问题形式来寻找与发现问题的症结所在。

是讨论教学本身有问题？还是教师的困惑本身有问题？倘若是前者，我们则需要从改进讨论教学出发；而倘若是后者，则需要对教师的教学观念进行澄清。抑或两者？思考这些问题，就必须要注意两个概念，即讨论教学与教学任务。

稍作反思就会发现，教师在教学实践中是试图用讨论教学来完成某项教学任务，结果发现，这样的教学任务难以完成。那么，教师要完成什么样的教学任务呢？再进一步分析，则我们就会提出有关教学方法与教学任务之关系的问题：每一种教学方法适应于某些特定的教学任务，而未必能够适应所有的教学任务。正是因为教学任务的多样性才促使教学方法的日益多样化。有效的教学必须要在教学方法与教学任务之间确立起良好的适切性，即某种教学方法适合于完成某项教学任务。如传递知识的教学，大概没有比讲授教学更为有效的了。这样一来，教师的困惑本身所内含的问题之根本就在于，由于受到某些误导，新课程的实施把某些方法绝对化，而使得教师以为讨论教学可以适合于所有的教学任务。因此，当教师试图用讨论教学来完成讨论教学所不能完成的任务时，教师产生有关讨论教学的困惑也就不足为奇。这是一种情形，即讨论教学与教学任务不适切的情形。解决这个问题，当然需要教师根据教学任务来确定适合的教学方法。

第二种情形是，讨论方法与教学任务具有适切性，教师仍然不能完成教学任务。在这种情况下，我们则要分析，这里所谓的"不能完成教学任务"到底意味着什么。多数教师感觉到，学生发言的时间太久，因而预先设计的讨论任务完成不了。如此，则需要教师认真地分析讨论教学的过程并展开，需要对讨论加以规范化，即要建立课堂讨论的教学规则。应该建立一个怎样的讨论教学的规则，这是一个需要教师去探索的问题，也是一个需要教师在教学实践中不断加以改进的问题。

教 学 工 作

"工作"是当下最为流行的一个词。从事某项工作意味着获得了一定的社会认可，由此拥有了某种社会地位。之所以如此，因改造原材料使其合于某种模型的工作，已经成为一种主导性的社会活动，同时却又并非是一种普遍性的活动。因为是一种主导性的社会活动，所以工作就获得了前所未有的地位；因为它又并非是普遍性的存在，因而工作本身又成为一种相对稀有的活动。工作不同于劳动。劳动与身体的辛劳以及生活必需品的获取有关。与劳动相比，工作的地位高高在上。劳动地位被取代，意味着人作为动物的生物生活之退隐。

当教学乃至于教育都成为工作时，则一种塑造的理念便悄然渗透于教育活动之中。并非在所有的社会中，教育都是工作。至少在古典时期，教育以及相应的教学活动都不被看作是工作。因为它与工作所内在的寓意是完全不相同的。教育不是塑造人，不是使一个人合于社会之基本的模型。只有在特定的社会里，在人成为塑造对象的社会里，教育及教学才有可能成为一项工作。

作为工作的教育，在实践中可能压制着受教育者。而在更大的背景下，连教育者也可能成为被压制的对象。对于教学活动的外在标准的确立，使得教育者可能无从表现出个人的创造性。由此，教育者连同受教育者可能一起而成为被加工的对象，成为被改造的原材料。正如在日常的工作中，原材料在制作的过程中没有发言权一样，教育者和受教育者也同样没有发言权。

现在有一种观点认为，从培养创新性人才和培养人的个性出发，教师在教育教学的过程中应当解放学生，应当尽可能地通过对话与交往，发展学生的潜力。这种观点没有问题，因为学生的确需要解放。但这种观点又极成问题，因为这种观点没有看到不解放教师是不可能解放学生的，没有教师的个性表现，没有教师在教育教学过程中的发言权，则学生是不可能展现其个性表现的，也不可能有学生的个性表现的。以为只要对教师提出解放学生的要求就能够实现学生个性的充分发展，充其量不过是一种美好的愿望而已。

因为教育及教学已经被看作是一项制作的活动，因而它就必然要求有一套标准来衡量和评判这种活动本身以及这个制作活动的产品。尽管人们无法对教育教学活动进行精确的衡量与评判，尽管人是无法用任何外在的尺度来对教育加以度量，但既然是工作，就无论如何也得对过程及其结果加以度量。由此，各种考核办法便应运而生，各种评价工具也因此应运而生。能够产生什么样的效果，这已经不重要了。重要的是，人们已经对这项工作展开了评估。至于这种考核或评价所带来的结果是消极的还是积极的，是无须去顾及的。人们想当然地认为，考核或评价之结果肯定是积极的。

语言现象学所显示给我们的，恰恰是"教育工作""教学工作"，而不是"教育实践"或"教学实践"等成为学校组织层面的核心概念。尽管在教育理论界，我们还可以见到"教育实践""教学实践"诸如此类的表述，但即使如此，"实践"一词也已经改变了其应有的内涵。当实践与教育及教学相结合而成为一个合成概念时，则教育教学活动的伦理性及政治性仍然显露出来。不过，已经没有人认同教育的实践性了，相反教育的工作性则尽展其风光。

在教育成为工作的背景下，教师也就理所当然地成为了教育工作者。尽管现代的人们都将孔子、苏格拉底等视为伟大的教育家，但以现在的教育工作的眼光来看，则这些伟大的教育家当然也不能看作是优秀的教育工作者。在现有的考核标准下，连他们是否是合格的教师也都可能会是一个问题。因为他们总是打破常规，不遵循塑造的理念而开展教育活动。他们是制订准则者，是教育的立法者，而非规则的遵守者。他们的教育立法背离了传统的要求，也完全不同于现代人所认同的模型的概念。在他们的实践中，受教育者不是被制作的对象，而是引导与提升的对象，一个可与教师进行交往而不断地进入新的意识和境界的对象。

课堂教学 "追求开放与
有效的内在统一" 如何可能

读到《中国教育报》（2009 年 2 月 20 日）第六版《新课程周刊》有关课堂教学 "开放" 与 "有效" 关系的讨论，不禁生出一些感想来。这一版一共发表了四篇有关这个问题的讨论，题目分别是：《什么才是有效的开放》《在继承与创新中寻求平衡》《让开放与有效相伴相生》《有效是底线也是教学的价值追求》。四篇文章，一个主张，即课堂教学应该做到 "开放" 与 "有效" 的有机统一。换言之，课堂教学既要 "开放"，是开放的教学，也要 "有效"，是有效的教学。文章写得很好，也具有很强的可读性。四篇文章所提出的主张似乎也完全正确，不过我在阅读的过程中始终感觉这其中似乎有什么问题没有言明。

什么问题呢？想了半天，好像应该是：我们在教学中能够做到两全吗？

如果一个课堂能够做到二者的统一，当然是两全其美的事情。然而，从四位作者所举的课例来看，往往是两种情况，即课堂教学要么是开放的，但却难满足有效的要求；要么是有效的，却难以满足开放的要求。而就二者的优先性地位来看，作者的倾向仍然是明显的，即课堂教学无论怎样变革，有效乃是最基本的要求，开放的课堂必须满足有效性这个条件，否则就不是一个好的课堂教学。

就课堂教学来说，开放与有效乃是两个完全不同的范畴。开放乃是就课堂教学的过程和状态而言的，而有效则是就课堂教学的结果来说的。而单就课堂教学的结果来看，则衡量课堂教学的效果，乃是以课堂教学预先确立的教学目标之达成以及为达此目标而付出的成本之关系为准则。因此，如果真的要在教学中追求开放与有效的统一，那么首先就要明确，开放的教学，它到底想要追求什么？以此为目标，我们才能够衡量和判断这种开放式教学的效果到底如何。而就所举课例而言，教学的开放性与教学的有效性显然是不在同一层面言说的。

我们能够做到两全吗？当然可以，但不是那种模棱两可的统一，而是建立在对有效教学的精细解读上的统一。其实，在我们思考有效开放教学的同时，骨子里起支配地位的，仍然是那种封闭性的有效教学的观念。当我们试图用封闭性的有效教学观念来考察开放的课堂教学时，那就不可避免地出现这种情况，即无论我们面对怎样的课堂教学，它都难以同时满足"开放"与"有效"两个条件。

因此，根本的问题就不是开放与有效的内在统一或有机统一，而是这样的问题，即开放教学如何有效的问题。而要回答这个问题就必须要弄清楚：开放的教学到底想要做什么，为什么要开放教学？

中学文理：分科还是不分科

《中国教育报》在 2009 年 2 月 18 日的第三版中介绍了国外文理分科概况。大体情况是这样的：德国学科不分轻重主次。德国中学的高中阶段包括 11—13 年级，课程分属不同的任务领域，包括文科类、社科类以及数学和自然科学类等方面。除这 3 个领域外，必修课还包括宗教课和体育课。美国也没有明确的文理分科。学生要进入大学，基本要求是在 9—12 年级内至少修 4 年的英语课程、3 年的数学课程、1 年的社会学课程（美国政府、美国历史）、1 年的科学课程（物理、化学及试验课）、2 年的外语课程、1 年的艺术课程（音乐、舞蹈、戏剧和器乐演奏），此外，还要考量学生 3 年内的选修课课程。所有学生要选的课基本上一样，优秀学生和普通学生的差异在于选课的难度。俄罗斯的普通中学也分科。在俄罗斯，大部分普通中学从 10 年级（相当于我国高二年级）开始文理分科，但包括外语学校在内的专业性较强的学校一般不分科。2009 年 5 月，俄罗斯将开始首次全国统考，所有高校都于 2 月 1 日前公布了各专业的招考科目。瑞典上大学要看高中全部成绩。瑞典没有高考，但大学录取率却只有 50%。瑞典的大学"择优录取"的依据是考试，并且是高中 3 年的全部考试成绩。瑞典学生在高中要完成 30 门左右的课程，如果希望毕业后能被名牌大学录取，学生就必须认真应对每一门考试，而且是"三年如一日"。

从《中国教育报》所介绍的几个国家的中学学科设置情况来看，看似描述的语言背后却隐含着某种主张。总体上看，这篇介绍性的文字主要突出的重点仍然是强调中学不分科，其倾向性非常明显。他山之玉可以攻石。发达国家中学教育不实行文理分科，中国亦可以借鉴这种做法。然而，在介绍这些不分科的现象中，一个重要的细节应该引起人们的关注，那就是这些国家基本上没有全国统一的高等学校招生考试（俄罗斯是从 2009 年开始实行全国统一的高考）。

任何制度设计都需要系统的思维，都需要考虑特定的制度背景。在中国有高考的制度背景下，实行文理不分科，将会导致怎样的结果，谁都无法预料。现在人们正在就文理分科还是不分科，发表着自己的高见。赞成不分科者，则着重阐述不分科的好处；而赞成分科者，则看到了文理不分科的坏处。文理分科的坏处，倒是为事实所验证。三十年文理分科的经验告诉我们，分科有着很大的弊端。因而赞成文理不分科者似乎有着充分的事实根据。然而，实行文理不分科的好处，以及相应的坏处，我们现在谁也无法予以充分的认识和把握。说不分科好，其实不过是一种想象而已，说不分科不好，尽管也是一种想象而已，然而却是我们在进行不分科的选择时必须要予以考虑的。事物之好与坏，都是在其运行的过程中显现出来的。同时也应该看到，任何事物在其运行过程中既呈现出它对人们来说好的一面，也同样会呈现出它对人们坏的一面。应该作出怎样的取舍，全在于人们的权衡以及要实现的目标追求。

因此，在人们就中学是否应该分科这个问题进行讨论的时候，我们首先要明确这样的一个前提问题，即我们到底想追求什么样的理想，实现怎样的目标？这个问题不回答，则一切争论不过都是在各说各的话，各讲各的理罢了。

隐蔽的教学歧视

偶尔得到一本 1967 年版上海市小学四年级《算术》教材（上海革命教育出版社出版，安徽人民出版社重印）。对这本算术教材，我有一种似曾相识的感觉，至少许多内容都是我曾经看过的。因此，拿到这本教材后，不仅认真地读了一遍，而且还尝试着从不同的角度来分析它。

引起我注意的东西当然很多，但直接引起情感体验的，则是第三单元有关长方形和正方形的认识、周长和面积计算等内容。教材的内容安排，要求学生在认识长方形和正方形时"量一量两个图形的每一条边的长，并用三角尺的直角去量一量两个图形的各角"；在练习题中，有这样的题目：量出黑板、桌面、课本的长、宽，并且计算它们的周长，把得数填在下面的表里。几何图形教学内容以及练习题的安排，以现代的眼光来看，并无教育公平与否的问题，也无根据这样的安排课堂教学是否能够有效地进行的问题。然而，对于农村孩子来说，这样的教学内容安排简直不知道该如何去做。因为少了学习这方面内容的最重要的工具——三角尺。在这种情况下，认识长方形和正方形，只能看教师在黑板上演示。我读四年级的那一年，父亲去世，本来家里的生活就非常艰难。每到青黄不接时，总是要饿肚皮。即使是丰收的时节，也难得吃上米饭。父亲去世后，家里的日子是更难过了。因此，我也就没有什么学习工具。不过就是两本书、一支铅笔和两个本子而已。所以学习几何图形的时候，动手量图形是不可能的。只能看老师的演示或其他同学动手操作。记忆中四年级就六七个同学，并没有一个同学拥有三角尺或直尺之类的工具。所以，当我们读到这样的教学设计时，很自然地就想到了那不曾忘却的岁月。现在竭力地回忆那有关长方形和正方形图形是如何学习的，已是枉然。这两个图形是如何掌握的，现在也无法记清了。

任何教学内容的设计，都是以特定的条件为基础的。一些教材的编写者在编写的时候，想当然地认为，掌握教学内容所必需的物质条件，学生应该是具备的。然而，这种想当然的前提对于一部分学生来说，往往是并不成立的。这使得教学内容的安排或设计，总预示着不同程度的歧视，也意味着无形之中就使得一部分学生无法获得在场的资格。有时候驱逐并不一定是有形的，在更多的时候，它往往是无形的。在现代社会中，对某些学生的有形驱逐已经因为人们观念的获得与信息的通畅而变得不可能；然而，这并不表明无形的驱逐也随着有形的驱逐一并退场。实际上，在现代社会里，只要存在着不同的生活场景和不同的生活方式，无形的驱逐便不可能退场。它不过是以更加隐蔽的方式而存在着，并进而影响到人们接受教育的未来前景。

对于现在的学生而言，因为学习用具的缺失而带来的不公平当然已经很少了。我们不希望看到新的不公平。

综合实践活动课程

每个人都是带有一定的前见进入现场。正是这种前见使得人们在面对各种呈现出来的现象时，各自作出不同的价值判断。例如，以某种特定的"综合实践活动课程"的概念来去审视现实生活中的综合实践活动课程，于是各种批评的观点就出来了，诸如没有开展、形式化、效果有限、没有意义等。而没有看到，教育活动重在活动本身。人们总是以一种结果的心态来看待现实的进程情况，以为凡事必须得有一结果，此事才算有意义；而没有看到，教育就如同生活一样，过程就是一切。就如人一样，人生是没有结果的，只是一个过程而已。恰恰是这个过程使得每个人的人生变得精彩。

实际上，每个人都是理念论者，都是以某种完善性的概念来评判或要求现实。康德说，一个理念无非是一种在经验中无法遇见的完美性的概念。而这种"完美性"其充其量也不过是一种个体心目中的完美性。我们以某种完美性来看待现实，总觉得它们处处是有问题的，是有待批判并需要加以改进的。从实践的角度来看，这样的审视并无问题。然而，从理论的视角来看，则无疑会面临着以自己的主见来要求现实的问题。当然，某些现象是需要去思考的，如这种现象到底是如何发生的？

语言会掩盖许多的事实。综合实践活动课程在实施的过程中面临来自家长的压力，这种压力是什么？为什么学校的校长会感觉那是一种压力？哪些家长在施加压力？施加了什么压力？什么样的活动让家长产生了某种不满，以至于家长要通过某种方式对学校施加压力？如此一问，我们就知道，学校在其办学过程中，其教育教学活动并非如人们所想象的那样。他们不仅要面对来自政府的各种要求，同时亦要面对来自家长的各种要求。任何学校大概都不能无视家长的某些要求。又如，校长说，学校并没有真正地开展综合实践活动，而只是在学校各项活动中"穿插"综合实践活动。然而，真实的情形是否真的如校长所说的那样呢？如果我们重新分析一下综合实践活动课程的内涵，然而再来仔细地考虑学校所开展的各项活动，那么我们就会发现，学校已经在采取各种不同的方式来实施综合实践活动，例如，物理兴趣小组，严格说来可以归结到"研究性学习"之中；而信息技术教育作为一门课程，则是学校常设性的科目。

仔细地分析所有与学校教育有关的人们对于活动课程的态度则可以发现，无论是学校的校长还是教师，或者是学生家长，都受到根深蒂固的学科课程观念的影响，仿佛学校只有采取非学科课程的教育形式，那就是在实施教育活动。在国人的心目中，只有上课才是真正的教育，各种活动不能称之为严格意义上的教育，而只能看作是在"玩"。受这种观念的支配，当学校的活动开展得过多的时候，家长就会有一些意见，就会向学校发出不同的声音。当然，这背后还有一个活动与知识的非直接相关性的问题。活动所获得的知识多属于能力性的知识，而与直接的可言说的知识无直接的关系。在这种情况下，人们自然就会对活动的开展持一种异议。

也许这种根深蒂固的学科课程的观念，使得学校要实施综合实践活动课程，才需要采取"穿插"的方式？抑或学科课程与活动课程本来就是两种在逻辑上有着质的差异的课程类型，这种差异性使得我们只能采取"穿插"的方式来实施综合实践活动课程？综合实践活动课程在实施过程中所暴露出来的各种问题，是否在向人们叙述着这样一个问题，即以课程设计为基础的理论本身在某个环节出现了某种问题？简单的思维常常将问题归结为学校的物质基础设施有缺陷，或者归之于教师的素质或观念有问题，或者归之于中考或高考制度，这种惯性思维方式是否也在遮蔽着某些根本性的问题呢？实践取向的人们总倾向于将问题简单化，以便我们能够在一种确定性的前提下展开人们的目的性行为，然而理论的思考就需要反其道而行之，将问题还原到其本来的面目。这种还原并非是故意地将问题复杂化，而是追寻问题的本质所在。

能力培养与个性发展

　　培养能力、发展个性是现代教育对人的发展提出的最基本的定位。能力与个性，一种不同于知识的、可属于个体的内在品质的东西，应该如何培养呢？对这个问题的传统回答，多从教学论出发，立足于在给定课程的前提下，将解决问题的责任归之于教师。人们期望教师在课堂教学中，通过采用不同于知识的教学方法，来保证受教育者获得社会所需要的能力，养成独特的个性。然而，教学实践证明，这样的期待往往是令人失望的。经验告诉我们，从现行的课程出发来培养能力、发展个性几乎是难以实现的。

　　当我们把眼光放得更宽一些，通过考察西方发达国家的教育经验与理论主张，则会发现，其实还有另外一种选择，一种不同于教学论视角的取向，即从课程出发，立足于对现行的课程的改革，从而实现人们对能力与个性的期求。实际上，当杜威提出"在做中学"的教育理念，并且通过一种课程的转换，将"在做中学"的教育理念具体体现在不同传统的学科课程的"活动课程"之上的时候，这种全新的解决问题的视角就已经向人们呈现出来。在杜威看来：无论什么意义深长的问题，都包含着暂时相互冲突的各种因素。解决的办法，只有离开已经固定了的那些名词的意义，从另一种观点看，也就是用新的眼光看待这些因素。的确，"活动课程"概念的提出，恰恰就是一种解决培养学生能力问题的新视角。

　　杜威的主张告诉我们，仅仅从教学出发来思考能力与个性之培养的问题是不够的。我们需要再往前迈进一步，从教学论视角转向课程论视角。自学校教育产生以来，传统的学科课程历久不衰。学科课程在学校教育史上的顽强生命力，可能恰恰表明了学科课程自有其内在的优势，至少就知识的传递而言，就学生掌握知识而言，是有其内在的合理性的。然而，社会的发展以及由此而对其成员所提出的能力培养与个性发展的要求，则使得学科课程日益暴露出其自身所不可避免的局限性——培养能力方面的无能或不足。因此，如果教育理论的研究者看不到学科课程在培养学生能力方面所存在的局限，而仍然遵循从学科课程出发来探索培养学生能力的思路，则必然会出现对教师提出各种不切合实际的要求之现象。或许正是因为杜威看到了学科课程在培养能力方面所存在的不足，因而才提出具有划时代意义的活动课程的概念。无可置疑的是，杜威的活动课程的思想，主要是其实用主义的哲学观的推演与应用。不过，倘若学科课程自身在培养学生的能力方面有其不可替代的作用与优势，则活动课程的理念大概也不能够像现在这样为人们所接受。

现代学校课程类型的多样化发展，各种不同旨趣的课程类型之出现，表明人们已经认识到课程之于个体的多方面发展及其需求的意义和价值。尽管人们并不否认教学改革对于个体的多方面发展的价值，但从有效性的角度看更为根本的仍是课程的变革。从分科课程到综合课程，从学科课程到活动课程，从必修课程到选修课程，从国家课程到学校课程，从理论性课程到实践性课程，新的课程类型的出现，总是想要弥补已有课程的局限与不足；与此同时，新的课程类型在其实施的过程中也会显现其内在的不足。优势或不足，都是相对于目标而言的，都是相对于学生的发展而言的。

遗憾的是，人们在传统知识观念的支配下，即使在课程多样化已成现实的背景下，仍然以学科课程的眼光来看待并处理非学科课程的问题，或者总是想通过教学改革来实现学科课程力不能及的职能。在这种情况下，教师只能勉为其难，在教学方式和学习方式上做文章、下工夫。其结果是，学科课程在其实施过程中仿佛成为了活动课程，不仅知识没有学好，能力亦没有得到培养，更遑论学生个性的发展。

因此，在课程的实施过程中，课程的管理者，特别是那些对教师的教学具有决定性影响的教育行政管理者来说，必须要认识到，不同的课程类型有其不同的功能与使命。恰恰是这一点赋予课程多样化以历史的合理性。在非关键处着力，在错误的方向着力，则施加的力量越大，则背离教育目标就越远。

隐 性 课 程

自克伯屈和杜威提出隐性课程的概念以来，有关隐性课程问题的思考就进入课程论的理论研究领域，成为当下人们热切关注的问题。各种有关隐性课程问题的思考，加深了人们对隐性课程的理解，也促使人们在学校教育的实践中更加注意隐性课程的教化意义。然而，在有关隐性课程问题的关注与思考中，有一个问题似乎为人们所忽略了，那就是隐性课程对于课程改革的作用。问题的实质是，隐性课程与显性课程有着怎样的关系？在显性课程的实施过程中，隐性课程到底起着怎样的作用？对这些问题的思考会影响到课程改革的推进与新课程的实施。如果在显性课程的实施过程中，需要与之相对适应的隐性课程的支持，那么课程改革就不应该仅仅是显性课程的改革问题，它也对隐性课程的变革提出相应的要求。

关于隐性课程，有两种不同的理解。一种是把隐性课程看作是对学生产生潜移默化影响且一般难以控制的教育因素，如校风、校园的文化环境以及人们在学校日常的生活中所表现出来的行为方式。它们都能够对学生产生教育影响，这些教育影响可能是积极的，也可能是消极的，然而教育者一般都没有对此加以控制。凡显性课程以外的非计划、非预期的学习经验，都可视作是具有教育影响的课程的组成部分。另一种理解则是由杰克逊提出的，他分析了教室中的团体生活，报偿体系和权威结构等特征，认为这些不明显的学校特征形成了独特的学校气氛，从而构成了隐性课程。隐性课程由规则、法规和常规构成，对学生的社会化产生着不可避免的影响。杰克逊由此揭示学校是如何潜在地传递和强化各种态度和行为的。上述有关隐性课程的两种理解，分别揭示了隐性课程的不同方面，前者侧重于隐性课程的教育影响，后者则分析隐性课程的构成因素。然而，它们与显性课程的关系，似乎并没有为研究者关注。

倘若隐性课程如杰克逊所分析的那样，是由各种规则、法规和常规等构成，那么它们就不仅会对学生产生潜移默化的影响，而且也一定在某种程度上影响到显性课程的有效实施。这种影响当集中在两个方面：一是通过对显性课程的教育影响产生正面的促进作用或抵消作用而影响到显性课程的实施，二是通过背景因素而阻碍或抵制或促进显性课程的实施。实际上，当课程的研究者在新课程的推进过程中，将关注的焦点集中于课程文化时，这种关注本身已经直觉地意识到学校隐性课程对于显性课程的影响。课程文化作为一种隐性的存在，不仅直接影响着学生的发展，对学生起着无形的教化作用，而且也不可避免地会影响到显性课程的实施与推进。新与旧尽管只是一个相对的概念，然而，它们的运行均赖于背景因素，一种有助于课程有效推进与实施的基础性因素。这些基础性因素具有绝对的明确性，同时又叫人感到不可捉摸；具有总体性的力量，同时又有许多不确定性的界限。它们构成了师生日常生活的一部分，并且总是或隐或显地与新产生的事物，如新课程等，有着不同程度的不切合性。人们之所以在面对新的事物时仍然坚守这些东西，是因为它们对于个体的存在来说起着抵消风险的作用。

就课程改革而言，新课程不仅仅意味着理念，而且更意味着行动，一种践行新的理念所必不可少的行为方式。然而，新课程所期望出现的新的行为方式却又总是与那些潜移默化地影响他们的因素相关联。因此，隐性课程就不是仅仅指向学生的，它同时也是指向教师的。各种隐而不言的常规制约着教师的行为选择，从而影响到新课程的实施与推进。

如此，则课程改革就不能仅仅关注新课程应当如何，更要关注隐性课程实际如何。尽管隐性课程的变革是困难的，因为它总是具有某种不可控制性和无法穿透的特征，但是通过借助现象学的认识论，并且通过本质还原的方法论，则我们总是能够在一定的程度上揭示那些无可名状的且对我们每个人都产生切实影响的背景因素。

表现性教学目标

课程目标的呈现是教师备课与教学的重要内容。而如何呈现课程目标，便成为人们思考的问题。自现代教学制度建立以来，有关课程目标的呈现形式经历了一个不断发展的过程，且人们对课程目标呈现形式的认识也有一个不断深化的过程。课程目标的传统呈现形式，如介绍进化论，演示论证归纳证明的本质；或者规定教育者准备做的事，列出各种课程所要涉及的课题、概念及其他内容要素，或者规定概括出来的各种行为形式，如发展批判性思维；培养鉴赏力，形成社会态度，激励广泛的兴趣等。由于这些目标的呈现形式并没有反映出学生通过课程的学习而出现变化，因而受到科学主义课程理论的倡导者泰勒的批判，并因此而提出"行为目标"的概念，即目标陈述既指出要使学生养成的那种行为，又言明这种行为能在其中运用的生活领域或内容，即目标陈述应该包括目标的行为和内容两个方面。在泰勒看来，行为目标的阐述方式"一方面指出了旨在使学生哪些行为发生变化，另一方面也具体规定了为达到每一种行为目标要使用的特定的材料、特定的观念和特定的情境"。由于行为目标的陈述形式便于教师的教学操作，且具有可测量和可观察的优点，因而受到人们的追捧。由此而形成人们对课程目标陈述形式的这样一种观念，课程目标应该具体、清晰且操作性强，并且认为教师在叙写教学目标时要以课程标准的行为动词为依据，科学、合理和准确地运用这些行为动词。

受到行为目标的影响，一些教师在教学实践中，从传统的较模糊的目标陈述中走向更加具有可操作性和可测量的行为目标。一些教师甚至认为，连人文与科学素养这类的极具个性化的品质，也应该用行为目标的方式来呈现出来，以为不如此，就不能够对这些素养进行检测。这类观念没有意识到，有关人文素养和科学素养之类的个人品质，是难以量化并加以测量的。难以测量并不表明教师的理论水平不足，而是事物的本质使然。教师在教学实践中所形成的行为目标意识，与课程标准所强调的目标表述取向密不可分。当课程标准将表述目标的行为动词专门陈列出来，并且提示教师不同的目标内容应该运用不同的行为动词的时候，一种行为目标陈述的取向便一览无遗地显示出来。因此，在此背景下，教师所持有的强烈的行为目标取向，也不值为奇。

实际上，任何事物一旦被人们推至极致，那么就会走向它的反面。行为目标作为课程目标的陈述形式，也不例外。当教育的所有结果都尝试以行为目标的形式而呈现的时候，则行为目标模式就不仅不能达到其指导教学的目的，反而会妨碍更加有意义的教育结果之达成。实际上，差不多在泰勒提出行为目标的同时，人们就开始了对行为目标之局限性的反思与批判。这种行为目标模式的批判，在斯坦豪斯的《课程研究与课程编制入门》一文中得到了系统的展示与分析。据波帕姆的回顾与分析，针对行为目标模式的批判意见计有十一种。兹列举如下：

琐碎的学习行为是最容易操作化的，因而教育的真正重要的结果将被忽视；预先制订明确的目标妨碍教师利用课堂上意外出现的教学机会；除了学生行为变化之外，还有其他类型的重大教育成果，如家长态度、教师及社区价值观的变化等；可测量性意指可以客观地、机械地加以测量的行为，因而，目标方法中必然有某些否定人性的东西；事先精确地计划学习者在受教育之后应怎样做是某种形式的不民主；目标模式并非真实的教学方式，教师们很少按照学习者的可测量行为指定其目标；在某些学科领域，如美术与人文学科，识别可测量的学生行为更加困难；虽然不确切的、一般性的目标陈述在外人看来是有价值的，如果大部分教育目标能够被确切地加以陈述，一般说来谈谈也无妨；可测量性意味着可数性；可以依据教师在学习者身上创造结果的能力而不是依据现在作为能力指数的许多基础评价教师；在评价教育结果的价值时，真正重要的往往是那些出人意料的结果，然而前定的目标可能使评价人员忽视意料之外的事，等等。上述各种有关行为目标之批评的焦点在于，有一些教育结果不难用行为目标来描述，真正有价值的教育结果未必就表现在学生的行为反应上。行为目标有其内在的局限性。

针对行为目标的局限性，美国的另一位课程理论的研究者艾斯纳则提出"表现性目标"的概念。艾斯纳区分了教育的两种目的：使学生掌握现成的文化工具和培养学生的创造性反应。后一点超出了现有的文化工具并有助于发展文化，并使其个性化。在此基础上，他区分了适合于第一个目的的行为目标与适合于第二个目的的表现性目标。

艾斯纳则认为，表现性目标不指定学生从事完一种或更多种学习活动之后准备获得的行为。表现性目标描述了一种教育"遭遇"：它识别儿童将在其中工作的情境，儿童将要处理的问题，他们将完成的任务；但它不指定儿童将从这些遭遇、情境、问题或任务中学什么。一个表现性目标不仅为教师也为学生提供了一份请帖，邀请他们探索追问或集中争论探讨者们特别关心或特别重视的问题。一种表现性目标是唤起性的，而非描述性的。表现性目标旨在成为一个主题，学生围绕它可以运用原来学到的技能与已了解的意义，通过它扩展、加深对那些技能的理解，并使其具有个人特点。应用一种表现性目标，人们期望的不是学生反应的一致性，而是反应的多样性。在表现性目标的背景中，教师希望为学生提供一个情境，在这一情境中，各种意义是个性化的，儿童创造其产品，这些产品既包括定性的，也包括定量的，像这些学生自己一样是千差万别的。随之而来的，这种情境的评价工作并不应用某种共同标准，而是以创造出来的产品为基础，揭示其独特性。在表现性目标的背景中，产品给其创造者带来的惊喜及给遇到它的教师带来的惊喜一样多。如理解《失乐园》的内涵，审视与欣赏《老人与海》，通过使用铁丝与木头发展三维形式，参观动物园并讨论那儿有趣的事等。

艾斯纳的"表现性目标"概念的提出旨在表明这样一种课程目标陈述的取向，即如果我们对教育目的作出有意义的区分，则不同的教育目的有着不同的目标陈述的形式。有关认知性的教育目的，则可以用行为目标的形式来呈现；而非认知性的教育目的，如学生的个性与创造性等，则需要通过表现性目标来加以陈述。行为目标的作用范围就是表现性目标的功能范围。课程目标应该有着不同的呈现形式。不同的目标呈现形式对教学有着不同的指导意义。必须要看到，行为目标与表现性目标并非是相互冲突的；就教学的指导及指导学生的学习而言，它们是相互补充的。不同的目标呈现形式有着不同的适应对象和适用范围。

有关人们对行为目标的批评提示我们，不能过分地迷信行为目标，亦不能将行为目标推广到教育教学的所有领域。行为目标有其自身的局限性。不认识到行为目标内在的局限性，就不能用行为目标来引导有意义的教学，也就难以实现教学的有效性。过分地追捧行为目标，将有可能使得教师忽略课堂教学中更加有意义的教育结果及那些不曾预料的教育机会。应当看到，人们对行为目标所进行的各种批判，是有其现实的合理性的。可以说，它们恰恰指向了行为目标的不足之处。因此，即便我们认为行为目标对于教学有着十分重要的指导意义，也需要认真地研究与分析行为目标自身的局限，找出行为目标的适用对象和不能适用之对象。唯有此，教师在教学的实践中才不至于滥用行为目标，从而错失宝贵的教育机会。

教师教育课程设计

教师教育课程如何设计？这是一个首先必须要弄清楚教师专业

以及课程概念之后才能够可答的问题。在通常的情况下，人们思考这一问题的直接切入处，就是合格教师的素质构成。这种合格教师的素质构成成为课程内容及结构设计的基础。教师教育课程所提供的，就是合格教师素质构成所需要的东西。然而，这样的切入点是有问题的。第一，什么是合格教师？这本身就充满着争议。苏格拉底是不是合格的教师？孔子是不是合格的教师？他们不仅是合格的教师，而且还是教育家。将苏格拉底和孔子作为教师的典范，分析其素质构成，可否从中析取出现代合格教师所必备的素质构成？或者还是以现代人的标准，分析在现实生活中所出现的、为社会所公认的优秀教师的素质构成，以此作为合格教师素质构成的参照标准？第二，即使人们对合格教师的素质构成达成共识，教师通过相关的课程设计就是否一定能够为那些准备从事教师工作的人们提供他所希望具有的素质？无论是在波拉尼的后现代知识观，还是在哲学家雅斯贝尔斯的存在主义知识观看来，有些东西是不能够直接绐予的，如技能、技巧以及实践工作所必需的对人的自我认识等。而现代教师课程观似乎过于自信，以为通过科学合理的课程设置，合格教师所需要的全部东西，都可以通过课程教学而直接给予。而那些准备从事教师工作的人们之所以没有获得合格教师所必需的素质和技能，只是因为教师教育课程设置本身不科学、不合理所致。因而只要改进教师教育的课程内容和课程结构，就一定能够培养现代教育所需要的合格教师。遗憾的是，教师教育课程设计的两个根本性的前提都不是没有问题的，甚至可以说在这两个问题上，人们是有着非常大的分歧的。

　　然而，尽管上述问题充满着分歧，但这两个问题仍然是教师教育课程设计的基本问题。概括起来就是：合格教师需要什么，教师教育课程能够提供什么。除了这两个问题外，还有一个非常现实的问题，那就是现实生活中的教师缺失什么。这个所缺的因素是制约教师成长和发展的根本性因素。无论如何，现实生活中的教师是教师教育课程塑造之结果。现有的教师素质之缺陷，使我们能够看到正在实施中的高师院校教师教育课程设计之界限。这个界限实际上也是教师教育之界限。传统的教师教育课程观无限地放大了教师教育的可能性，实际在不同的程度上遮蔽了教师教育课程真正的科学性之根基。

我认为，教师教育课程之设计必须要认真地思考和回答上面所提出的三个方面的问题。

现代教师需要什么，是一个与合格教师的素质构成密切相关的问题。在这个问题上，现代教师专业发展的理论研究可以为我们提供可靠的理论基础和合理建议。对现代教师素质构成的分析，能够大体为典型的教师形象描绘出一个标准的形象。

教师教育课程能够为未来的教师提供什么，则是一个涉及认识论的问题，它需要依赖哲学知识论所提供的理性思考和探讨。必须要在能够直接给予的和不能够直接给予的东西之间作出清楚的界限和分析，以免教师教育课程之设计走向误区。必须要记住的是，教师教育课程并不能够提供合格教师素质构成所需要的全部东西。有些东西，如教育教学实践技能性的东西，指望依靠教师教育的课程来提供，恐怕就不切合实际了。

现实生活中的教师缺失什么，是一个需要通过实证分析和研究来加以解决的问题。这种缺失的东西可能不仅存在于不合格的教师身上，也可能存在于流俗观念认为合格的教师身上。当下有一种有关教师认识上的误区，认为教师在实践中的不良表现是教师专业化发展水平不高所致。因此，要促进教师整体的发展，就需要不断地加强教师队伍的专业建设。这是一种随意地对现实不能令人满意的现象贴标签来掩盖真正问题的做法。在我看来，当下教师所缺失的，乃是一种精神的追求以及向精神世界飞跃的自我超越。

循环教材之现状

2008 年，一些农村中小学建立部分科目免费教科书循环使用制度，教科书只向学校配备，由学生在学校使用，学期结束时归还学校，供下一级学生使用。然而，教材循环使用的实际状况却不容乐观。我们在安徽省某镇中心小学的阅览室看到已经被使用过一次的教材，让我们不禁深思循环使用教材所面临的问题。其最大的问题，大概是教材的破损以及卫生问题。

摆在学校阅览室的循环使用教材，计有《音乐》《美术》《科学》等，主要是非文化科目的教材。大概是考虑到教学质量监控以及学生复习预习之需要，文化科目的教材倒没有见到。循环使用过的教材，给人的感觉就是破旧。翻开教材，没有发现学生在教材的空白处乱写乱画，看来学校对循环使用教材的管理确实是下了一番工夫的。我们没有了解学校到底是如何做到这一点的，不过从校长对循环使用教材的感叹来看，"烦"是免不了的。

教材破旧，首先会对作为教材使用者的学生的心理产生微妙的影响。如果拿到这样的教材，不知进入新学期的学生对学校有怎样的看法，亦不知道学生对新学期有怎样的期待？

教材循环使用规定刚颁布，各种担忧就随即出现。这些担忧，有的已经成为现实。例如，教材循环使用过后的卫生问题。从已经使用过的教材来看，教材的卫生的确令人担忧。不知道下一级学生在使用这样的教材时，学校是否会给这些教材消毒？即使学校想给这些教材消毒，那么它是否有这个条件呢？

有调查表明，循环使用教材的问题远不止这些。有学生说："老师在课堂上讲解时，我们习惯把重点直接记在教科书上，下课再抄到笔记本上。现在不让在书上写了，即使写了，一下课，书就收上去了。另外还有一些小麻烦，以前美术作业都是按书上的画，现在只有凭想象完成作业了，很不方便。"一些老师也反映，过去上科学课时，都是按书上的报告单进行填写，现在只好让学生抄在纸上完成，现在教科书不让带回家了，老师就必须在课堂上完成这些工作，本来就少的课堂时间更少了。师生使用循环教材时提出的问题说明教材内容编写时没有考虑教材是循环使用的，仍然按照非循环教材来编写。因此，循环教材就不仅仅是教材的循环问题，更涉及教材内容的编写问题。

教材循环使用当然有它的好处。例如，经济上的节约。我国农村初中和小学是免费供应教材，也就是说义务教育阶段农村教科书全部由财政买单。教科书循环起来能为政府财政省下一大笔费用。全国在校中小学生按 1.5 亿算，若每个学生一学年使用课本 10 册119，则每年消耗教材 15 亿册，每本书按 8 元计算，需要投入 120 亿元，节约潜力巨大。

教学与德育的矛盾问题

和中学校长进行交流，发现很多校长都在抱怨一个问题，那就是学校在管理中存在着教学与德育争时间、争学生的矛盾。中学的管理是年级组管理，全部的教学工作管理在年级组，而德育工作则归属德育处。学校管理的这种制度设计，使得德育处所承担的德育工作由学校统一安排，而教学则分属到三个年级组。在德育处看来，德育工作至关重要，其内容包括班会课、专题德育活动等。一旦开展这些活动，势必占用教学时间。教学工作具体落实在课程的安排上，在走读制学校，课程安排非常满，学校德育工作基本上也就没有多少时间了。

中学教学与德育是否真的存在矛盾？或者这里所谓的矛盾不过是一个虚假的命题？无论如何，当德育处感叹没有时间来开展德育活动时，感叹学生不愿意参加其组织的许多活动时，这种感叹必定是确定无疑的。这就是说，在学校的日常工作中，德育处的工作一定在不同程度上受到教学方面的制约。

的确，当德育成为学校的一项工作时，当管理部门向下属提出各种有关德育工作的具体要求时，这种矛盾之发生，也就变得不可避免。根本的原因就在于，德育工作是需要有载体的，这个载体就是学生；德育工作是要通过具体的活动形式而显现的，这种活动的开展就需要占用学生的时间，就需要学生从相关的学习活动中抽身出来。

如果中小学不把德育当工作来做，而是看作学校全面发展教育的重要组成部分，或是学科渗透的教育活动时，这样的矛盾是否还存在？

教学不是为学生做什么

传统的教学立足于为学生做什么。教师向学生讲解所要求掌握的内容，要求学生完成若干练习，有的学生不领情或不感兴趣，造成教师和学生都感到非常痛苦。学生不愿意用心学习，这是教学必须要面对的事实。学生为何不愿意学习？在格拉瑟看来，学生不愿意用心学习，是因为学生从学习中得不到基本需求的满足，无法学会教师要求他学习的内容。因此，对于格拉瑟而言，如何让学生愿意用心学习，是学校教育问题的关键所在。格拉瑟则认为，教学不是对学生或为学生做什么，教学是建构你个人的教学取向，找出学生愿意用心学习的方法。通过重构教学而让学生自己去做什么，并从自己的学习活动中获得对权力需要的满足，对爱和归属需要的满足。教师能够为学生做的，就是采取各种方法让学生自己去学习。

孤独与学业失败

　　格拉瑟把学生的失败归结于儿童的孤独，认为失败是由孤独造成的。因此，格拉瑟建议，要想取得成功，儿童就必须在学校获得他们所缺乏的东西，如与儿童、成人及其他人建立的良好关系。孤僻、边缘化、疏离等，都是人际关系不良的表现。因为没有良好的人际关系，所以就远离同伴和教师，远离那些他本应该与之交往的那些人。解决失败问题的关键是消除或减少孤独，而策略则是利用班会。基本的原则则是教师要和儿童进行相互沟通，以消除因孤独而导致的失败。

　　如果是这样，那么学生在学校的各种违反规范的行为，也可以看作是摆脱孤独的一种尝试。例如，和同伴在公园玩耍或沉溺于网络，或者做出其他方面的事情。教师不知其理，只是一味地指责，这于事无补。不仅达不到预期的目的，反而使得学生更加感到挫败并由此而带来痛苦。这样，学生就会陷入恶性循环之中，直至彻底消沉而难以自拔。

　　传统的教育方法背其理而动，采用威胁、羞辱或惩罚的方法来激发学生的动力。这种方法的基本假设是，学生之所以失败是因为缺乏动力，而威胁、羞辱、惩罚等则有助于激发动力。如果做得不够成功，则是因为它的力度还不够。由此，学校便增加更多的限制和规则，威胁和惩罚。无奈，这些做法并不能够满足学生内在的需要，境况也无法改善。在这种情形下，学校和教师往往感到束手无策，只有抱怨或指责。

　　与传统的教育方法不同的是，格拉瑟主张采取一种交流沟通的方法来解决学生动力激发问题。在格拉瑟看来，教师具有满足学生需要的能力。在相互沟通的过程中，学生内在的需要得到满足，由此而释放出巨大的潜力和能量。

　　学生行为的异常被格拉瑟看作是其做出错误的选择，而不是他们的某些方面出了问题。要让他们做出正确的选择，教师就必须和学生有着融洽的情感。否则，学生是不会听从教师的话而改变自己选择的。在这里，情感起着至关重要的作用。通过有温情的交流，教师能够减少学生的孤独，从而参与到班级的集体生活之中，从中体验到成功的快乐。

　　失败孕育失败，而成功则孕育成功。失败往往是循环的，必须要打破这种失败的循环。而打破这个失败循环的关节点，就是有情感的沟通。教师应该少谈论学生失败的事例，或者那些让他出丑的事情，而应该多谈论他们在日常的学校生活中的出彩之处。不要因学生过去的行为而对他进行指责，指责只是指向当下，而绝不可涉及过去，或尽量不要提及过去。如果要提到过去，那过去的事情一定是与成功有关的事情。了解认识学生，主要是了解认识学生已经表现出来的那些方面，但这并不表明教师就一定要死死记住学生的不足与缺陷，紧紧抓住学生失败的表现。过去唯一有价值的方面，就是学生过去成功的表现。绝不纠缠于学生的失败，忘记学生过去的失败，努力改变他目前的行为。教师是在与当下的学生打交道，而不是在与过去的学生打交道。

　　情感是行为的结果。任何行为的结果都可能产生相应的情感，成功的行为会产生愉快的情感，而失败的行为则会产生痛苦和不快的情感。着眼于现状，教师应当热情地与学生进行沟通。因为关注的行为会引来美好的情感，而美好的情感又会产生进一步的效应，引发更好的行为。

　　上述观点归纳起来即以下三点：密切与学生沟通，考虑学生目前的行为，不要纠缠学生过去的表现。此外，还须让学生认识到，他们必须要为自己的行为负责，要让他们能够对现在所做的是否会导致失败有一个基本的判断。教师要引导学生选择一个正确的方向，并且指导他们的行为。

让教学适合学生

如何让教学适合学生，是一个很典型的现代教育问题，也是教育规模的扩大以及由教育普及而带来的并非必然却是一个很现实的问题。所谓"并非必然"是指，教学适合学生的问题具有一定的普遍性，在现实的学校生活中，存在着教学适合学生的现象，一种能够将教学、课程、目标、内容以及方法等与学生的发展需求有机综合并因而很好地促进每一位学生发展的现象。所谓"现实的"是指，教学不适合学生，确是一个不争之事实。大量不同学段的学生所遭受的学业失败境遇，就是这种现实性的具体表现。非必然性意味着，让教学适合学生不仅是可能的，而且也可以通过人们理智的和实践的努力而成为现实；而现实性则意味着，真正从根本上解决教学适合学生的问题，也是一个非常艰巨的过程，一个充满艰难困苦且充满风险的过程。然而，为了教育的公平正义，为了促进整个社会有序和谐发展，为了每一位个体的幸福与完善，我们又必须要认真地对待这个问题，并且需要通过各个方面的努力，切实地解决这个问题。

第一，教学不适合学生，到底意味着什么？对于这个问题的回答，将表明我们能够获得对教学适合学生的一个恰当的理解。就一个事物的自我呈现方式而言，不适合总是既呈现在教学的过程之中，也呈现在教学的结果之中。而结果不过是过程中的一个点，一个阶段性的表现。由此，我们可以从过程和结果两个方面来考察教学的不适合到底意味着什么。

从教学的过程来看，教师向学生所呈现的内容或知识的对象或要求学生所掌握的东西，并不能够很好地为学生所接受或理解，而这种不能很好地接受或理解表现在结果上，就是学生的学业表现和品行表现的不良。学生在教学过程中所表现出来的行为，如学生的作业行为，无论是书面的作业行为还是活动的作业行为，或者是表现性的作业行为，站在教师的立场和视角都不能令人满意；至于学生对其自己所表现出来的这类行为是否满意，则要因人而异。不同的学生可能会在自己的行为和对待自己行为之看法上有很大的差异。这就是说，教学的不适合是在教师与学生之间，出现了一个巨大的裂缝，出现了一个彼此不能很好地理解对方的交往情境，一个由教师和学生共同界定的情境定义。从交往教学理论的角度来看，教学的不适合就是交往的失败；而从主体性教学理论的角度来看，教学的不适合就是主体的客体化。

不过，单纯地从过程的两个维度出发，仍然不能够恰当地把握教学适合学生的意义。因为，就学生在教学过程中的自我呈现方式以及这种呈现方式与主体的主观期待相比而表现出来一定的距离，也并不能由此说明，人们就一定认为这是教学不适合学生。相反，现实的观察表明，教师更加倾向于认为，是学生不适合教学，而非教学不适合学生。人们经常用以说明这个观点的一个例证是：为什么一个教师教不同的学生，教师使用的是同一个教法，有的学生能学得好，而有的学生学不好，那没有学好的学生，并不能表明教师没有教好，而只能表明，学生不适合于这样的学习。这个推论是如此的似是而非，以至于人们在它面前往往显得缺乏底气或逻辑思维能力。这种推论忘记了，同一个教师所教的不同的学生，有的学得好，有的学不好，只能表明教师的教学恰恰是只适合于那些学得好的学生，而不适合于那些没有学好的学生。

的确，教学的不适合表现出一种典型的情境性定义的特征。这就是说，在不同的观察主体那里，教学的不适合可能会表现出不同的理解。站在教师的视角来看，所确定的学业要求乃是判断适合或不适合的基本标准。不适合乃是学生对教学的不适合，或者带有偏向的表述，那就是学生的不适应。不过，站在现代教育制度的立场上看，或者站在更加普遍的国家的立场上来看，不适合则是教学对学生的不适合。由此来看，教学不适合学生或学生不适合教学，不仅是两种观念的较量，更是有关学生学业失败的两种归因。

教学不适合的情境性定义不仅体现在人们对适合或不适合的理解上，而且也体现在人们对教学的理解上。教学作为一个抽象的概念，乃是对特定主体借助一特定的媒介而开展有意识的培养人的活动，从而对另一主体的心灵、精神、品德、体能等方面产生影响。由此，教学就是一个由多要素构成的复杂的整体。其要素可以划分为教学的目标、内容、方法、途径、手段、组织形式、评价以及管理等多个方面。因此，思考教学的适合性问题，就必须要进一步思考其构成的各个要素的适合性问题，或者是各个要素相互结合而形成一个整体的适合性问题。教学的不适合，可能表现为教学目标的不适合、教学内容的不适合、教学方法的不适合、教学途径的不适合、教学手段的不适合、教学组织形式的不适合、教学评价的不适合及教学管理的不适合等；教学的不适合，也可能表现为上述各种要素相互结合而构成的整体，或者表现为上述各个要素相互之间不恰当的组合。

当教学适合学生成为一种主导性的教学观念时，当学生的学业失败归结为教学的不适合时，这种认识有可能招致一种批评，即认为这种观念过分强调教学，而无视学生的学习。单就命题的表达形式而言，确实存在着这种问题。但是，必须要看到，"教学适合学生"这一命题，实际上是"教学适合学生的学习"这一命题的缩略表达。教学不适合学生，主要是指不适合学生的学习。学生与教学的关系，从根本上说是学生的学习与教学的关系。教学不适合学生的学习，有其不同的强调与突出之处，或者着眼于教学，或者着眼于学生。从学生学习的角度来看，则为什么学习，学习什么，如何学习，如何评价学习等，就成为教学要加以指导的首要问题。不过，教与学又是不能够截然分开的。目标的确定、内容的选择、方法的应用以及评价的实施等，对于教与学而言，既是同一个东西，同时又是不同的东西。所谓是同一的东西，是指教与学在相关的要素方面，总是相互重叠的，是指向相同的方面；所谓不同的东西是指，表面上看来相同的所指对象，在教与学的主体那里，会有着不同的理解和感受，同样的东西，以不同方式呈现出来，在不同的学习者那里也会产生不同的心理感受，产生不同的效果。

第二，教学与适合的冲突何在？教学适合学生作为问题的提出，是与现代教育制度的建立以及教学的普及化与全民化密不可分。当夸美纽斯提出"把一切事物教给一切人"的教育理念，并同时提出以班级授课制的形式来实现这种教育理念时，教学适合学生的问题就已经深刻地显现出来，并成为近代以来教育思想家孜孜不倦予以思考和探索的问题。在传统的教育社会里，这个问题尽管同样存在，但却表现得并不如现代如此之突出。理智化的教育追求以及个别化的教育形式，使得学生的受教育的失败，往往被人们视为学生对于教学的不适合，是学生的理智水平对于所要掌握的理智化的教育内容的不适合，而不被解释为教师的教学之不适合学生。然而，当所有的儿童都进入学校接受教育时，当教育的追求不再是单纯的理智化倾向，而是着眼于人之为人的基本的素质要求时，教学的不适合也就成为一个现代问题而浮现出来。

那么全部问题的本质在哪里呢？倘若我们不能够准确地把握住全部问题的本质之所在，那么我们也就无法找到解决教学适合性问题的突破口。为此，我们需要重新回到"教学适合学生"这一命题，回到对构成这个命题的概念分析上来。在这个命题的概念构成中，一个最重要的而且也是全部问题之所在的概念，就是"学生"。就概念的表达而言，这是一个抽象的，并无任何具体内容的概念。尽管人们可以在抽象的意义上赋予"学生"以具体的内容。但是，它仍然是抽象的，而实际教学过程中的学生则是具体的人，是有着不同资质、不同背景、不同情感、不同思想意识、不同自然禀赋的具体个体。这些异质性的个体聚合在一起，形成一个班级，从而构成一个群体，一个被人们视为具有同质性的群体或类的主体。不过，这个同质性或类的主体仅仅具有形式上的分类意义，而并不具有实质上的实践意义。

这就是全部问题的症结之所在。当教师进入课堂开始课堂教学时，当全部的教学活动在类的主体中间展开时，这个教学却并非是基于每一个学生的具体特点而展开的。恰恰相反，它是基于一个同质性的群体对象而展开。全部的问题由此而暴露出来，那就是，在教学的"一"与学生学习的"多"之间，形成了一个巨大的紧张关系，一种"一"对"多"的部分适合、部分不适合的关系。从"一"与"多"的适合关系来看，任何教学都绝非全然失败或全然成功，总是在部分的成功中包含着部分的失败，在部分的失败中包含着部分的成功。换言之，在班级授课制下，任何教学都包含着适合的内容与对象。任何对教学的批评都不可避免地指向对不适合的那一部分的批评，是站在不适合的那一部分学生立场上的批评。

教学的"一"与学习的"多"之间的紧张关系，在传统的教学活动中，是通过个别化的教学而给予缓和（但并没有从根本上得到解决），并且这种缓和乃是以恰当的教学方法、内容以及其他教学方面的得当为前提。然而，在班级授课的背景下，一个教师面对众多的学生，在同一的时间向度内，向众多的学生呈现相同的内容，用相对于学生而言的划一方法与手段，以实现相同的目标或教学任务。这种教学的基本形态，只有在一种条件下才有可能取得成功，那就是相聚于同一个班级内的所有学生，具有大体相同的智力水平和知识基础，这就是说，它要求必须要消除班级学生的多样性或异质性，而使学生达到较高的同质性。只有在这种情形下，教学与学生的"一"与"多"的紧张关系才能够得以消除。不过，这样的教学条件在现今的社会环境和教育背景下，似乎很难具备。

班级授课加剧了这种紧张关系，这是近代教育思想家以及教育实践者都意识到并且也一直努力试图在加以解决的问题。道尔顿制、文纳特卡制、分组教学、特郎普制、小队教学、合作学习、个别辅导等一系列的尝试与改革，无不试图要消除这种教与学的紧张关系。反过来，这些尝试与努力也验证了教与学的一种紧张关系的存在。除了这方面的努力，人们还试图从教学的方法与艺术、从课程的设计与改造、从教师与学生的教育关系的变革、从教育教学的评价与管理等不同方面入手。活动课程的出现，意味着人们试图努力满足那些具有实际冲动倾向的学习者，然而所带来的问题则是，活动课程似乎并不适合于那些具有理智倾向的学习者；立足于通过改进教学方法以适合理智倾向的努力，又不能适合那些实际冲动倾向的学习者。多元智能理论对智能的多元分析，需要以多样化的教育教学为其实现条件，而最重要的条件则是评价的多元化，每一元评价都与传统的评价元具有等同的价值和意义。无奈，这个目标似乎与现实还很遥远。而从教学方法的改进上来看，诸多教学方法的灵活应用，却又是以教师对学生的充分认识和了解以及对于教育本质的深刻领悟为条件；而这个条件也不是轻而易举就能够获得的。每一种努力单方面来看，都具有现实的合理性，然而从整体和全面来看，又都不可避免地具有不合理性和局限性。全部的困难在于"让教学适合每一个学生"，这意味着，不仅仅要有对学生的多样性和异质性的理性认识，更要有对教学的复杂性和系统性的考量，即教学不仅仅是教学，它还涉及所有与其相关的其他方面的因素：内容（课程）、组织、评价、管理等多方面的要素，涉及学校、家庭、社会和政府等全部的外在教育影响与力量。

在教学的上述紧张关系中，还隐含着另外一个紧张的关系，那就是阶段与过程的紧张关系。从学生个体的发展来看，同一个体不同年龄阶段，由于理智水平以及人生经验的差异，由于教育的阶段性目标的不同，教学所面临或要解决的矛盾与冲突也就不同，从而使得教学需要采取不同的方法与策略。现有的各种教学理论试图将教学适合性问题普遍化，意欲用一种方案一劳永逸地解决所有的适合性问题。各种教学理论之间的冲突与对立，正是这种意图的极端表现。例如，永恒主义的教学理论与进步主义的教学理论之间的对立与冲突，结构主义的教学理论与要素主义的教学理论之间的相互竞争，其特质就是试图将教学某一局部适合性问题全面化和普遍化。这些理论没有看到，不同的个体人生教育阶段，目标的差异以及个体身心发展的差异，决定着适合性的教学需要采取不同的策略。

上述教学的适合性问题，归结起来，一个是横向的适合性问题，即教学如何适合异质性教育对象群体问题，另一个是教学的纵向性的适合问题，即教学如何适合不断发展变化着的个体问题。

第三，教学如何走向适合学生？尽管教学适合学生面临着多方面因素的影响与干扰，且现有的教学理论研究对这些影响与干扰还没有充分的认识，但这并不意味着在现有的教育制度背景下，实现"让教学适合于每一个学生"的理念不能实现。恰恰相反，自古以来人们所作出的各种尝试以及现有的教学理论对于有关教学的本质与规律性的认识，特别是因材施教的教学原则，为我们解决教学的适合性问题，奠定了经验基础、思想基础和历史基础，为我们解决教学的适合性问题提供了充分的信念。概言之，教学走向适合每一位学生，需要我们回归到古典教育思想家留给我们的教育智慧，回归到孔子所提出的"因材施教"的教学原则。然而，简单的回归是不够的。我们必须要将因材施教原则放在现代班级授课制的背景下，来思考该原则所必需的前提条件。应该看到，因材施教乃是个别化组织形式下的原则要求。而在班级授课制下，该原则如何贯彻，却面临着重重的障碍与困难。特别是在教学面对多样性的学生对象时，因材施教就变得更加艰难。然而，这并不意味着因材施教原则就已经过时。恰恰相反，在目前的教育制度背景下，我们需要重新思考和探索因材施教的可行之路，通过实现因材施教的主体转换，来达到教学走向适合学生的根本追求。

在传统的观念和意识中，因材施教的承载主体是教师。能否实现因材施教，如何实现因材施教，以及实现因材施教需要做好哪些方面的工作，都是教师的个人所为，同时也是教师的责任所在。的确，在个别化的教学组织形式下，在教师能够自主地决定教学的目标、内容、方法与进程的背景下，这样的要求无疑是恰当的。问题在于，现代教育制度不仅带来了教学组织形式的根本变革，而且亦带来了教育主体担当的悄然转换。教育决策与教育行动原本归为一体的传统教育，被教育决策与教育行动相分离的现代教育所取代。后者被分裂为政府与教师，在这种背景下，因材施教所必需的条件已经不存在，再提因材施教的要求或原则，其意义就大为减弱。

尽管背景已经变换，条件亦已经改观，但因材施教的教学思想资源的意义并没有因此而丧失。问题的产生源于主体的转换，因此，为了更加有效地保证因材施教原则能够得到有效贯彻，我们同样需要从主体的转换入手来解决问题，以保证教学适合每一个学生。通过一种制度设计，来保证新的教学制度不偏离教育的基本价值追求。

关键是要进行适当的制度设计以约束并激励教学的适合性。在个别化的教学形式下，因材施教的"材"是个别学生，而在班级授课制下，这个"材"已经转换为群体学生或类学生。尽管我们仍然可以将类学生区分开来，不过，教学的主体部分毕竟是类学生，因此，倘若这个类学生具有某种程度的相近性，以至于它似乎是一个学生，那么我们也就可以形成一种类似于个别化的教学情景或教学环境。要创设这样的教学情景或教学环境，就需要通过教育行政的力量。任何单个的教师都无法实现这个情景的生成。这就是说，通过教育行政力量以及教育评价技术的使用，将学生进行类型的区分，以使学生同类相聚。在类型化的前提下，实施分层教学，此乃教学适合学生的制度安排。这个制度安排能够保证因材施教基本前提的存在。由于受到传统教学资源分配不均衡的影响，为防止分层教学的制度设计偏离公平与公正的价值追求，基于分层而提供的教学必须是适合学生的教学。当教学适合每一个学生的时候，分层教学就不仅仅是公平公正的，而且也应该是效率最高的。传统的分层教学之所以为人们所诟病，在于这种分层教学主要表现为分班教学，表现为它意在追求教育目标实现之外的东西，在于它通过一种区分而将另外一部分学生置于忽略的地位，不予以教育的境地。必须要认识到，分层教学并不同于基于学生程度的分班教学。尽管如此，我们需要对分层教学进行价值的辩护，以确立一种不同于传统的分层教学的价值追求。这意味着，作为一种制度设计，它并非是分层或分班那样的简单，而是涉及一个有关教育教学活动的全面系统的安排与计划。

必须要看到，同一个学生通常要面对多门学科，要完成多样化的教学任务。由于受到一些无法确定的因素的影响，学生在多门学科的掌握程度上存在差异，在完成多样化教学任务的能力上存在差异。为此，分层教学作为一项制度设计，需要一种灵活的课程表那样的教学管理的细化安排，以作为分层教学制度设计的补充。通过分层教学与活动的课程表，使得教学既能够适合多样化的学生，同时又能够适合学生的多方面的表现。

上述两个方面，教师个人难以完成，都是需要学校乃至教育行政部门共同努力，并且其背后还需要考虑到对教师的教学绩效的评价以及相关的管理要求，这是一项系统的教育工程。教学适合学生，绝不仅仅是教学的问题，而是整个教育系统问题在教学中的反映。

第三编　好教师与教师的专业化

教师的命令或要求

命令或要求是教师在教育教学活动中最常见的言语行为。当儿童走进学校成为学生时，各种命令或要求也就随之而来。可以这样说，学生在学校中的生活，总是有各种命令或要求相伴随。打开书，完成作业，背诵课文，尊敬师长，上课起立坐下等，这些命令或被要求的行为通常是成年人所期待的行为，因而是被视为需要经常保持或养成的行为。

命令或要求总是希望能够得到接受并被他人付诸行动或实践（命令的执行）。然而，命令的执行总是预设了诸多条件：规范的语境，命令者的资格，命令的内容，被命令者的能力，等等。命令或要求被塞尔称为指令式的言语行为。其实质是，通过指令式的言语行为，言语者力图使听话人（学生）的行为方式与指令的命题内容相一致。

一个指令式的言语行为发生后，通常可能出现诸如服从、拒绝、遵照、承认、否定等结果。教师的愿望和学生的行为构成了指令式言语行为的两极。然而，必须要看到，并非所有指令或要求都得到遵从或执行。许多学生总是以各种理由、各种形式、各种策略拒绝遵从各种指令或要求。而当拒绝或否定在学生那里成为经常性的行为表现时，则教师就可能会认为学生的行为出问题了。事实可能是这样，也可能不是这样。由此，教育学就有必要来考察命令或要求被拒绝或否定的现象。不遵从教师的指令或要求，有各种可能的情况：可能未必就是学生不愿意或故意不服从，而只是由于能力方面的问题而难以遵从教师所发出的命令或要求。抑或是因为学生偶尔的意志方面的或其他方面的行为，同样也并非是故意不遵从。然而，一旦有了拒绝或不遵从的表现，并当教师教育方法不得当时，就有可能出现持续性的拒绝或不遵从行为。那么有关学生的行为问题也就产生了。

从行为的指向来看，教师向学生所发出的命令或要求可以区分为具体要求和一般性要求。具体要求所指向的行为非常明确，具有可直接操作性；一般性要求则指向往往并不明确，如"好好读书""把成绩搞上去""要团结同学""你要按时回家"等。这些要求因为没有具体的指向，且达到这个要求需要学生付出很大的努力，因而往往难以成为学生的实际行为。一些命令被遵从，即命令变成学生的行为，教育的任务也就因此而完成，无需教师再做其他方面的努力。例如，要求学生大声地诵读或者要求学生参加一项活动，其诵读行为或参与行为本身就是教育的目的。

通常有着具体指向的命令或要求的言语行为，在条件具备的情况下，会产生教师所期待的学生行为。而一般性的命令或要求，只有把它转换为一系列具体的命令或要求时，才有可能产生教师所期待的结果。这样的命令往往并不是指向行为，而是指向一个结果。实际上，每个命令或要求的实现，都是需要一定的条件的。这里所说的条件既包括外在条件，也包括心理条件。例如，"你要按时回家"，在正常外在条件具备的前提下，还需要考虑是否具备按时回家的心理条件，也就是说，在家里是否会给他带来不愉快的情绪体验，如果是，则不按时回家就有了充分的内在条件。

命令或要求的言语行为呈现出世界向语词适应的特征。就师生的教育关系而言，学生的行为是教师所面对的世界，而命令或要求则表现出语词的形式。世界向语词的适应，即是命令或要求的实现。不过，这个适应过程并非是一个孤立的事件，而是由物理空间和心理世界共同组成的一个完整的世界。其中各种可能的因素，都会影响到学生行为的发生，进而影响到命令或要求以言行事的效果。

命令或要求要成为现实，意味着学生某种行为的出现。由此，分析命令或要求之成为现实的可能性，在于分析一个行为之发生的条件。任何行为都是发生在一定的环境之中，行为的发生意味着一种行动的能力、允许条件、心理满足及行为发生后的期待结果。不按时回家，这个行为的环境是几个玩伴，一个小小的公园，一个彼此感兴趣的话题或游戏及将他们联系在一起的共同表现；一种彼此都能够具有的自我决定的能力；回家后的孤独与不回家的快乐，形成强烈的情绪体验反差；不按时回家通常不会受到严重的惩罚。在这里我们可能会发现，讲道理其实是没有什么意义的。讲道理只是在行为者并不明了行为之宗旨的前提下才会起作用。一般情况下，道理对于行为的发生或禁止，往往起不了多大的作用。道理通常是有关行为发生之后果的分析与认识。一种行为的后果如果需要很长的时间才能够显现，那么对于只关注眼前的儿童而言，这样的道理就没有任何意义。

教 师 招 考

同学们忙着"考编"，有研究生，有本科生，有教育学专业的，有非教育学专业的。招聘考试包括若干个环节：投递简历，形式审查，书面考试，面试，结果公示。之所以设计出如此复杂的招聘制度，其目的无非是保证招聘的公正合理，并能够将适合于岗位要求的人选聘进来。

不过，在普通人看来，这里面仍然存在一些叫人颇感怀疑的、可称之为"暗箱操作"的空间，从而使人们质疑其招考的公正性。其中，人们的质疑指向最多的，就是招考面试的环节。因为，只有在这个环节，人为的因素能够发挥其作用。

关于第一个方面的问题，即有关招考的制度公正问题，在一种更加严格的程序设计中，则这种人为影响招聘结果的因素，就有可能被消除到最低的程度。例如，一个独立的面试主考的主体的存在，一个屏蔽一切电子信息的面试的物理环境，一个直接面对面试者的成绩公布，一个全部信息都加以公开的招考流程要求，等等。特别是第一个方面的要求，尤其重要。一个独立的面试主考的主体，将使得所有利益相关者失去可能的借以寻租的信息来源，从而保证所有的应聘者真正处于岗位竞争的平等地位。随着我国人事管理制度的完善，这种更加严格、科学、公正、合理的招考机制已经在形成。

　　不过，相关的当事人以及公众似乎并没有因此而彻底消除对招考的某些方面的怀疑。为此，一些地方为了避免不公正之嫌疑，干脆以单纯的书面考试成绩来决定教师招考之结果。这样的招考，至少从形式上能够保证招考的公正性，然而这并不意味着，这种执行的招考的制度设计就无隙可乘。一旦考试的某些信息，如命题单位及命题者的相关信息被外传，则考试的公正性就会受到破坏。不过，以目前这种招考的敏感性以及政府各部门的高度重视，尽管存在着某些可能性，但一般情况下仍能保证考试的公正性不被破坏。但是，这种招考的方式，对于招聘中小学教师而言，则会存在另外一个问题，那就是考分高的学生，可能并不具有基本的教育教学能力，不适合于做一名教师。这种招考可以考出应聘者的知识状况，包括教育学和心理学方面的知识、学科专业知识、学科教学知识，然而却无法确定其基本的教育教学能力。

　　教育行政部门招聘教师，要做到既不违反社会的公平正义，同时又要遵循教育教学的基本规律，真正体现能者优先录用原则，就需要在现有的招考制度基础上，进行制度创新。核心的问题是，如何尽可能地消除人为因素的影响。为此，可考虑将上述两种招考制度结合起来，进行一个程序的转换与安排。第一，将书面考试与面试的前后次序进行颠倒，将面试置于书面考试之先。面试的任务是确立应聘者是否具有基本的教育教学能力，并给出分数，然后按照一定的比例，确立进入书面考试的资格。这里只是进行一个次序的变换，而具体的面试要求则不作任何改变。同时，作为进入书面考试的资格确定，同时也为了防止面试中的人为因素，面试的分数不带入最后的总成绩之中，只有在某些情况下，面试的分数可作为参考，以最后决定录用者，例如考生的考分相同，则以面试分数居高者为优先。

　　关于第二个问题，即学生的疲于应考以及考试要求的不统一问题。就教师招聘而言，可考虑尽快实现省考（安徽省已经在执行教师招考的省考制度），以减少学生参加考试的次数，以便学生能够静下心来读一点书，认真地思考一些问题。各地发布教师招聘信息，并组织报名与面试工作，然后参加省里统一组织的考试，并以省考为最终考试，并将省考的分数作为录用的依据。省里统一招考内容与具体要求，有助于那些有意执教的学生掌握扎实的教育教学基础知识，从而确保师资队伍建设。

反 观 自 我

课程与教学论（物理教育专业）的同学给我发电子邮件，向我讲述了一个他同学遇到的事情以及由此而产生的困惑。他同学在一所农村中学教书。在一所什么样的学校，不太清楚。困惑是那位老师提出的，同时也是我这个学生的。同学的问题是，应该如何看待这个困惑？不过，在我看来，更主要的问题则是，到底是谁制造了这个困惑？当我们把教师的困惑看作是一个现实的教育学问题时，则其中的许多问题，如教育的本质问题、社会正义问题以及教育管理与班级管理的本质问题等，都值得教育理论研究者和实践者去深入思考。

兹将同学的困惑摘录如下：

> 一个民族只有最优秀的人才可以当好老师！当好老师不仅需要才能，还需要一种忘我的精神！昨天一个班干痛哭着对我说："我为什么要把学生犯的错告诉你？他们中有人骂我是'叛徒'，是'汉奸'！为了你所说的正义，我失去了朋友！你为什么不少管点。他们背后还骂你，说你也不多拿一分钱，为什么管这么多！"我告诉他这是一种信念，是为了每个人的健康成长。他说："这个责任太重了，不是你一个人就能做到的！我发誓我这辈子也不当官了，我做不到公平和正义……"一边说一边哭，眼泪一滴滴落下！我说不出什么安慰的话，唯有痛心！

教师对教育事业的责任感与忠诚是保证教育成功的必要条件。然而，这并不意味着，只要有了对教育事业的责任感与忠诚，就可以实现成功的教育。好的教育还需要教师具有责任感与忠诚等之外的其他条件，诸如对教育本质的正确理解、对人与社会之本质的把握、对学生管理的正确认识以及各种具体而可操作的技术方面的技能等。无可置疑的是，这名教师有着强烈的责任感以及对教育事业的忠诚。然而，在这里，老师对学生管理的认识似乎值得商榷，特别是对学生干部在班级管理中应该履行的职责，是需要进行深思的。就上述案例而言，在老师看来，班干部的任务之一应该是向老师报告同学在日常生活中的错误。为了每个人的健康成长，班主任是否就可以采取各种手段，以调查和了解学生所出现的错误行为？实际上，发生在学生身上的这些行为本身是否是错误的，如何看待学生身上所发生的问题，似乎也是可以加以进一步讨论的。老师为每个学生的健康成长而开展有针对性的教育，既是教师的职责，也是教师必须要面临的问题。不过，如何实施有效教育，却是一个需要教师认真思考的问题。面对学生的质问，教师的感受是"痛心"。不过，学生的质问却正是问题的根本所在。正义是什么？正义显然不是出卖朋友，不是告密，不是对同伴间友谊的破坏。教师以正义之名要求学生报告同学身上存在的问题，这使得学生对正义产生了一种极大的误解，这不能不说教师的教育产生了一种相反的效果或负面的作用。当教师为之而痛心疾首，并认为是一个怎样的社会，让一个年少的本来充满着青春理想的同学，丧失了对社会公平和正义的追求时，教师可能没有意识到，正是自己的教育行为，才造成了学生对所谓正义和社会公平之失望。

因此，如果教师把学生的健康成长以及推进社会的公平正义作为其教育的核心价值，那么在日常的教育实践活动过程中，教师就必须要在行动之前回答何谓"健康成长""什么是公平正义"等问题。倘若教师对这些问题都持一种似是而非的立场或认识，那么教师的努力工作就有可能将学生引向发展的反面。

优秀的教师，不仅要"仰望星空""低头看路"，更要"反观自我"。仰望星空，能够使教师保持精神与灵魂的纯洁，志存高远，从而追求教育的非世俗的理想与目标；低头看路，能够使得教师理性选择行动的方案与路线，从而将理想的追求与实际的行动紧密地结合起来；反观自我，则能够让教师的所"望"、所"看"更加清晰与准确，不因自然的或人为的因素而模糊自己所关注的对象。不能以为自己的所"望"、所"看"就一定是真切的。在很多的情况下，我们的所"望"与所"看"恰恰是错误的或虚假的。

也许正是教师自己的教育行为造成了如此困惑的局面，是教师自己在塑造并创造着教师必须要面对的现实。因此，我们说教师的反思就不仅具有认识论的意义，更具有改进教育行动的实践论的意义。或许在很多情况下，我们都是自己困局的制造者，只是我们的态度使得我们无法认识到这一点而已。因此，对于反思的实践者来说，当我们将自己在实践中的所思与所行记录下来，形成一个可供分析的文本时，我们就需要从自然的态度转向反思的态度。正是这种反思的态度，能够使得我们认识到人们的行动由以出发的前提之谬误。

知识观与有效培训

教师培训，中小学教师颇多怨言，以为培训并没有什么效果，或者说形式的意义远远大于实质的意义，即不过是参与了培训而已，知道别人在讲什么，至于课堂教学，仍然如故，对教学实践存在的问题，仍然依赖经验而予以解决。这种现象已经引起了理论研究者的兴趣，并尝试从不同的角度来理解这种现象由以产生的根源。不过，从培训的实践来看，效果显然是有问题的。

有研究生写学位论文，把这种现象归之于知识的冲突。归因似乎有着明显的逻辑问题，然而，归因本身却启发我们发现了一条不同于以前人研究和思考的视角，那就是从知识论的角度来思考教师培训过程中存在的实效性不大的问题。

经济学家哈耶克把知识区分为普遍性知识和地方性知识，并认为实践的成效取决于实践者对这两类知识的拥有和恰当的应用。从知识论的角度来看，院校培训的知识，无论是观念性知识，还是事实性知识，都属于普遍性知识的范畴。尽管对于有效的教育实践来说，普遍性知识乃是必不可少的前提条件，然而，仅有普遍性知识是不够的。好的教育实践更需要地方性知识，也需要教师个体所拥有的缄默知识。特别是教育实践中所遇到的问题之解决，更多的是需要地方性知识和缄默知识，无奈，这些知识，院校培训是无法获得的。当院校培训不能够提供教师解决教育实践所需要的地方性和个人性知识时，院校培训却自夸培训的作用和效果时，教师对院校培训的意义和价值之质疑，也就不难理解了。正是院校培训的自我标榜才引起人们对院校培训本身之质疑，倘若院校培训将自己的作用限定在它能够发挥作用的范围之内，那么就可能会出现另外一种完全不同的情形。

当然，教师完全有正当的理由向院校提出提供地方性知识和个人性知识之要求。如此，则院校培训就必须要彻底地转变知识观，由现代知识观转向后现代知识观。冲突是存在的，但不是知识的冲突，而是知识观的冲突。如果普遍性知识不能很好地用于教育实践，那也是教师培训没有处理好普遍性知识如何应用的问题，而并非是普遍性知识和地方性知识的冲突问题。

从现代知识观转向后现代知识观，需要院校在培训的时候，必须认真地分析良好的教育实践所必需的知识构成，以及教师在教育实践中所使用的知识，从而在普遍性知识和地方性知识、技术性知识和缄默性知识之间，建立起沟通的桥梁。无端地指责教师所拥有的个人性知识是无意义的；无端地指责教师不能够很好地应用普遍性知识，并因此而认为教师的素质有问题，也是无意义的。这种指责只会将问题遮掩起来。

关于教师个人性知识，英国的分析教育哲学家赫斯特曾经从理论上论证过一种策略，即"教育实践对话策略"，通过教育实践对话，隐含在教育实践中的知识、信念、原则等就会被揭示出来，从而通过理论的阐述而上升到普遍的层面。这意味着，院校培训者就必须是教育哲学家，能够从纷繁复杂的现象层面深入到教育实践的本质层面；这也意味着院校培训者必须付出更多的劳动，深入到中小学教育实践中去考察，去研究，去思考，去总结。

从行为表现到行为性质

教师是如何选择教育方式的？实际上，在日常的学校生活中，所有教育方式的选择都是基于对学生所表现出来的行为意义的理解。教师以其独特性的个人判断，并结合自己的经验与外在规范要求，而对学生所表现出来的行为进行意义的理解和阐释。在此基础上，教师选择在他看来是恰当的教育方式。尽管许多教育方式从其所产生的结果来看并不恰当，然而，教师至少在作出决定时，认为该教育方式是恰当的。即使该教育方式没有达到预期的效果，教师通常也坚持其对某种教育方式的选择，而将不合意的表现归之于学生。那么，教师所选择的教育方式是否就一定没有问题呢？

根据行为的性质来确定相应的教育方式，这是教育的基本原则，一条在教育学中似乎还没有被阐明的原则。由此，确定学生所表现出来的行为之性质，对于有效的教育来说，就具有根本性的意义。教育学的问题，首先应该是一个认识问题，一个有关对独特情境中的学生行为意义的理解问题。认识先于行动。教师的教育实践不仅是一个如何行动的问题，还是一个如何看待呈现给教师之现象的问题。教育学并不能够明确地告诉教育实践者，某种行为表现究竟表达了怎样的意义。教育学只能告诉人们，应该如何理解被给予的学生的行为。

我们需要走进现象学。在那里，我们或许可以找到理解学生行为意义的有效途径。

罗伯特·索科拉夫斯基的《现象学导论》尽管讨论的是对现象学立场的基本介绍。然而，他的讨论对于教师如何认识学生所表现出来的行为意义仍具启发性。当索科拉夫斯基把所呈现的现象区分为整体与部分、多样与统一、在场与缺席的时候，他已经在向教师叙述着这样一个基本的方法论，即教师所看到的行为，只是一个被给予的行为，一个行为的片断。这个被给予的行为是部分的、是多样的、是在场的；在这个部分、多样与在场的背后，还有整体、统一和缺席，那未曾给予教师的，却与所呈现出来的行为一起构成一个整体的给予。理解部分则需要以整体为背景，在多样性的表现中要发现统一性，不仅要看到在场（所呈现出来的行为），而且也要看到缺席（未曾呈现出来的行为）。整体是什么？是个体的存在，是其全部生活的内容。教师只有把学生所呈现出来的个别行为，特别是那些异常行为，放到学生生活背景中，才能够真正理解那孤立的行为所表现出来的意义。因此，不仅是孤立的行为，更是场景、不在场的表现、他人眼中的印象、行为者的自我叙述等，它们一起构成了对孤立行为或片断式行为意义之理解的基础。所有的呈现是有着巨大的差异的，是学生个体的多样性表现，但是要在多样性中发现统一性。

这一切就是认识的方法论，就是现象学所谓的本质还原。一切现象的表现，最终都要还原到一个本质的自我，那个表现出各种行为的内在的自我。一切的教育方式之选择，并非是根据行为的表现，而是根据行为的性质，即那行为得以表现的内在自我。从行为的表现到行为的性质，只是一个细微的变化，即是一个根本性的变化。由此，教育学就由行为主义走向了人文主义，走向了现象学。

不过，这里关于学生行为意义之理解，只是一个框架，一个思路。从技术层面来说，行为意义之理解，需要借助于反思性分析，要进行行为的意向性分析、动机分析和本质分析。反思性分析既是有关自我的，同时也应该是指涉对象的，即指涉学生的行为表现的。当教师看到学生的一个行为表现，并且感到特别惊讶时，那自我反思性则要追问：我为何对此行为感到惊讶？或许是因为我对学生的行为本来就有一个预期或前瞻，只是这个预期和前瞻没有得到实现，因而我为此而感到惊讶？当教师看到学生的某种行为异常的时候，自我反思性则需要追问，自我意识中的正常行为是什么？这个正常的行为是基于什么而加以判断的？或许从学生的内在自我来说，这样的行为表现恰恰不是异常，而是正常？对象性反思则需要通过意向性分析，即通过分析行为所意指的对象而理解行为之性质。行为的意指对象不仅仅是直接的对象，如学生的破坏垃圾桶的行为，其意指对象为垃圾桶；更是指行为的精神对象，即通过破坏垃圾桶的行为，学生试图获得一种怎样的精神满足？

好的教育需要教师不带任何偏见地去理解学生的行为表现。

视课堂如生命

一个社会，一个单位，一所学校，其精神的载体和传统的延续，恰恰体现在人们广为流传的轶事之中。北大教授们的轶事，构成了北大的精神与传统。百姓日常生活中流传的故事，蕴含着人们对人或事的褒贬，同时也承载着平淡的理想。最近到合肥一中，听到了几则有关合肥一中的故事，觉得它们同样承载并表达了合肥一中的精神，因而记录下来。

这是校长告诉我的一个故事。省教育科学研究院想请合肥一中的教师在一个会议上作一个发言，介绍有关学科教学方面的经验。当校长将此消息通知到教师时，教师则明确表示不去，理由是他有课，不能因为这个发言而耽误课程。校长说完这个故事后，用上了一句评价性的语言——教师视课堂如生命。听到这个故事则让我想到另外一个事情。在幼儿园园长培训班上，参加培训的园长向授课老师请假，说非常想听课，但因为教育局领导有事，所以不得不请假。在这里我们看到了日常生活中的教师所不得不面临的冲突性选择。我们经常要同时面对许多事情，但是我们又不能同时去做许多事情，因此，每个人都不得在其中作出选择。选择什么，不选择什么，反映了选择者把什么看得更为重要。通常人们总是选择在他看来更重要的事情。在老师看来，课比会议发言更重要，学生比领导更重要。因此，他选择了上课而不是选择去作会议发言。

视课堂如生命，这是一句很平常的评价，却又是强烈体现教育精神的平凡而又难以做到的境界。或许正是这种视课堂如生命的精神境界，合肥一中才拥有了今天良好的社会声誉和学校品牌。视课堂如生命，正是教师良好的职业道德的表现，也正是教师专业化水平高的标志。视课堂如生命，意味着教师真正地把学生放在第一位，不管什么样的事情，也不管什么样的人物，有什么样的来头，与学生的发展相比，都不算什么。这种认识，这种观念，至少对于教师来说是值得称颂的。因此，当我们在一所普通的中学里还能够看到"视课堂如生命"的教师时，我们不能不为这种真正教育精神之延续而感到振奋与激动。

课堂教学是教师的基本职责和义务，也是教师经常性的工作。但是，作为一个有着多重角色的教师来说，他不仅仅要从事教学工作，还需要完成其他角色所要求他完成的职责。在这个过程中，不可避免地会发生一些冲突。在冲突的时候，我们该做出何种选择呢？是课堂让位于其他的事务，还是应该让其他的事务让位于课堂？道理似乎很简单，言辞的选择也很简单，但付诸行动，如合肥一中教师所做出的回答，我们又有几人能够做到？更何况这个会议发言本身就内含着校长的管理意志诉求。在教师对课堂的追求中，其本身蕴含着双重的否定，即对更上一级的意志的否定和对校长意志的否定。且不论这种对课堂的生命般意义的追求有着怎样的精神境界，单就意志的否定而言，也需要教师的一番勇气。

不过，在这里，我们还能够看到一种宽容，以及一种更加理性的认识。无论怎样，我们这个社会还是认同"视课堂如生命"这样的理念的，对于学校管理者和省级教研部门来说，也同样认可课堂是第一重要的理念的。因而，当教师作出一种否定性的选择时，这种选择获得了校长的称颂，同时也获得了省教育科学研究院的理解。

农村教师的"走教"

20 世纪 80 年代，当时我在农村学校工作，教师都是住校的。学校为单身职工教师提供一间房子，住宿兼办公。有家室的教师提供两间房子。教师下课后，相聚在一起，打球，聊天，相互讨论问题，非常热闹。农村中学也有学生住校，傍晚的时候，学生三三两两，围着三两个教师在一起海阔天空，其乐融融。

近三十年过去了，农村学校教师住校者甚至住在学校附近者已经不多。一所农村初中，有三分之二以上的教师住在县城，由此出现了农村教师"走教"现象。这种现象从什么时候开始的，不得而知，大体上它与中国的城镇化建设同步。城镇化建设，农村居民变身为城镇居民，走在这种变化之前列的，就是农村的教师、乡镇政府工作的公务员以及其他事业单位的工作人员。不过，这只是农村教师"走教"现象产生的外在原因。内在的动因则与教师对其子女的教育更加重视有关。20 世纪 80 年代至 90 年代后期，农村教师子女多在其父母所在的学校就读，少见有将孩子送往城镇。但是，随着城镇教育规模的扩大，部分优秀的农村中学教师被调往城镇任教，城镇学校的教育质量明显地好于农村，一种均衡的教育生态被打破，教育发展的不均衡现象加剧。在此背景下，许多教师开始将孩子送往县城中学读书。而要实现这样的目的，最好的选择就是在县城买房并居住在县城。此外，许多年轻教师出于找对象的考虑，刚工作不久，便借助各种力量和资源在县城置房一套，由此而成为

"走教"队伍中的一员。

"走教"的老师其实是很辛苦的。教师得早早地起床，坐上通往农村的公交车，以赶上学校的早读。下午放学后则又坐上农村公交返回县城。中午则在学校食堂就餐，在教师办公室或学校专门为教师开辟的房间内休息。除了年龄稍微大一些的教师，大多数的教师开始加入这种"早到校晚离校"的行列。如果夫妻双方在同一所学校教书，且又同属"走教"族，其生活的不便就可想而知了。不过，对于这种辛苦，教师似乎也并不以为然，毕竟这是自己选择的结果。因此，通常老师们大多也都能够泰然处之。

教师不住在学校，引发出许多管理方面的问题。例如，因为各种各样的原因，总会有迟到的现象。面对这种迟到的现象，学校只能采取刚性的制度管理，而不能顾及人情或各种特殊的情况。教师不住校，对于一些有学生住宿的学校来说，安排教师在学生晚自习的时候辅导学生，就变得较为困难。幸好现在农村的"村村通工程"建设得不错，学生尽管上学放学的路程较远，但有交通工具，学生也就宁愿每日坐车往返于学校和家庭之间而不住校。对于离校实在太远的学生，家长出于安全方面的考虑，也不让学生住校，而是家长在学校附近租房陪读。由此也就省却了学校安排晚自习的麻烦与困难。在这样的情况下，学校也由过去夜晚非常热闹、灯火通明、充满人气的文化中心变为冷清的、被遗忘的场所——乡村学校的夜晚已经是一片落寞的景象了。

在县域范围内，城镇正在开始成为人们生活的场所，而乡村则渐渐成为人们工作的工场。学校和教师在这方面走在了前面。乡村小镇的生活是安逸宁静的。但是，人们似乎越来越不喜欢这种闲逸，不喜欢这种安宁，喧嚣成为追逐的对象。人们宁愿居住在喧嚣的城镇而不愿居住在宁静的乡村。或许对于那些"走教"的教师来说，"走"之中的苦与"住"之中的乐相比，是微不足道的。

只是，教师"走教"对于教育之意义，积极的或者是消极的，似乎还并没有引起人们的关注。或许"走教"本身对于教育并不具有实质性的意义，而不过仅仅是一种教育现象而已，就像城市中的教师一样，早上到学校上班，放学后则回到家中。莫不是，农村的教育在这一方面，就已经城镇化了？抑或农村教育已经和城镇教育走在了同一条轨道之上了？

关于片教研中心制度的再思考

据来自农村的老师介绍，片教研中心是一种较为普遍的制度设计，即它比较广泛地（未必符合事实，有待证实）存在于县域之内。但是，对于片教研中心存在的意义，来自农村的老师则作出了一个与我完全不同的结论。在他们看来，这样的片区教研中心人为地在村、镇（乡）、县之间又增加了一个新的层级，鲜活地说明了教育行政部门在面对新的农村发展趋势下依然迷信权力、迷信科层制。且不说设立之初为了方便农村教师参与教研的目的，实际上增加了这个层级之后明显增加了行政成本和管理环节。具体到教研活动的话，我们的感觉就是，上一堂课，往往就是又多了一个"婆婆"，请示和汇报又要多一个对象。这是一种比较负面的评价，至少我的评价，包括我的一些同事对它的评价是不一样的。显然，农村老师对此的评价可能更切合于实际。因为，我们对于这种教研制度的设计，了解不多，只是听了县教研员的介绍。这倒验证了马克斯·范梅南的观点——我们所关注的变化对不同的人来说可能有不同的意义。同一个教育现象——片教研中心制度，在不同的观察者那里具有了不同的含义。至少我们可以确定三种观察者主体：片教研中心制度的执行者——县教研员，外来的考察者——大学从事教育研究与教学的教师，农村老师——来自中小学一线且其行为直接受到所设计的教研制度影响的教师。显然，在大学教师和县教研员看来，这是一个非常不错的甚至是很好的教研制度设计，而在一线教师看来，这样的教研制度设计不过是科层制精细化在教研中的表现而已。不同的意义解读，则使得我们需要思考这样的问题，即为何相同的教育现象却有了不同的意义理解？片教研制度设计到底意味着什么？它对于县教研活动的开展以及对教师参与教研活动来说到底各有着怎样不同的意义？

或许我们需要通过整体的语言描述来理解，严格说来不是片教研中心制度本身，而是不同的人们对于这个教研制度的体验与经验。这就是说，我们仅仅从县教研员关于片教研中心制度的意义来得出有关该制度的意义指向，显然是不充分的，因而是有问题的。单纯地从某个侧面而不是从整体来把握，必然会显现我们对这个现象理解的片面性，且这个片面性在老师的描述中已得到验证。

需要思考的问题有：为什么不以中心学校为单位来组织开展农村教研活动？为什么在中心学校的管理制度下另设片教研中心？这个制度设计的初衷到底是什么？任何现象的出现都不是毫无根据的，总有它出现的道理，总有它出现所针对的问题。我们相信，这个制度的出现大概是想要解决现实中农村教研活动面临的一些问题。不知道，这个片教研中心制度的初衷实现了没有，由此而引发出来的问题是否为制度的设计者所重视？但是，我们相信，与这个教研制度直接相关的教师，或许他们最有发言权，最能够反映出这个制度本身的意义和价值。他们对片教研中心制度的理解，具有重要的现象学意义。

教研活动在中国的中小学广泛开展，同时它之不断为人们所诟病，亦是常见的现象。无论是课题的申报，还是各种类型的赛课，教研论文的评比，可能基本上是一种行政主导的模式，在这种行政主导模式下运作的教研活动，对教师来说到底意味着什么？教师在研究活动中是否真正是主角，是主体，是活动的中心？不能仅仅做形式的分析和碎片化的分析，而必须要对此做整体的研究，需要以一种科学的方法来研究农村中小学的教研现象，透过所呈现出来的现象来把握农村中小学教研的本质，来描述所有的相关人对教研的意义理解，由此而探询教师参与教研的真实意义。在我看来，这是很有意义的课题。只有真正把握了教研的本质，我们才能够考虑对农村中小学教研的改进或改善。

教 师 培 训

暑期是教师培训的集中时期。自己有幸作为培训者，也参与了几场讲座的培训。讲的话题中小学教师是否真的感兴趣，我就不清楚了。通常讲座的话题是由培训单位拟定，类似于"命题作文"。不过，一般情况下，我只是讲那些我比较熟悉的话题，我所熟悉的，中小学教师未必就感兴趣。偶尔有精彩之处，也不过让教师昂首聚神而已。

教师培训，便不能没有培训对象。考察我所遇到的培训对象，多是骨干教师或优秀班主任。这倒引起了我的思考，也使我百思不得其解，并由此而感到困惑。不解和困惑之处在于，既是骨干教师，既是优秀班主任，为何还要来培训？在我看来，真正要培训的，应该是那些在教育教学过程中难以胜任教学的教师。对于已经是骨干的教师或优秀的班主任，似乎没有再进行一般意义上的培训之需要。而且一个培训班培训规模之大，让人们感觉到，那根本就不是什么骨干教师培训或优秀班主任培训。因为那样大规模的培训班级，只能是培训者的一言堂，而难以有培训者与受训教师的互动以及对某个具体案例的深度讨论。而没有深度讨论的案例分析，是不能够触及问题的本质，触及教师在实际工作中所面临困境之内核的。

骨干教师和优秀班主任当然有培训之必要。再优秀的教师，恐怕也有自己的不足之处，因而也就有培训之必要。培训，就其本义而言，是对实践者的一种有针对性的与职业生活有关的短期教育。真正有成效的培训，要了解受训者在教育实践中所面临的真正问题，然后通过对问题的聚类分析，将大体存在类似问题的教师集中起来，开展相应的培训。这比在培训的名号上下工夫要有意义得多。培训当然不能简单地重复，培训制度化的早期阶段，培训可以笼而统之（所谓的"通识培训"）。随着教师的培训已经成为师资管理的一项常态性的工作，就需要培训的管理者以及培训的实施机构，改变传统的培训思维方式。这种改变不仅仅是一种形式上的改变，更得是实质上的改变。

陈桂生先生认为，要把师资管理与教师进修的重点，从对成千上万普普通通教师的关注，转向教师中的类子。把对教师类子关注的重点，从本职本分转向名分名气，至多只能算是权宜之计。如果不及时准备"终得退回来的路"，恐怕只能算是无路可走了。这确实称得上是权宜之计。其实，真正说来并非是无路可走，而是有许多的路可走，只是不愿意走罢了。当然可以对骨干教师或优秀班主任进行培训，只是这样的培训应该有它明确的目的，并且是针对这些骨干教师或优秀班主任所存在的实践局限而展开。如此，则培训的项目就不应该是某某骨干教师培训，或某某优秀班主任培训，而应该是某某专题培训，例如学生发展指导培训，"问题学生"之应对策略培训，等等。只是这样的培训，需要培训前的周密调研和精心策划，并把它们建立在对教师专业发展所面临的问题基础之上。而这意味着培训的管理者以及参与培训的院校老师要付出更多的辛劳。

关于班主任培训，应该说这样的培训是必需的，而且也是切合实际的。问题在于，培训必须要有针对性。如果培训是由学校组织，那么学校的相关部门就需要认真进行培训前的调研，发现问题之所在，在此基础上拟订培训方案，确定培训内容和培训方式，并进行相应的考核。培训的形式并非是由某个专家来做讲座，也可以采取案例研讨的形式，选定典型案例，让受训者组成培训小组，在自我分析典型案例的基础上，进行小组内讨论和全体受训人员的大会交流。如果是就某个案例或实践中存在的问题提出解决方案，则可以采用研究生论文开题或论文答辩的形式，由受训的参与者对所拟订的问题解决之方案进行质询。

无论采用何种形式，培训都需要有明确的有待解决的问题。是师德问题，还是职业态度问题；是教育观念问题，还是解决学生问题的技术或方法问题；是教学问题，还是学生管理问题，如果是教学方面的问题，还需要进一步明确是哪些方面的问题。问题应该是教师所体验到的，而非想象的或某些人自以为是的问题。培训所要解决的问题，当然可以类型化。围绕基本的问题，在对问题进行分解的基础上，确定相应的培训专题。

关于"收获"

常常有这样的感觉，抱着满心的期待去参加某项活动，结果发现并没有什么收获或收获不大。这种情形在教研活动中似乎表现尤为突出。参加一次教研活动，结果发现没有收获；参加教育行政部门组织的各项培训，结果发现没有收获；被组织去听一场报告，结果发现没有收获；等等。在这种情况下，人们就会觉得，这些活动没有什么意义，或者用日常的语言来说，没有什么意思。这种感觉大概每个人都曾有过。但是，这本身意味着什么，却没有多少人去想过。根本的问题是：什么才是有收获或没有收获？什么是收获大或收获不大？

为什么会有这样的感觉？是各种活动本身没有为参与者提供实质性的内容，还是参与者没有得到自己想要得到的东西？是参与某项活动本身因为不是自愿而只是出于无奈，由此产生的抵触情绪影响了对活动所提供的各种信息的接受，还是本来某项活动所提供的信息就没有意义和价值？倘若参加某项活动的收获是与人们对活动的意义理解有关，那么就需要解释，为什么一项活动对于一些参与者来说会觉得没有收获？活动对于活动的参与者来说到底意味着什么？一件事，一个物，它之对于人的意义，取决于人的意向。意向是先于活动而产生的，任何人都会产生对于某种活动的意向的。当实际的活动并不能够满足意向的活动时，一种无意义感就会产生。从外在的所得方面来说，则参与者就会认为没有收获。这意味着，没有收获不过是意向性没有得到满足，是该意向所表征的活动实际上没有得到施行。当活动的参与者抱怨说没有收获时，则这种抱怨所包含的信息，通常是对于活动以及对于活动的组织者的批评。这就是说，人们首先所要表达的，是对于特定的教育事件的否定。

但如果根据意义与收获的关系来分析，则问题就变得复杂起来。由于意义是与活动的主体意向联系在一起的，因而对于"没有收获"的现象之评判，就不仅需要分析向人们所呈现的教育事件——活动，还需要分析人们的心理事件——意向。大体而言，存在两种可能性，活动意向与活动保持一致，这是最佳的状态，也是人们通常所说的有收获的状态；活动与意向的不一致，这是人们常说的没有收获的状态。对于后一种情形，则我们应该作怎样的评判呢？活动意向与活动内容不一致，或者是意向出了问题，或者是活动出了问题。因两者之间的不一致而产生没有收获感，则活动的组织者当然要为之而检讨，并且在各种活动开展之时，就应当深入地研究和了解活动参与者的活动意向。但是，在一些情况下，人们对于活动本身就没有意向，或者说从根本上就是排斥这种活动。若对于活动本身就没有意向，那么这样的活动对于活动的参与者来说没有意义，便在情理之中。最后一种情形的存在可能与活动主体的认识状态相关联。在许多情况下，活动意向的缺失恰恰是自觉主体缺失之表征。

世界的复杂性大概就在于此。或许这里有将简单问题复杂化之嫌疑，但在我看来，真实的世界就是如此。教师觉得教研活动徒具形式的意义而不具有实质性的意义，与教师对教研活动的意向性不可分离。也许当这样的论调出现的时候，是否可以提出这样一个探询的问题：你期望开展什么样的教研活动呢？或者有意义的教研活动应该如何？在对这个探询问题的回答中，我们通过言语分析可以发现与把握教师的教研意向性，以及教师对教研组织者的一种期待。

再议教师队伍建设

建设是一个被广泛使用的概念，政治建设、经济建设、文化建设、学校建设，比比皆是，不一而足。受到社会建设语境的制约，建设一词开始频繁地出现于教育实践领域。由此，教学建设、教材建设、课程建设、师资队伍建设等应运而生。建设之泛用和滥用，已经到了无所不在的地步。

建设之本义，在于人之对于事物发展的规划与安排，通过人为的努力以便加速原本必然状况的到来。这就是说，遵循事物发展的基本规律，在非人为安排的条件下，事物某种必然状况将自然而然地到来。而通过建设，事物的这种必然状况将提前到来。由是，则教师队伍建设这个概念本身就蕴含着几个有待明确的问题。第一，关于教师成长本性或教师成长之规律的认识问题。这里不仅包括人的本性，而且也包含着教师发展的本性。倘若连这个问题都没有解决，或者说对于教师发展之本性的认识还很模糊的情况下，则所谓的教师队伍建设就只能是无意义的空谈。第二，规划教师的发展，在多大的范围才是可能的？教师从一个新手到老手，其间是否要经历某些必然的阶段，而任何人都不可逾越这样的阶段？人为地加速这样的进程，会带来什么样的后果？教学技能这样的东西，或许可以通过强化训练而获得；而成熟教师所必需的教育教学经验，即良好的教育教学所必需的缄默性的知识，如何通过人为的建设而在短时间内获得？第三，教师队伍建设的最终实现，在于教师的存在和教师的意识之间的统一。当教师的存在与意识相分裂的时候，教师就处于被控制中。一个不能成为自己主人的人，一个处于被控制的教师，他能通过建设而成为合格的或真正的教师吗？

教师队伍建设必然是以关于教师发展的必然过程的科学认识为前提条件的。而在这方面，人们的所知甚为有限。即使我们把"教师队伍"看作是一个总体性概念，每个具体的教师都是这个总体性概念的构成；那么，对于自身存在本性的把握，乃是作为个体存在的教师献身于这个总体性概念的基本条件。由此，所谓的"教师队伍建设"到头来只可归结为教师对自身本性的认识。"教师队伍建设"命题背后包含着这样的信念：教师队伍被看作是一种客体，关于这种客体可以形成某种知识，这将使通过有意识的安排而改变这个客体成为可能。诚如雅斯贝尔斯所说的那样，通过这种知识，人们确实知道了一些关于人的事情，但是并没有知道人本身；我们对于教师也同样作出这样的论断，我们可以知道一些关于教师的事情，然而我们对教师本身又知道多少呢？倘若我们关于教师自身知之甚少，则所谓的教师队伍建设，就无从入手，也无从衡量建设的最终之效果。

倘若我们不得不借用"教师队伍建设"这类的表述，那么我们必须得承认，或许人们在这方面真正有所作为之处，不在于虚幻的言说，也不在于日常生活中那些所谓的"举措"，而在于从组织行为学的角度出发，设计出这样一种教师个体自我成长的背景框架，在此背景框架的作用下，教师自我成长的主体意识得到释放并见之于自我发展的行动之中。没有教师的自我表现，则无论社会采取怎样外在的管理措施，都难以实现教师队伍建设的目标，反而促成相反结果的出现。

然而，在现实的生活中，我们所看到的，恰恰是事情的反面，看到的是外在的挤压，看到的是将教师当作纯粹的客体与欲加改变的对象性的存在。正是在这一点上，教师队伍建设遇到了它所可能遇到的最大的障碍。这主要是因为，人作为一种被赋予自发性的造物所具有的可能性，反被当作单纯的结果来看待。尽管在现实的生活中，我们看不到对于教师队伍建设各种举措的明显的反对，但是各种消极的抵制与抵抗则比比皆是，层出不穷。有意思的是，当教师队伍建设遇到教师的消极对待时，人们往往将这种消极对待的现象看作是教师素质低下的结果。由错误的观念所导致的错误的行动，则使得最后的结果与预期愈行愈远，终成南辕北辙之势。

真正的教育与真正的教师

套用雅斯贝尔斯的说法，真正的教育，应该是那些真正自愿献身于教育的人的一项高贵的事业。真正的教育者，便是自愿献身于教育的人，如孔子、苏格拉底。怀抱着最初的教育追求，没有任何东西可以阻挠他们对年轻人施以教育，把自己整个的生命都投入到教育之中。这里所说的整个生命的投入，并不是现代社会所说的一生都投入教育，而是在把教育视为自己的生命价值之所在的意义上来说的。现代的教育者已经很少有这种愿意献身教育的情况了，他们中的多数只是出于谋生的需要而从事教育工作。因而，现代社会的教师最多只能称为教育参与者或稍微高雅一点的称谓即"教育工作者"，而不是真正的教育者。因为他们中的部分是为了某种功利性的东西而教育年轻人，同时他们之教育年轻人只是教给年轻人某些获取功利的技艺，如知识、技能之类，而不是人之为人的根本性的东西。

然而，我们这个社会还有谁把教育看作是一项人的高贵事业呢？且不论人们口头上是如何地尊崇教育，只要听听这样的论调，即"教师是最可怜的人"，则我们大体就能够看出人们是怎样来看待教育的。因此，说教育处于危机之中，绝非危言耸听。什么是教育的危机？真正说来，教育的危机恰恰是教育者的危机，是真正的教育精神之失落的危机。

之所以出现这样的情况，肯定与教育者脱不了干系，可能的诱因之一是社会，是整个社会对教育的理解出现偏差的结果。一种对于教育之意义的错误理解在整个社会散布。我们这个社会尽管在口头上强调教育与人的相互关系，然而在实际的行动中却将教育看作是一种与生产大体相近的活动，看作是可以客观化和合理化的技术性活动，看作是通过规范化的管理可以保证教育质量提高的活动。

由此，教育的管理倾向和市场倾向越来越明显，而教育自身内在的规定则遭到了不应有的拒斥。在教育活动中，管理突显了，而人没有了。在教育技术化的语境下，教师之成为教育工作者，成为规范和规则的执行者和遵循者，成为为了外在的功利的施教者，便也是自然的结果。

工作、快乐与倦怠

教育工作如没有快乐，则教师便会产生职业倦怠。

教师其实是分裂的：作为一个人与作为一名工作者。作为一个人，教师努力要在各种场合中表现自我，以充分显示自己的个性；而作为一名教育工作者，则教师必须遵循准则与规章，努力使自己融入普遍化的生活秩序之中，努力地掩饰自己的个性。准则与规章不需要个性，需要的是一致性与纪律性。

然而，教师的这种分裂似乎又不是必然的。它又与必须要完成的指定的任务联系在一起。单纯的完成任务使教师对工作产生厌倦，最终使教师产生职业的倦怠。这主要是因为工作任务的重压使得工作丧失了快乐。如果工作单纯的是根据指示来完成，并且其实际成绩也是依据客观标准来加以恰当地衡量，则教师就会倦于此项工作。因为，教师被工作控制了，被技术化了。而所有的这一切，都是与合理化的概念联系在一起的。工作的合理化意味着教师的合理化，快乐之作为情绪的反应就必然要被排除出去，成为异样的存在。

以雅斯贝尔斯的分析，工作只有在作为一个整体被完成的时候，工作者才能够获得快乐；而如果工作只是整体肢解成诸种局部的功能，而这些功能的执行者可以被无差异地替换时，那么工作中的快乐就被毁掉了。这主要是因为，在这种情况下，工作的整体理想被取消了。工作的目的是整体，而这个整体的完成又是寄托于连续的构成性成就之上，则工作的一切都会是快乐的。例如，我们在手艺人那里绝少看到现代教师所谓的职业倦怠现象，他们沉浸在工作的快乐与愉悦中。因为手艺人的每一项活动，每一道工艺，都是一个完整作品的构成部分。它们不是孤立的工作对象，而是有着最终的理想追求。

今人分析教师职业倦怠，往往是从教师职业的社会地位和职业收入这个角度出发，并认为通过提高职业的社会地位和职业收入，倦怠问题就可以解决。这种分析没有看到，根本的职业倦怠源之于教师职业工作没有快乐。而职业工作之快乐，其实与收入及社会地位并没有根本的关系，而与职业的理想追求密不可分。

一线教师关于"将班主任工作作为主业"的担忧

担忧之一：一些中小学校长认为，在执行《中小学班主任工作规定》的过程中可能会带来新的管理问题。一是做班主任和授课一样也是主业，可能在精力上得不到保证。如果真的把班主任工作量按当地教师标准课时工作量的一半计入教师基本工作量，通过让班主任少上课而专心从事班主任工作，那么学校就需要增加大量的教师，这在目前学校执行的编制标准下似乎是不可能的。二是如果真的能做到让班主任通过少上课而专心从事班主任工作的话，学校的学科教学质量可能会有较大幅度的下降。因为从现实的角度看，担任班主任老师的学科教学水平整体要高于非班主任老师。三是经济地位的提升以及绩效工资向班主任倾斜后，学校利益分配的较大调整会打破学校固有的平衡，引发利益冲突，给学校管理带来一定难度。

担忧之二：现行学校教师编制中并没有班主任的指标，如果班主任工作量按教师标准课时工作量的一半计入工作量，在现有的编制数的前提下，学校是很难安排的；其次，教师要把班主任工作作为主业，这就意味着学校的教师已经分成了两大类，因为班主任的专业标准和教师的专业标准是有区别的，进而也对教师的遴选、培训以及班主任的选聘带来一系列的问题。

担忧之三：如果班主任少上课，经济收入和普通教师不会有较大差距；如果授课任务一样，差距就会比原来大许多。但不管怎样，在教师与班主任的协作方面肯定会带来一些问题。因为有些教师可能会想：以前班主任工作很辛苦，待遇又那么低，主动帮帮班主任，主动协调班主任工作是应该的。但现在，如果班主任收入高了许多，普通教师则会认为，那是班主任的分内之事，我又何必多此一举呢？

担忧之四：《中小学班主任工作规定》提出：班主任是中小学日常思想道德教育和学生管理工作的主要实施者，是中小学生健康成长的引领者，班主任要努力成为中小学生的人生导师。但我们也知道，每个教师都应该成为德育工作者。在强调班主任德育职责的同时，会不会弱化普通教师的德育职责？校长如何强化普通教师的德育职责？有校长认为，在强调班主任德育职责和提高班主任地位的同时，普通教师自我弱化德育职责是自然的，但并不是必然的。

将班主任工作作为主业

《中小学班主任工作规定》中提到班主任是中小学的重要岗位，从事班主任工作是中小学教师的重要职责。教师担任班主任期间应将班主任工作作为主业。

按照一般的理解，有主业当然也就有副业或辅业。在中小学，由于受到编制的制约，教师做班主任，显然不可能是专职，而必须是兼职，即一方面要担任班主任工作，另一方面还要承担教学工作。在这种情况下，如果班主任是教师的主业，那么学科教学任务是否就意味着是副业或辅业呢？把班主任工作作为主业的教师，应该如何来对待他的副业或辅业——教学呢？或许这样的理解本身是有问题的。但是教育部所作出的规定，却不能不让人提出这样的问题。显然，在班主任工作是应该作为教师的主业之规定的背后，我们看到一个行政化色彩更加浓厚的班主任角色定位，看到一个"准"专职的中小学班主任管理倾向。中小学班主任既然受编制的制约而不能像大学那样成为专职，那么主业就是一个最好的折中化选择。但是，主业定位后，副业或辅业怎么办？

班主任工作的复杂性和重要性，要求教师在担任班主任工作期间，要集中精力做好班主任工作，同时研究班级管理中出现的各种各样的问题。而在实际的工作中，班主任通常要付出较之其他老师更多的辛劳。一位小学老师关于班主任工作量的思考能很好地说明这一点："究竟如何计算班主任的工作量才科学。自学校开展'红领巾小区’活动以来，我们中队成立了 6 支小队定期进行活动，各小队平均每星期活动 1 小时。班主任参加一次小队活动，基本上要耗去半天的时间。仅这一条算下来，就远远超过了‘教师标准课时工作量的一半’。除此之外，班级文化的建设、处理学生间的矛盾、与家长进行沟通交流等，都是无法用一节课、两节课这样的课时量来计算的。而且，如果真按这个规定来计算工作量的话，学校的人员编制又是一个问题。"这样的描述告诉我们，在日常的工作中，班主任老师较之其他老师要付出更多的劳动，不仅要带好班级，而且还要教好书。不管教育部如何规定班主任工作的性质，在实际的工作中，担任班主任的老师都是非常投入班主任的工作。而学校也同样意识到班主任工作的重要性，在挑选班主任的时候，也总是挑选那些责任心和能力都较强的老师来担任班主任工作。一个担任班主任工作的老师，要比一般的老师付出更多。这是因为他们既要考虑做好班主任工作，同时也要考虑把教学质量搞上去，而不存在哪个是主业，哪个是副业或辅业的问题。

关于班主任工作的主业问题，还有一种观点，即把班主任工作与专业联系在一起，并认为班主任工作之所以不被看作是主业，是因为班主任工作"专业"性不强。主业这个词，与之相对应的就是副业。人们是否将某一行或某一项工作视为主业，不仅仅取决于理论意义上的重要，还取决于现实生活中的实际问题。长期以来，制约班主任工作成为主业的关键其实是"专业"的原因。班主任的专业色彩不够鲜明。不知道在这里，主业如何与专业联系在一起了。隐含的一种观点则是，班主任不被看作是主业。那么我们就有权利追问，在学校生活中，哪个老师在做班主任期间，不是全力以赴地去工作，不是把主任工作当作是主业呢？中小学教师固然不愿意担任班主任，但是一旦他们接手班主任工作，都是全力投入的，都是极其认真负责的。哪个担任班主任的教师没有把班主任当作主业呢？教育部如果真的重视班主任工作，那就参照高等学校设立"专职班主任"，同时聘请教师担任兼职班主任。在这样的背景下，班主任的专业化问题，班主任的主业问题，才可能得到解决。

班主任工作，主业？副业？专业？三个概念交织在一起，或许只是文人的一种无聊之思罢了。想与不想，区分与不区分，班主任仍然会做着那些他们必须要做的事情，仍然会非常辛苦地从事着班主任的工作而不会把教学当作副业来做。谁都清楚，班主任不可能成为专业的，即使班主任被列入教育硕士的培养范围也是如此。任何一个老师都非常清楚，他不可能一辈子都从事班主任工作的，而教师则是他执教生涯中不变的角色。

班主任批评权

一

自教育部《中小学班主任工作规定》颁布以来，有关班主任的批评权的规定引发了社会的热议。围绕着班主任的批评权规定，人们就此提出了各种各样的问题，有针对规定本身的，也有针对批评的。热议的背后似乎在呈现出这样的一个实践困惑，即班主任对学生的批评之是否正当与合法问题。一个可自然归于班主任的权力，却需要通过行政授权的方式来保证其正常的拥有，这种反常之现象引起人们的关注，也就不足为奇了。

政策规定显然有它的现实基础，这个现实基础就是，人们在日常的生活中已经有意无意地在否定着班主任对学生的批评，或者说一种世俗的观念，即班主任批评学生乃是不当行为的观念，在逐渐地为人们所接受。人们之所以接受这样的观念，是因为这种观念与班主任批评学生所引发出来的后果，如与学生的离家出走、自杀等行为联系在一起。然而，在班主任的批评与后果之间到底存在着怎样的关系，很少有人去作深入的分析。或许两者之间没有什么关系，或者两者之间只有很少的关系，或许两者之间有着必然的因果关系。这得需要全面地考虑批评与被批评学生的心理状态之间的关联性。

班主任不批评学生的原因，或者是不敢批评学生，或者是不愿批评学生。各种所谓的赏识教育、成功教育等，无意识之中助长了班主任不批评学生之风。而媒体的不恰当地对教育事件的介入，也在一定程度上使得班主任对批评学生敬而远之。其实在这里，媒体对教育问题的介入，这个现象本身就很值得人们去反思。换言之，媒体对教育的介入，是教育自身的追求出了问题因而引起了媒体的关注，还是媒体自作聪明？而在实际的教育中，人们或许已经发现，学生的缺点或不足如果没有批评的存在，将会严重地妨碍学生的健康成长。因此，从学生健康成长的角度讲，需要班主任批评学生，而从可能引发的后果来看，则班主任作为理性人，则不敢或不愿意批评学生，也当属情理之中。

批评意味着他人对己的否定。而这个否定会直接地影响到个体的自我认同。没有谁面对对己的否定时会很愉快，很高兴。面对批评，任何人心理上总会有一种不好的感受，中小学生也不例外。因此，为了尽可能地减少或防止因批评而带来的心理上的挫折而采取极端的行为，班主任就有必要认真地考虑批评的方式问题、批评的策略问题和批评的艺术问题。由此而引出的问题，就不是班主任是否有权批评学生问题，而是班主任批评学生的方式是否恰当的问题。

二

班主任批评学生所引发出的各种问题，当然可以视之为批评的无秩序或批评的混乱。如果批评是经过理性的思考，那么不管班主任对学生作出怎样的批评，相信这种批评都会有助于学生的健康成长，不会出现与学生健康成长相背离的结果。这便是批评的恰当性。从批评者的角度看，要做到批评的恰当并富有教育意义，就需要从批评者的内部着手，或者是从批评者的外部着手。从批评者内部着手，就需要抑制班主任作为批评者内在的、冲动的、非理性的因素，或者通过训练使班主任具有更好的判断力，在理性能力的帮助下压制他们的冲动。从批评者的外部着手，则必须使班主任处于经过理性设计的外部强制之中，确保班主任在自由地行使批评权时不至于出现不恰当的批评。

当教育部《中小学班主任工作规定》提出班主任在日常教育教学管理中，有采取适当方式对学生进行批评教育的权力时，这样的规定从实践的角度看，并没有什么实质性的意义。因为如何保证班主任在批评学生时采取"适当方式"，乃是规定所无法规定的。根据经验，人们或许能够对批评的"适当方式"进行言说，如有人指出，适当方式不等于打骂，不打骂不等于没有惩罚，不等于要完全放弃管教；适当方式应该包括必要的批评和惩戒，比如说乱扔垃圾，就可以让他值日几天，去反省一下。还有人认为，所谓适当方式是指班主任批评学生时，必须以学生为本，尊重学生人格，必须是充满善意和关爱的，是有利于学生心理健康和人格完善的，应该是学生心理健康教育的有机组成部分。此外，也有人认为，班主任在批评教育孩子时不能带有不良情绪，情绪失控往往会导致行为失当，在批评孩子时要心平气和，要讲艺术，这一点无论对老师还是家长而言都很重要。在各种有关批评的适当方式的认识中，或者立足于排除某种行为，或者肯定某种行为的适用性。然而，谁也无法保证，这样的批评方式不会引发出某些人们所不愿意看到的后果。因为，班主任批评的对象存在着很大的差异性。同时，上述经验只是经验者个人在批评学生时所采取的策略，这些策略换了另外一些班主任，是否还能如经验者个人那样有效并恰当，仍然是不确定的。

究竟采取怎样的批评方式为"适当"，取决于班主任的判断力，同时也取决于班主任对学生的认识与理解。在这里，显然没有什么普遍的原则可遵循。以上是从班主任作为理性个体的角度来说的，从理性管理的角度看，需要学校和教育行政部门对某些批评方式的明确排除，即通过外在的理性规定而禁止某些批评行为。班主任作为个体，其批评学生所采取的方式，依赖于其对事情的判断和意见。而这些判断和意见从来都不是完全可靠的。尽管经验在这个判断中起着非常重要的作用，但我们也不能够完全把这类事情交予经验。

班主任对学生的批评，总是不可避免地伴随着某种非理性的成分。完全理性或纯粹理性的批评是不会存在的。通向理性批评的路对于班主任来说，甚至对人类社会的教育来说，乃是遥远而漫长的。其间的非理性是无法通过理性而加以修复的，因为人自身就是理性与非理性的综合体。

然而，中国人向来就有这样的传统，即通过结果来判断事情的过程。因而班主任批评学生的方式之是否适当，在某种意义上并不取决于批评方式本身，而是取决于批评后所产生的结果。即使班主任的批评是完全恰当的，一旦出现不良的后果，那么批评方式的恰当性又如何才能够为公众所认可呢？在更多的情况下，班主任对学生的批评方式是一个即使在现场也会出现"仁者见仁，智者见智"的问题。倘若从结果来推断批评方式之是否恰当，可以说，班主任批评学生的方式既不能被班主任的判断力所保证，也不能为理性的外部环境所保证。之所以出现这样的难题，一个重要的原因是，批评方式之是否恰当，取决于学生的表现和反应。而学生的表现和反应则是班主任所不能控制的，除非在批评之前班主任对学生有充分的了解和认识。

三

什么是恰当的批评方式呢？"恰当方式"作为命题，是以这样的一种假设为前提，即在班主任批评学生的情境中，存在着无数种错误的或不恰当的方式，其中有一种方式被看作是正确的或恰当的。由此，必然引出下列问题，即一种批评方式之是否恰当，应该由谁来判断？对于这个问题其实有两种不同的考虑。

其一，选择一种批评方式，并符合教育部所要求的"恰当"，这个判断是需要教师来做出的。换言之，批评方式之恰当与否，在实施之前是由班主任来做出的。实际上，单从班主任这方面来看，任何批评方式的选择，都或多或少地经过了一定的考虑，都具有一定程度的理性判断。至于这种判断是否真正符合理性，则取决于班主任的理性判断能力。

其二，一种批评方式做出之后，其恰当性如何，不能由批评者来进行判断。任何事物一旦以某种客观性的事实而存在时，所有与此相关的或不相干的人，都可能参与对事情发生过程的评价中来。而在班主任批评学生的恰当性评价中，相关的人包括学校的管理者、其他教师、学生及家长、公众以及教育管理人员等。由于信息的不对称性以及信息的离散性、丰富性等原因，人们只能通过结果来反推事情的过程，由此来对批评方式之是否恰当作出判断。结果，可能会出现这样的情形，只要不出事情，则班主任的批评方式便无恰当或不恰当之说；一旦批评造成了严重的后果，则无论批评方式在班主任看来怎样恰当，那都不过是班主任的自我理解，在他人看来，可能都是不恰当的，否则怎么会出了问题呢？

批评方式之恰当性，或者需要在批评方式与批评的后果之间建立起可靠的联系，或者根本就不能够根据批评之后果来判断批评方式之恰当与否，而只能通过对批评方式之本身的分析来加以评判。前者给任意性留下了太多的空间，而后者则需要人们对批评方式有一个理性的、正确的认识和理解。就前者而言，在批评行为和批评行为的后果之间有一个时间上和空间上的巨大鸿沟，人们难以或根本就不能够用其固有的、普遍存在的知觉能力来加以测量。批评行为具有不可预料的后果之特征，这就是批评的不确定性。谁都无法做到通过列举出行为结果的清单来去衡量批评行为的性质。不可避免地会有"副作用"和"不可预料的后果"。真正恰当的批评方式，可能恰恰就在于班主任能够对这些"副作用"和"不可预料的后果"有一个明智的预期或考虑。而就后者而言，人们需要借助柏拉图的智慧和超乎常人的理智来确立正确的批评之样式（理念）。而人能否做到这一点，千百年来一直为人们所争议。大体而言，否定者居多。即使在理论上确证了某种完善理念之存在的柏拉图，对其能否变成现实，也持谨慎与怀疑的态度。

如果说班主任的批评给学生所带来的伤害是真实存在的，那么这种伤害也是在不经意间产生的，而绝非班主任的预谋或事先的计划。换言之，就伤害而言，这种伤害也不过是道德努力的结果。至少班主任老师的动机是无可置疑的。这与日常生活中的一般伤害是有着本质上的区别的。

然而，无论是事先的判断还是事后的判断，总有一种批评方式与学生的错误行为相对应，并能够恰当地矫正学生的错误并促使其养成良好的行为习惯。如是，恰当批评不仅对教师提出理性的要求，亦对所有参与评价的人，从学生到家长，进而到管理人员，都提出了理性的要求。倘若这种理性的要求没有满足，那么所谓"恰当方式"不过是人们在生活中的经验表白而已，或者是基于各自的利益立场而作出的妥协的借口。在这种情况下，直接的牺牲者将永远是班主任，而间接的牺牲者则是学生。

由于"恰当方式"的要求乃是由教育部所提出的，因而一批评方式之是否恰当最终不可避免地要由教育行政部门来作出判断。然而，逻辑的要求并不意味着实践的可行。在各种利益群体的压力下，教育行政部门还能够完全地依据理性来进行批评方式之恰当与否的评价或判断吗？在这种情况下，教育行政部门的评判结论必然是各利益方博弈之结果，而不是理性判断之结果。由此，所谓的恰当方式最终不过是妥协的产物。

班主任作出恰当批评需要判断力，对批评的恰当性作出判断同样需要判断力。因而，与批评学生相关联的一个重要概念——判断力，就不能不进入理性的视野。依叔本华所言，判断力是以成熟和经验为前提，那么正确的批评就意味着要由那些成熟的、有经验的教师来承担班主任的工作。

四

教育部对班主任批评学生的权力之规定，意味着将本属于班主任的自治领域的问题转换到靠权力支持的他治领域问题。这种转换本身就很有意思。

在传统的教育中，没有班主任时期，教师之批评学生，本是教师这个职业所固有的，无需他人授权或规定。教师之采取怎样的批评方式，当然有一个与社会的道德、法律规范相适宜的问题。一个基本的未明文规定的要求是，教师之批评学生的方式与手段，总体上必须与社会的道德心理结构相适应。但是，这种与社会总体道德要求的适应性，乃是教师基于其理性决断而作出的。在这里，任何他者都不能也无权加以干涉。从这个意义上讲，传统教育的批评学生乃完全属于教师的自治领域。

靠权力支持的批评权，使得教师批评学生变得更加有问题。倘若政府授权班主任批评学生，而教师并没有得到相应的授权，那么教师是否有权批评学生呢？或者这个批评权仅为班主任所专属呢？如此，这是否又意味着一般的教师只是教书而无育人的职责？

一种靠权力支持的批评，意味着对于批评的不确定性的支撑与肯定，却无法消除批评的不确定性特征。无论有着怎样的理性判断作基础，批评后果的不确定性总是存在的。而这种不确定性与我们这个社会对儿童的总体态度密不可分。某种指向他人的行为受到公共权力的支持，同时也意味着它必将受到公共权力的制约。这种公共权力的制约不在于授权班主任批评学生，而在于这样的授权中内含着对班主任批评的根本要求。当批评是班主任的自治领域的事务时，批评学生则只需班主任在其视界和范围内去接近学生并对学生的某些行为作出否定性的反应，这其中当然涉及班主任对学生行为之善恶的评价以及对学生未来行为的预测。然而，"恰当方式"的设定则使得班主任在批评学生的时候，会更加谨慎并尽可能地不去实施对学生的批评行为。因为，最终对批评方式之恰当性的评判并不取决于班主任，而是取决于不在现场的其他一些人。

关于教师的思考

一

校长或其他权威人士对教师的正面评价，会造成一种积极的效果，因为被校长认为是优秀的教师和工作得到高度赞美的教师，在教学中会有更大的投入、更多的热情，因此在客观上也表现得更好。对教师的高度正面评价，不仅使得教师有更高的荣誉感，而且亦可能激发其责任感和事业心。相比较而言，普通学校的教师尽管也付出很多，但收获更多的不是荣誉，而是挫折感和失败感。这主要是因为，有的人根本不是用教师所付出的劳动状况来评价教师，而是用教师付出所获得的最终结果（如学生的学业成绩）来评价教师。日常对教师的评价没有考虑到，教学的最终结果并不完全取决于教师的努力与投入，它总是要受到所教学生的限制。

教师不断获得的挫折感不仅会消除教师的工作热情，而且也会使得教师日益倦怠。从教师的职业精神来看，如果教师真正职业化了，那么他们就不应该为偏离教育理念的评价所左右，而是坚守自己的教育理念而始终努力工作。换言之，真正职业化的教师应该是理智的和富有奉献精神的。而教师之缺乏专业精神，与学校的科层制管理，即教师被看作科层制员工是密不可分的。然而，这只是思考者的一厢情愿，原因在于，现有对教师的各种评价，总是与教师能够获得的利益相关联。

二

从课程改革的角度来说，提倡教师之间相互合作，相互尊重，促进教师专业水平的不断提高，乃是特别为人们所关注的理念。但是在现实的生活中，教师的彼此尊重和合作并没有达到应有的水平，造成这种境况的原因非常复杂。教师职业的非专业化、科层制管理对教师的等级化处理以及教师群体内部对有限资源的激烈竞争等，都是造成这种状况的原因。

如果一所学校的教师在日常的学校生活中花更多的时间与其他教师探讨与教学相关的问题，并由此来调整其教学方式，那么我们就可以断言说教师之间存在着合作关系，而这种合作关系的背后正是彼此之间的相互尊重。但在，在现实生活中，教师之间平常都关心怎样的话题呢？

重点学校与一般学校，教师之间的合作性和团体精神是否存在差异？很多研究表明集体感和合作精神对于学校发展有重要作用。可以肯定的是，没有集体感和合作精神，试图发展学校是难以想象的。

三

让教师在工作中拥有更多的自主权，这样的策略是否能显著地改善学校的状况呢？在授权之前，首先得要弄清楚，教师在其教育教学工作中到底受到了怎样的束缚？同时必须要证明，正是这些束缚才导致了学校的不良状况。否则，授权就失去了现实基础，任何授权都必须要有明确的针对性。

是因为学校良好运作而使得管理者放松对学校的管理，还是因为学校运作不良而导致管理者不断地加强管理呢？不能因为在低效学校和科层制管理之间存在着很大的相关，就认为是科层制导致了学校的低效。相反的情况可能也成立，即学校的低效带来了更加严密的科层制。与普通高中相比，省示范高中拥有更多的自主权。相应的，那些在省示范高中执教的教师也同样拥有更多的自主权。

教师自主权

在教育学的视野中，教学实践既是判断学校教育活动成败的重要范畴，同时也似乎是受各种因素制约和影响的非自足范畴。教学实践显然受到学校管理的影响，在一般的意识中，管理对教学实践的影响主要是对教学行为状态的影响，也包括对教学行为方式的影响。因此，教学实践在很大程度上是人、事、目标、管理等在一定制度环境下的组织形式的表现和反应。如此一来，影响教学实践的两个重要因素——制度环境和学校组织形式，就不能不进入理性的视野。

制度环境和学校组织形式是如何影响到教师的教学实践呢？

回答这个问题就需要引出"教师自主权"这个概念。在制度分析理论看来，制度环境和学校组织形式是通过影响教师的自主权而影响其教学实践的。

扩大教学自主权是否能够有效提高学生的学业成绩，提高学校的教育教学质量，这是一个有待求证的问题。教育质量好的学校，其教师确实拥有相当大的教学自主权。但是否有了教学自主权，学校教育质量就能够得到提升？至少目前还不能断定。不同的制度环境和学校组织形式对于教师的教学自主权的影响，似乎凭经验可以判断，但具体的情形并不明朗，人们并没有对两所不同品质的学校的教师的教学自主权作过比较研究。人们只是认识到，严格管理的学校对于教师自主权的限制是显而易见的。严格的管理包括各种强令性的规定以及严密的信息反馈系统所提出的各种信息反馈要求，从而使得教师会受到双重束缚。受束缚越多，教师的教学自主权就会越小，而不断强化的学校管理正在不断地侵蚀着教师的专业自主权。从目前学校管理改革来看，总的趋势是，尽可能让所有的教育教学活动都形式化和规范化。用丘伯的话来说，即教育实践成为管理实践。在这种背景下，教育教学行为呈现出行政化发展趋势。

教师的教学自主权对于教学实践到底有着怎样的影响？这是一个需要探索的问题。倘若这个问题不清晰，那么教学自主权的扩大或受限也就失去了讨论的意义。由此来看，市场化取向的教育改革之前提似乎并没有得到确立。市场化赋予实践者以很大的自主权。在市场条件下，教师和校长则拥有决定教学实践的自主权，并且在实践其自主权的过程中，他们则不用担心自己的工作是否冒犯了其他人，只要他们的教学实践能够吸引特定的教育消费群体，就大胆地采用各种措施实现学校的发展目标。这样的结论不仅过于武断，而且亦有美化市场化机制之意。

教师专业化

关于教师专业化问题，从理论上已经展开了大量的研究和探讨。如丘伯等人说的那样，真正意义上的教师专业化不仅需要教师精于他们的教材、谙熟教学方法，还要求他们有专业自主权，可以在他们的工作中自主决策，应对个别的和多变的环境。如果以上所说具有真理性，那么可以说迄今我们有关教师专业化发展的讨论就是不完整的，是非真正意义上的教师专业化。丘伯的主张在向我们表明这样的一种立场，即教师专业化至少包括两个方面的内容——教师专业能力和教师专业自主。但综观已有的研究和讨论，一个显见的现象是，讨论教师的专业能力多，而讨论教师的专业自主却不多见；而且在已有的研究中，往往是将二者割裂出来，很少能够见到将两者结合在一起的讨论。例如，教育部师范教育司编的《教师专业化的理论与实践》，把专业的本质特征归纳为三个方面，其中一个重要的特征就是"专门职业具有高度的专业自主权"，但是在该书的理论篇中，有关教师的专业素质和专业发展都分章系统讨论，独不见有关教师专业自主的讨论。而在实践篇和政策篇中，同样不见有关教师专业自主权的讨论。内容体系的这种安排，至少表明该书编者对教师专业化认识存在一定的片面性和狭隘性。如果没有一定程度的专业自主，不管教师专业发展达到怎样的高度，教师恐怕都难以实现"专业化"。

研究者对某一现实的忽略，或者是因为该现实已经不是问题，或者是由于研究者并没有意识到该现实有问题，或者就是故意回避。就教师专业自主而言，至少不能说现在的教师已经拥有了较高程度的专业自主。

因此，立足于真正的教师专业化，我们不仅需要思考教师专业发展问题，更需要思考教师专业自主问题。只有当教师不仅具有很高的专业发展水平，而且还具有高度的专业自主，教师的专业化时代才真正到来。

教师与教育专家

教师在日常的教育教学活动中所做的一切，它所内含的行动的准则，是否被证明是正确的呢？是否得到了专家的认可呢？然而，这些教师却仍然能够做得很好。由此而提出了这样一个问题，即教育专家在多大程度上能够为教师的教育实践提供指导？如果教育专家在教育实践中真的能够为教师提供某种意义上的指导，那么这种指导作用的发挥，是因为建议的科学与合理呢，还是因为所提出来的指导性建议仅仅是专家提出的缘故？因为专家的建议，所以教师才感觉有相当大的可信度？所有人的日常行为都会受到来自他人的指导，当某件事情发生并且需要拿出相应的对策的时候，或当事人对事情未来的发展开始思考的时候，他人的建议就是指导工作的开始。就此而论，我们每个人在迷茫的时候，都会或多或少地受到来自他人的暗示性影响。

然而，这只是就人生处在某个模糊的或关键的时期来说的。而在一般的情况下，我们中的大部分人更多的时候依据习惯和常规行事，我们以一种与昨天相同的方式活动，以一种与周围的人相同的方式活动。只要没有人、没有什么事情阻止我们遵循惯例，我们将会一直这样下去。这种观点对于日常生活当然具有特殊的解释力，但是在教师的日常教育生活中，这种解释是否仍然有效呢？当我们从自己的教育实践出发进行深层次的反思的时候，其实我们所得出的结论，难道不也是如此吗？问题在于，这种依惯例展开的日常活动，往往会受到专家方面的指责。培训是专家对教师依惯例而行动的行为方式的根本性否定。每一次培训，都是专家对教师日常教育行为方式的否定以及对专家所提出来的建议的肯定。其结果之一是，在教育教学活动中，培训带来越来越多的对专家的依赖。一方面是"依赖教育专家"，另一方面是教师的依然故我；一方面是通过培训教育教师，不要相信自己的判断，应该相信专家的判断，另一方面教师在工作中又不得又依靠自己的判断；表面上是教育专家的言说，骨子里可能是长官的意志。

教育家是谁

自"教育家办学"提出以来，有关教育家办学问题的讨论也日渐增多。讨论的核心问题是如何实践"教育家办学"这个重大的教育命题。然而，在有关实践"教育家办学"的讨论中，一个重要的问题似乎被忽略了，即教育家是谁。这绝非一个可有可无的问题，而是一个必须要澄清和回答的问题。因为只有澄清了这个问题，有关"教育家办学"的前提问题，即教育家的存在问题，才能够看得清晰，从而有关教育家从何处来的问题也才能够在实践中得以回答。

或许人们能够很容易地回答"谁是教育家"这样的问题，但回答像"教育家是谁"这个问题却绝非易事。因为这是一个与最早提出的人类学问题极为相似的问题。在《忏悔录》中，奥古斯丁区分出"我是谁"的问题和"我是什么"的问题。不管奥古斯丁对这两个问题有着怎样的看法，以及作出怎样具体的回答，这两个问题对于我们每个人来说都是必须要给予回答的。由此，当"教育家办学"成为一个重大的实践命题时，"教育家是谁"的问题，就是一个关系到这个重要实践命题能否实现的问题。

教育家是谁？简单的回答，教育家是教育者。

这样的回答似乎过于简单。为人父母者是教育者，为官主政者是教育者，为人师者是教育者，那些在日常的生活中尝试去说服别人的人，也是教育者。但我们不能说，他们都是教育家。因此，我们需要对此加以限定，即并非所有的教育者都是教育家，只有那些终生以教育他人为职业的教育者，才是教育家。由此来看，教育家就是职业的教育者。然而这样的限定仍然不够，一个人终生从事教育职业，我们不能说这个人因此就是教育家。因为尽管一个人终生以教师为职业，然而，他的教育对象终是有限的，他只教育他所面对的特定的学生，并且他只能在他有限的时间内教育他人。我们需要在两个方面丰富教育家的内涵，与此同时则必须缩小教育家的外延。第一，教育家必须是一个无限的教育者。他不仅教育他所直接面对的学生，而且他的教育思想能够深深地影响那些专门从事教育工作的教育者，即教育者的教育者，如教师、父母、社会工作者、政府官员等。从这个意义上讲，作为教育者，教育家具有无限可能性。第二，教育家必须是一个永恒的教育者。他不仅教育他同时代人，而且他还教育那些后生们，以至于他将由此而成为一个永恒的教育者。由此，教育家成为人类教育精神之灵魂。

教育家是谁？教育家是人类的教育者，作为人类教育者的教育家显得更加伟大。在怎样的意义上，我们才能够说一个教育者是一伟大的教育者，进而是一个教育家呢？

第一，教育者之伟大，在于他不仅能够非常好地通过教育传授真理，而且在于他能够发现教育之真理。能够很好地传授真理的，是一个优秀的教育者，却不是伟大的教育者；伟大的教育者在传授真理的同时发现教育之真理，同时亦在开启人类的教育智慧。这就是我们所谓的"教育家是人类的教育者"之基本含义。一个社会有教育家，那是人民的造化。"教育是传授给个人的启示，启示是传授给人类的教育"。撇开这个论述中所包含的其他意蕴不论，它在某种程度上也很适合于我们对教育者和教育家之区分。即使是一个优秀的教育者，他也不过是一个平庸的教育者在传授已有的东西方面更为出色而已，而伟大者则能开启新的东西，不仅是给个人，而且给全人类。

第二，教育者之伟大，在于他不仅是"伟大业绩的实践者"，而且也是"伟大言辞的谈论者"。这意味着教育在教育家的眼中是政治实践活动，而非如现代所理解的那样，是与经济密切联系的活动。当教育成为与经济密切相关的活动时，教育在国家的层面上就被理解成为经济建设服务，而在个体的层面上，教育就成为成就人们社会地位和收入的工具或策略，而非成就人们的品行之完善的途径。教育家之作为人类的教育家，在最高的意义上乃指他是人类精神的教育者。当教育被理解为服务于社会的物质时，再伟大的教育者也不过是现实的附庸，教育者的优先性地位也将因此而丧失。我们这个时代难以出现教育家，从根本上说源于教育者优先性地位的丧失，或者说教育者越来越陷入附庸的境地。

第三，教育者之伟大，在于他不仅能够很好地理解并遵从前人已经创立的教育之法则，而且在给定的历史条件下，修改已有的教育之法则，或者发现新的教育之法则。因而教育家之伟大，恰恰就在于他还是一个为教育立法的教育者。为教育立法意味着教育家对流行的甚至占据主导地位的各种意见和观点之不屑与抵制，而这种不屑和抵制是充满着风险和磨难的。这种风险和磨难是由教育家所具有的独立人格所带来的。然而，这恰恰见证了教育家的伟大。

当教育者成为永恒的存在者时，教育家也因此而诞生了。

教师职业的奉献精神

原来以为教师的奉献精神很空，空得无法去把握，去操作，去实践，以为教师的奉献精神有悖于现在正在运行的教师人事管理制度，及至读了布雷钦卡的《信仰、道德与教育：规范哲学的考察》，才发现是自己的理解出了问题，是自己对职业奉献精神的内涵把握出了问题。其实一个人不管从事怎样的职业，都需要具有奉献精神，而对于教师来说，奉献精神尤为重要。

教师的奉献精神意味着，一个人选择了教师这个职业，就应该把他的主要精力奉献给学校、奉献给他的学生或他的这个职业，意味着应该最大限度地履行其职责。首先，他应该尽心尽职地工作。这要求教师在工作中不应该怠工，也就是说不能够以任何理由来为自己的怠工辩护。怠工的教师，是典型的缺乏奉献精神的教师。例如，一些教师常常以较低收入来为自己的不努力工作进行辩护。然而，无论教师的收入会怎样低，职业本身是自由选择的结果。教师这份职业本身既是自愿选择的，同时也是基于对这个职业理性认识的结果；所以收入就不能成为怠工的理由。怠工的教师既是对自己岗位的不尊重，也是对自己选择的不尊重。

其次，教师不应该同时从事兼职。无论以何种理由，兼职都意味着教师没有将其全部精力用于教育工作，因而意味着对其职业缺乏奉献精神。奉献精神在某种意义上等同于"完全的职业投入"，从这个角度来看，我国教师的职业道德规范一方面提倡教师的职业奉献精神，另一方面却未能对此加以明确或细化，不能不说是职业道德规范的缺陷。

再次，为了获取收入而全身心地投身于职业活动，也不能称之为奉献。因为此种全身心地投入只是为了获得现实的好处。教师对其职业的真正奉献在于超越对现实之利的追求。因为一旦为了现实之利而奉献职业，则这样的动机所支配的行为就只能称之为谋利。奉献不考虑现实的得失，它是为了更为抽象的存在，是为了更为神圣的存在。就教师职业而言，则是为了社会的理想之实现以及为年轻一代的健康成长和发展而奉献自我。尽管在这一过程中，可以获得相应的外在之善，但它们不是奉献的终极目的。相应的，因为竞争而全身心付出，以及为了外在的监控而付出，都不能称为奉献。奉献是一个人自觉的行为，是一个人为了崇高的理想而贡献自己的行为。奉献是给予，是一种不求回报的给予，而不是索取。

这样看来，教师职业的奉献精神乃是有着实实在在的内容。

选择了教师这个职业，就应当将自己的全部身心奉献给这个职业！

教师职业与天性

柏拉图曾提出一个很有意思的问题，即人的天性与职业的切合性问题。人有不同的天性，不同的天性适合于从事不同的职业。一个好的社会，每个人从事与其天性相适合的职业。当然这里面有一个前提，即不管从事怎样的职业，其职业的所得刚好能够满足其最基本的生活必需。否则的话，所有的人都会通过钻营而去从事与其天性不相符合的职业，而这种情况对于社会来说是不好的。

现代社会的教师职业是否也有职业与天性的切合问题？这个问题其实早已为教育学研究者探讨过，只不过我们没给予足够的关注。

德国的教育家凯兴斯泰纳在《教育者的灵魂与教师培训问题》中提出这样的观点，即教育者的灵魂必须与某一种人的模式一致，其根据是个人由于内在因素所能承担的工作领域或者每一个人从内在的因素决定适合于干什么。然后，凯兴斯泰纳根据斯普朗格的

《生活形式：精神科学的心理学和人格的伦理学》提出关于个人的六种类型的理论，即理论型、幻想型、宗教型、经济型、社会型、权力型。凯兴斯泰纳认为，教育属于一种社会型的生活形式，因而只有社会型的人才适合从事教师职业。美国学者加德纳在《智力的结构：多元智能理论》中提出多元智能理论，认为人的智能可以分为八类，即语言智能、逻辑数学智能、空间智能、身体－运动智能、音乐智能、人际关系智能、自我认识智能、自然观察智能。其中人际关系智能是指能够有效地理解别人和与人交往的能力，拥有这种智能的人最适合于成为成功的教师。

有意思的是，现代中国社会在确定教师人选的时候，不考虑个人的天性是否适合于成为教师，而只根据个人的意愿和一般的智力要求进行教师的选拔工作。如果说还有某种考虑的话，那就是在申请教师资格的时候，必须要进行的教育教学能力考核。然而，教育教学能力考核在最完美的状态下也只能判断一个人是否有做教师的基础，而不能考核其是否有做教师的天性。用凯兴斯泰纳的说法，"对塑造具有个性的人的纯真的爱""不偏不倚地面对未来人的非己莫属的特点""对受教育者个性发展施加影响的永恒绝对性"，这些都是无法通过教育教学能力考核能够观察到的。

不考虑一个人的天性是否适合做教师，因而一些并不适合做教师的人，却阴错阳差成为教师，这对他人，对社会，乃至于对自己，都有不良的影响。

第四编　学生的现实处境与精神状况

尊　重　学　生

"尊重学生"是我们这个时代最流行的教育词汇之一。当学校行政管理者不断地向教师提出"尊重学生"的要求时，当一些理论工作者同样论述有关"尊重学生"的价值和意义时，我们似乎倾向于相信，关于"尊重学生"，其义是自明的，不需要再对此作一番说明。然而，当我们真的在这里停顿一下，并且问道："尊重学生究竟意味着什么？"大概没有几个人能够说得清。那么，我们该怎样理解"尊重学生"呢？

伦理学和教育哲学对尊重的解释或许有助于我们更好地理解"尊重学生"。

查尔斯·泰勒在《自我的根源：现代认同的形成》中，曾就"尊重"这一道德范畴进行过论述。在泰勒看来，尊重一词作为普遍的道德原则，在不同的历史时期其实是有着不同的意蕴的。在较早的文化历史时期，尊重是与特定的交往对象联系在一起的，"值得尊重的人"所用的"尊重"一词具有浓厚的道德意味，表明在某个人身上体现出来某种品德或某人因拥有某种社会地位而要求人们以社会所要求的应有方式来对待这个人。因而尊重既与某种道德品德或社会地位相联系，同时也规定了对待尊重之人的应有方式或形式。近代以来，西方思想界倾向于将尊重与权利联系在一起，尊重意味着人们应该以法律所认可的方式来对待他人。以权利的概念来解释尊重，表明人有某些东西，如安全、生命、财产、自由等，是他人所不可侵犯而必须予以保证的。因而，尊重在现代生活中往往是与"尊重权利"联系在一起。与此同时，另一种尊重的概念开始兴起，即"尊重人格"。所谓尊重人格，即是尊重人的道德自律。随着浪漫主义个体差异概念的发展，尊重又包含着要求给予人们以他们自己的方式形成自己人格的自由，即使他们的方式可能与我们的道德不一致。从这个意义上讲，"尊重人格"就是让人们以自己的方式发展，尊重就是承认他人的选择而不予干预。

泰勒在上述分析的基础上，进一步提出现代社会对尊重所赋予的新的含义。在泰勒看来，现代社会所使用的尊重一词，还包含另外两层意思。一层意思是，尊重意味着避免痛苦或把痛苦减少到最低程度。另一层意思是，尊重意味着对日常生活的肯定。而对日常生活的肯定，恰恰意味着对常人的肯定，对平等的承认。其实尊重就体现在日常生活之中。

泰勒的分析表玥，不同历史时期的人们对"尊重"的概念是有着不同的理解的，从只对特定人群的尊重，到对人的普遍尊重，对人格的尊重。"尊重"这一概念由对特定人群所提出的道德要求走向了一种普遍的道德要求，从极富道德意味的概念走向日常生活概念，从权利概念到人格概念，既反映了人们之间的交往方式的变迁，同时也反映出历史的发展过程中人的概念的变化。

在现代社会中，"尊重人"意味着将所交往的对象当人来看待，这是权利概念和日常生活概念双重建构的结果。因而，对尊重的理解就与对人的理解密切相关。当我们对人作出应有之理解时，则以人所应有的方式来对待现实生活中的具体之人，其行为就体现出尊重的道德要求，由此我们就把这样的行为理解为尊重。当教育理论不断地强调要尊重学生时，它可能恰恰意味着，在相当长的时间里，教育者或教师并不能给学生（未成年人，未达到与成年人同等的理智水平）真正意义上的尊重，由此而带来的伤害可能是不可估量的。

在一些西方教育哲学学者看来，所谓尊重学生，是有着明确的可操作的含义的。尊重学生，就是要求我们要尽力使其能够自己思考，有能力且恰当地为自己思考，而不是否定他们拥有可以最大可能地确定自己的思想和生活的范围的能力。认可学生是具有平等的道德价值的个体，要求我们把学生视为独立的意识主体，具有与我们同样重要的需求和兴趣，并且至少原则上能够自己决定如何生活最好，能够决定自己成为什么样的人。作为教育者，尊重学生，意味着要努力使学生能够对这些事情进行判断。这就要求学生要按照理性思考的质量标准来进行判断和评价。因此，尊重学生，就是要培养和促进他们的批判性思维能力。这是一种更加积极的尊重概念。

差 异

差异，这是人们最为常见的现象，因而往往不为人们所关注。差异存在于两个人之间，存在于男人和女人之间，存在于所有人之间。差异不仅是显见的，而且还在人的灵魂深处形成相应的精神和情感：同类者的好感和非同类者的厌恶感。凡存在者，单独地看，只是存在而已。只有将诸存在者放在一起，差异才会显现出来。差异是每个人眼中的差异，真正所谓的差异，不过是人们的感觉与判断而已。当主体以某种眼光来看待他面前的人时，或当某一种情形被当作是一种尺度而被人们用来衡量不同的事物或人时，差异才会显现出来。例如，我们比较两性之间的身体，那么立刻就会发现某种差异的存在。而因为存在差异，并且为自己所不同于他者而感到不安时，羞耻感也就产生了。真正的羞耻感来之于差异，面对相同者，人们不会觉得有什么不安。

与差异相对的是同一，是彼此之间的相同或相似。当两者之间从某个角度来看，并没有什么差异时，我们就说事物或人之间乃是同一的。

差异和同一相互矛盾，有意思的是，这个社会在同时追求这两个相互矛盾的东西。一方面，社会及其组织，在尽其所能制造差异。例如，学校里的老师，企业里的产品，人们所拥有的地位与声望，诸如此类，无不以显示差异为其所追求的目的。在特定的生活群体中，制造差异成为一个普遍的追求，仿佛没有差异，这个社会就无法生存下去。但是，另一方面，这个社会又在努力追求同一，即制造无差异。当社会通过其传承而来的诸手段不断地向其成员灌输某种思想和观念时，当社会以其全部所能建构一种彼此相同的制度时，这个社会就是在试图消除差异。所有社会中的人们都充分意识到，仅有差异而无同一，这个社会则是不完整的。例如，在《理想国》中，柏拉图试图通过消除男人和女人的差异，来追求完美的社会之正义。

没有差异，这个社会似乎就难以获得发展的动力。因此，制造差异就是在制造社会发展的动力。而没有同一，则这个社会就不是一个真正的社会。因此，制造同一就是维系社会的持续生存。因为社会不仅要能够得以维系，而且还要能够不断地向前发展，因此，相互矛盾的东西就成为整个社会追求的对象。说社会追求两个相互矛盾的东西，似乎是难以令人想象的，不过历史的经验无时不在验证着这个结论。

人类社会的发展历史让人们明白了这样一个道理，即尽管社会的发展不能没有差异，但是这个差异却不能过大，否则这个社会就会陷入危险的动乱之中；尽管社会不能没有同一，但社会的同一也太过，否则这个社会就会丧失进步的动力。

把差异控制在一定的限度之内，控制在所有的社会成员都能够接受的范围内，这是我们努力要做的工作。由于个体间存在的差异性，社会并不需要刻意地去制造差异。然而如果任差异自然地发展，则社会的同一就必然会丧失殆尽。因此，社会真正的任务既不是制造差异，也不制造同一，而是控制差异和同一。

学生的现实处境与精神状况

学生的现实处境和精神状况是教育的两个最基本的切入点，也是教育的出发点。但是，如何理解"现实处境"和"精神状况"这两个概念呢？

关于现实处境，似乎更容易理解一些。它大概是指一个人所生活的环境以及此种环境对人所产生或带来的各种影响。每个人都生活在特定的环境之中，因而每个人都有其不同于他人的现实处境。即使是相同的环境，由于每个人在知觉方式上的差异，从个体的意义上看，也会有不同的现实处境。的确，不从学生的现实处境出发，意味着教育并不是以学生为中心。任何教育都有其出发点，不以学生的现实处境为出发点，并不意味着教师没有关于学生处境的理解，而是意味着教师只是从一个想象的处境，一个对于学生而言非真实的处境出发。由此就会出现这样的情形，即教师面对学生时以一种命令而独断式的教育方式去非平等地对待学生。由此来看，现代学校教育之弊端，人们所加以描述和呈现的，不过是其表象而已，而根本的症结则在于教育者无视学生的现实处境。

无视学生的现实处境之带来的另外问题，便是无爱的教育，就是教育方式的机械、麻木和僵死。教育是爱的交流，教育的失败往往并非仅仅是方法的失当，而是爱的缺失。从表面看，师生在进行着交往与交流，但是如果我们以理性的眼光来审视这种交往与交流，那么就会发现，它们实际上是无意义的交流，因为这种交往与交流仅仅具有形式的意义，而不会产生实际的效果。原因就在于，这些无意义的交往与交流缺少了情感的因素。爱的交流与情感的交流应该体现在教育的整个过程中，而不是仅仅体现在教育的某一个片断之中。只有当学生意识到教师对于他的真实的情感与爱时，他才会和教师建立起信任关系，由此而向教师敞开其心扉，从而被导向教育所期望的方向。

关于精神状况，雅斯贝尔斯的《时代的精神状况》，对精神状况有过明确的解释。雅斯贝尔斯认为，当个人的意志支持这些事物或机构之一的事业时，他的意志和他所支持的事业就处于一种状况之中。这意味着，状况是与人的意志以及意志所指向的对象紧密地联系在一起，甚至在某种程度上，它们就等同于状况。由此，雅斯贝尔斯认为，人的精神状况应该包括三个层面的含义，即人的现实的存在、知识之可能的洞察力以及各种潜在的信念。人的存在是由社会生存所构成的，即由人在经济的、社会的和政治的状况中的生存所构成。因此，如果要理解人的精神状况，首先就需要将人置于社会之中，个体的生存与社会是密不可分的。人的精神状况的第二个方面是人所拥有的知识以及洞察力。人是作为一种有意识的存在而认识和理解他所生活于其中的世界的。但是，人在获得知识以及可能达到的境界方面是存在差异的。在精神状况的信念方面，一个人自身能够成为什么样的人，取决于他在生命旅途中所遭遇到的他人以及召唤着他的各种信念。这个论断非常有意义，因为它向我们暗示了这样一个道理，即一个人现在的存在状态，是与两个因素有关的，一是他所遭遇的他人，二是他所持有的各种信念。而两者之间似乎也不能分开，而是相互联系、相互制约的。基于此，雅斯贝尔斯提出这样的主张，即我们探索精神状况时，必须考虑现实的存在、知识之可能的洞察力，以及种种潜在的信念。教师必须要正视学生的现实处境和精神状况。

自我与社会过程

在米德的视野里，自我的形成离不开基本的社会过程，而自我的分裂则是与个体所生活于其中的社会基本结构密不可分。首先，在米德看来，自我在本质上是一种社会结构，并且产生于社会经验，而人们通常是根据我们所属的群众以及我们所处的社会情境对整个自我进行组织。这意味着，对学生自我的分析，需要结合他所生活于其中的社会背景来加以考虑。其次，自我的分裂从某种意义上讲也就是社会结构的分裂。米德说，"社会是什么，我们是同现在的人生活在一起，还是同我们想象的人生活在一起，还是同过去的人生活在一起，这当然是因人而异。正常情况下，在我们所属的那个作为整体的群体中，有一个统一的自我，但那个自我可能分裂。"可能有不同的自我，至于我们将成为哪一个自我，取决于所涉及的那一套社会反应，这是因为，完整的自我的统一性和结构性反映了作为一个整体的社会过程的统一性和结构性；组成完整自我的那些基本自我各自反映了该个体所参与的那一过程许多不同方面的某一个方面的统一性和结构性。换句话说，构成或被组织成为一个完整自我的各个不同的基本自我，是与作为整体的社会过程的各个不同方面相呼应的那个完整自我结构性的各个不同方面；因此完整自我的结构性反映了完整的社会过程。

这是有关自我形成的一种观点，至少在米德这里，自我的形成主要取决于社会过程，同时亦与人与人之间的关系，特别是与之交往的他者及个体所生活或所隶属的社会整体及其结构密不可分。这是关于自我形成的一种解释性理论：从社会过程出发同时考虑社会关系。

从社会过程出发，则当个体知觉到的社会过程或社会结构被看作是破碎的或不完整的或是不统一的，那么个体的自我就有可能出现分裂的状况。米德关于自我形成的这种理解并不奇怪，因为米德主要是从一种行为主义的立场来看待自我的形成，亦即从刺激与反应的角度出发来理解自我的形成。由此出发，则分析个体的自我，就有一个非常重要的标准，即个体的社会过程。

基于米德的立场，则分析处于儿童期的学生之自我的形成，特别是分析那些明显存在问题的学生，就需要引入一个概念，即学生生活的社会过程。单一的自我分裂成为许多部分的自我，表明该个体所参与的社会过程有着许多不同的侧面，这些不同的侧面反映了他所属的不同的社会群体。

以留守儿童为例。孤寂的家庭生活，构成了留守儿童的一个生活侧面，在这里，儿童是与想象着的人们生活在一起的，或者是与他无法感觉特别亲昵的人生活在一起的；然后是他的同伴，另外一个社会过程的侧面；然后可能是网络世界，一个虚拟的生活世界，与想象中的人们生活在一起，构成了他的又一个生活侧面；而社会所期望的则是一个学校的世界，一个与同学和教师相互交往的群体。倘若留守儿童过于注重非学校生活的生活侧面，那么一种非期望的自我就有可能形成，并且其日常的行为表现就会引起教师的担忧或烦恼。多侧面的社会过程是否一定会造成留守儿童的自我分裂呢？这当然是一个需要作进一步探讨的问题。倘若没有虚拟的网络世界，那么自我的分裂或许并不是某种必然。然而，这种观念显然是有问题的，因为它是从一自我分裂的个体出发来思考问题的。因此，科学的分析需要从留守儿童自我的状况入手。

自我与他者

不理解学生的自我，或不理解学生在日常生活中所表现出来的各种行为的意义，也就无从去教育那些有问题的学生。好的教育要从存在者即学生的自我出发，而不是仅仅关注存在者的行为。从存在者出发来开展教育工作，就需要理解学生在日常生活中具体行为的意义，准确地把握学生对自我的内在评定。

学生的各种合规范的或失范性的行为与其自我到底存在着怎样

的关系？

通常教师不会太多地去注意那些良好的行为表现。相反，那些不良行为则成为教师关注的焦点。但是，从自我的视角来看，这些不良行为到底表现着怎样的意义呢？每个人的行为，都旨在寻求一种关涉自我的意义和价值：或者是通过遵从外界事物而获得自我肯定，或者是通过对外界、对他者、对非我的否定来寻求自我的意义和价值。严格说来，自我肯定的行为中往往并不包括创造性，因为给定的外在标准已经成为其行为的基本导向；相反，对外界、对他者、对非我的否定，则是真正的创造性的行动。后者是一种"反方向寻求确定价值"，即向外界而不是向自我方向寻求价值。这样看来，行为总是表现着某种特定的自我。然而，无论是自我肯定还是自我否定，都离不开他者的存在，亦即不能脱离人与人之间的关系。杜维明指出，自我的存在是通过对他者的同情和了解而产生的，是以他者或者人与人的关系来规定自我。由此，有关行为之意义的理解，有关对个体自我的意义寻求，都必须置于特定的人与人的关系之中。

倘若如此，那么就学校的教育而言，无论是良好的行为还是不良的行为，都与教师的教育行为密不可分。基于各种行为规范而确定的"良好"与各种不合规范的"不良"，是对立与冲突的，由此而产生"良好者"与"不良者"。"良好者"从行为对规范的遵从中获得一种自我肯定；而"不良者"因其行为的不合规范性，而难以借助他者来获得一种自我肯定。不过，不合规范的行为本身则是一种对被别人所肯定的事物的否定，恰恰是这种否定而使"不良者"通过否定行为而获得自我的意义和价值。概言之，良好行为者是通过遵从规范而寻求自我的意义，不良行为者是在破坏性（"创造性"）的行为中获得了有关自我的意义和价值。

于是在这里我们就可以发现对于教师来说极其重要的关系，即行为与自我、自我与他者的关系，其核心的概念是自我。所有的行为都是在寻求自我的意义，都是在获得对自我的认同。不过，个体并不是在孤立的实现其自我意义寻求的努力。这个努力的过程是需要置于与他者的关系中才能够实现。

不过，以上讨论只是指出了一个方向，而并没有涉及最核心的问题，即学生是如何通过否定性的行为而获得自我意义寻求的呢？不同的否定性行为又分别预示着怎样的自我意义寻求呢？教师又该如何从学生的否定性的行为中来确定其自我呢？这些问题均有待进一步思考。

"意义" 的意义

认识和了解学生就是理解学生的行为意义。但是，什么是意义呢？这是一个直接涉及如何理解行为意义的问题，也是一个有关理解意义的方法论问题。"意义" 的意义不清楚，则所谓理解意义便成为一句空话。

关于 "意义" 的解释，不同的学者有不同的看法，因而关于 "意义" 的意义，也就存在很大的分歧。塞尔主要是从言语行为的角度来理解 "意义"，把 "意义" 看作是 "派生的意向性的一种形式"，说话人思想的内在的意向性被转换成语句、记号、符号等。这里的一个关键性概念就是 "意向性"。以塞尔的解释，所谓 "意向性" 是表示心灵能够以各种形式指向、关于、涉及世界上的物体和事态的一般性名称。如此一来，则 "意义" 不仅关涉外部的事物，更是与内在的心灵有关，意义即心灵意识到某个外在的客观存在，它可以是具体事物，也可能是正在发生的事情，也可能是个体的能动行为或他人的某个行为，等等。从塞尔的观点出发，则理解一个行为的意义，就需要把握行为者心灵的意识对象，即把握行为者的意向性，对于塞尔来说，意义不能脱离个体的意识或意向性，否则便不能确定意义是什么。

米德则从社会心理学的角度对 "意义" 作出另一种解释。米德认为，意义产生并存在于一种关系之中，即某个人的姿态与通过这一姿态向另一个人表明的这个人后来的行为之间的关系。如果那一姿态确实向另一个人表明了这个人后来的（作为结果的）行为，那它便具有了意义。换句话说，一个特定的刺激（如姿态）与社会动作以后阶段之间的关系构成了意义从中产生并在其中的领域。因此，意义是从社会动作某些方面之间客观存在的一种关系中发展而来的；它不是对那一动作的心理补充，它不像传统所认为的那样是一个"观念"。米德对"意义"的解释强调外在的行动以及由此而形成的社会关系,而否认个体的内在意识状态或意向性。意义是与人们的外在的行动有关,并且是与社会过程紧密地联系在一起。米德认为,意义产生并存在于一种关系之中,这里所说的关系具有三重性,某个有机体的姿态、以该姿态为其早期阶段的社会动作的结果以及另一个有机体对该姿态的反应,是处于该姿态与第一个有机体、姿态与第二个有机体以及姿态与特定社会动作后阶段之间的三层或三重关系的一组事项;并且这个三重关系构成了意义从中产生的发源地,或者说它发展为意义的领域。从米德关于意义的解释出发,则所谓理解行为的意义,也就是理解行为由以建构起来的关系。以学生的行为意义为例,需要把握的关系有三个,即学生的行为与学生的关系、学生的行为与教师的反应行为之关系以及学生的行为与整个事态的关系。这样来看,行为的意义就包含有三层意思,即学生所赋予行为的意义、学生所理解的学生行为的意义以及整个事态所具有的对于教育的意义。关系而不是意识构成了意义的核心内容。意识对于意义在社会经验过程中的出现并不是必要的。

单纯地从外在关系角度来理解意义所面临的困境在于关系本身亦是主观建构之结果,换言之,关系本身也是一种意义。以行为或行动为中介形成的关系,取决于行为者的心理意识。这就是说,对意义的理解不能脱离行为者的心理意向。因此,从教育实践出发来理解意义,或许需要对塞尔的意义理论与米德的意义理论加以综合,使之相互补充。一个破坏垃圾桶的行为,对于学生而言,具有怎样的意义呢?这个行为的意义当然需要考虑此行为所引发出来的各种相关者的行为反应,特别是教师以及家长的行为反应,其中当然也包括同学的行为反应。不过,这些行为反应所具有的意义,则取决于学生行为的意向性。单纯地从外在的关系角度来理解该行为的意义,那么就会出现单纯地从社会外在的要求来理解行为意义之偏执,例如,"损坏公物"就是外在的关系视角理解意义之结果。反之,从学生破坏行为的意向性出发,必须要确定学生打碎行为到底意求什么,这种意求通常与教师的怎样的行为反应联系在一起?这种行为反应构成了学生打碎行为的意向性之部分。概言之,所谓行为意义,是指行为者在行动过程中对某种关系的意向性,而行为则是这种关系意向性的表达方式。

由此，理解学生的行为意义，分析学生的行为意向性就成为一项非常重要的工作。而要分析学生行为的意向性，就需要分析学生的各种表现。

我们需要一种方法论来解决相关理解行为意义的问题。

从追问原因到理解意义

"学生违反纪律，上课不听课或者学习的效率不高，其主要原因是什么？"这是学校生活中最常提出的问题，是一个受到惯性思维支配而提出的问题。

习惯性的思维方式总是在支配着我们对现实或所被给予的现象之思考。教师所受到的教育、日常的规训，以及追问行为表现的原因，已经成为一种习惯性的思维方式：追问原因并由此确定解决问题的策略。与这种追问原因完全不同的一种思维方式则是，理解学生行为的意义，即在学生的多样性行为中把握其同一性。学生多样性行为中的同一性是什么？一个同一性的概念并不能解决对学生的理解问题。不过，它可以给我们指引一个方向。

追问原因与理解意义，是两种完全不同的取向。追问原因是科学的思维方式，是围绕行为来发现导致行为的客观因素；理解意义则是深入行为者的内心世界，去探寻行为的意图或动机。这是两种不同的问题思维。前者的问题形式是"为什么"，后者的问题形式则是"想要干什么"。

尽管形式不同，但是目的却是一致的，即立足于教育好学生。

理解学生的行为意义，需要无偏见。然而，且不论做到无偏见是否容易，关键在于，这样一种观念之是否能够获得教师的理解和认可。不是一种口头上的言说，而是在实际的教育生活中努力地践行。"学生违反纪律""上课不听课""问题学生"，脱口而出的各种常见的表达，教师很少去深思这类表达本身所隐含的偏见。因为一种惯性的观念或要求，才会对学生的某些行为表现作出诸如此类的评价。先评价学生的行为表现而不是先理解学生的行为意义，这是教育实践经验思维的表现。追问原因也需要无偏见，但是追问原因却是以有偏见的命题出发而展开的。并且这个追问不可避免地把思考的内容指向外在的因素。而理解意义则是从学生的自我入手，从学生的内在的精神和心理世界入手。因此，追问原因是探究行为表现的外在客观因素，理解意义则是确立行为得以表现的内在主观因素。前者可以发现，后者则不可能去发现。

或许有教师可能会提出这样的质疑——为什么要理解学生所表现出来的某种行为？这个作为理解对象的提出难道不是某些先前的观念在起作用吗？难道这种确认本身不是偏见吗？应该说，这样的指责是有道理的。但是，必须要意识到，尽管确认一个有待理解的学生行为，确实是以某种偏见为前提。然而，一旦某个待理解的行为确定之后，则教师就需要摒弃先前的观念去理解学生的行为意义。

我们以"违反课堂纪律"为例。理解意义并不把"违反课堂纪律"行为看作是有问题的，而是以平常的心态去透视在这个行为中所表达的自我；而追问原因则是把"违反课堂纪律"看作是既定的事实，从而去探求造成这种事实的各种因素。理解意义与学生自我相关，而追问原因却是设定了非自我的存在。它只是看到行为，而没有尝试去理解行为的意义。

认识学生的方法论思考

认识学生，基本的目标是还原学生的真实存在，即具有独特性的、内心世界丰富的具体个体，而非在普遍的意义上由理论来阐发的一般特征。每个学生都是一个宇宙，都是一个具有自己的信念、情感、思想和意识的小世界。不看到这一点，就完全有可能将认识学生的问题简单化，以为面对学生，熟悉学生的言行即是认识学生，那是一种偷懒的表现。实际上，教师在教育中多半没有真正认识自己的教育对象。师生关系在很大的程度上可以用"熟悉的陌生人"来概括。

认识学生的困难在于，整体的存在与片断式呈现之间的对立与分离，多样性中包含着同一性及由此而带来的如何从多样性中来把握同一性，在场与缺席以及两者之间的同一性等。学生作为个体的存在，具有内在的同一性。所谓认识学生，就是要把握作为个体存在的内在同一性。然而，学生作为具体存在的同一性，却并不能直接地把握，而需要通过片断式的呈现、多样性的显现以及对缺席意向的把握为前提。在日常的教育生活中，教师所直接面对的，是学生的片断式行为表现，是由不同的行为表现所组合而成的多样性的显现，是面对学生时的在场表现。这样，教师对学生的认识就极有可能陷入一种行为主义的思维模式之中，即直接针对学生的行为反应而采取在教师看来是恰当的教育策略。殊不知，学生所表现出来的片断式行为，往往充满着假象和欺骗，而非学生的真实存在及其同一性。由此，教师陷入教育的误区便也不足为怪。

首先，教师需要从部分入手来认识作为整体的学生。必须要看到，学生的具体行为与其作为整体的存在是不可分离的。任何只从行为出发来思考学生教育问题的策略，都将陷入无意义甚至是恶性循环之中。学生的任何行为都是在尝试表达什么，无论是有意识的或无意识的。学生的行为意图而不是行为本身才是有效教育的出发点。在这里，这个行为意图是学生作为整体存在的具体反应。不从学生的行为意图或整体存在出发，而只是从学生的行为表现以及外在行为要求出发来教育学生，教师会有一种无力感。严格来说，如果教师能够参照学生的行为意图而不是着眼于学生的行为表现来教育学生，那么教育策略就可能完全不一样。当行为表现与外在的规范要求不一致时，问题并不出在这种违反外在规范的行为之上，而是学生尝试通过特定的行为来获得认可。学生获得自我认可的意图显然并无问题，问题在于获取这种认可的行为不符合外在的主体设定。因此，正确的教育应该是从内在的能够体现学生自我完整性的角度出发，而不是从外在的规范要求出发。尽管教师需要借助那个外在的参照，并且最终使学生以自觉的行动实现这个外在的参照。

其次，教师要从多样性中来把握同一性。如索科拉夫斯基所说的那样，同样的事实可以用多样的方式来表达，而且事实不同于它的任何表达。同样的意义能够通过许多其他尚未说出而且多半也不会说出的语句和表达项来呈现。如果不去思考学生多样性行为背后的同一性，则教师就可能会从一个错误的地方出发，选择一个错误的方向。教师在日常的生活中所直接知觉的，乃是学生个体身上所表现出来的多样性。而要把握同一性，则需要教师进行哲学的思考。

再次，教师不仅要关注学生的在场的表现，更要意识到学生缺席的表现，其中最重要的是学生的内在意识和情感。无论教师对学生多么了解，学生实际的内在情感和经验永远不可能以某种方式与教师的内在情感和经验真正地融合。当然内在缺席的东西总会以这种或那种方式而显现出来，但并非是直观的显现，而是一种间接的显现。这就需要教师让学生的内在情感和意识在缺席状态下被意向。学生以其现实的行为表现而将自己带到现场，然而，总会有某些东西被遮蔽起来，成为缺席的存在。缺席是一种现象，教师必须给予它以应有的地位。而学生的内在同一性也只有跨越了在场与缺席的差异才能够被把握。

认识学生必须要处理好三个关系，这对教师的认识提出了相应的要求。这种认识能力从某种意义上讲并非是一种科研的能力，而是一种哲学思考能力，即如索科拉夫斯基所说的那样，有能力辨识出经验的多样性之中的同一性，有能力对待缺席的事物，以及那些跨过在场和缺席而被给予的同一性。

了 解 学 生

了解认识自己的教育对象——学生，乃是保证教育取得成功或有效教育的重要条件。然而，如何了解和认识自己的教育对象呢？班级授课制下的教师所面对的乃是一集体的教育对象，从而使得对学生的了解面临着现实的困境。更为重要的是，如戈夫曼说的那样，个体直接处于他人面前的时候，很少会直接为他人提供关键性的信息，而他人若要明智地指导他们自己的行动，这种信息又是必需的。许多关键性的真相存在于互动的时间与场合之外，或隐匿于互动之内。这意味着，对学生的了解，必须要建立在互动的基础之上。然而，仅有互动也是不够的。我们在日常的生活中经常处于与他人的互动之中，但互动却并没有增进我们对他人的了解。互动必须要辅之以深入的研究以及在研究中所包含的了解意向；在这个过程中，所有参与互动的人们还要排除自己的偏见。

教师每日与学生相处，却未见得了解他所教育的对象。尽管当学生出现在教师的面前时，教师通常总会产生了解学生的愿望。不过这个了解学生的愿望未必会成为现实。在许多情况下，这与教师繁忙的日常工作有关。教师常常抱怨自己没有时间，抱怨自己的学生违反自己的教育意愿，等等。教师却很少思考这样的问题：我们自己是否在某些方面做得还不够，或者做得不够好，或者我们在尝试了解学生的时候，这个了解本身还存在一些问题。

无偏见地直面学生的行为表现，不带任何偏见对学生的行为表现作出价值判断，这是了解学生的基本要求。一个学生在课堂上和邻座讲话时，一声违反课堂纪律的指责，即包含着以一种纪律的观念来对课堂讲话行为之性质作出某种断定的评价。由此，一个提供了对学生很好的认识之契机的讲话行为，在一种先见意识的支配下，演变成一种课堂批评，从而阻碍了教师对学生的深入认识。课堂教学要求课堂安静。对扰乱安静的非学习行为的批评或许能够取得短暂的效应，却也带来了一些长远的问题，如讲话行为作为问题而可能被遮蔽起来。行动的逻辑虽然要求行动的持续，但不能因为其他的原因而中止；不过，对课堂纪律违反之批评，也仅仅在行动的意义上才能够成立。而从认识和了解学生的角度出发，则需要教师在采取行动之前进行思考，进行一番认识活动，将学生的片断式的行为表现与其生活史联系起来，以便真正地认识学生课堂讲话之本意。

实践行动的中止则是认识行动的开始。在这里，互动乃是基本的要求。如戈夫曼所说的那样，个体"真实的"或"真正的"的态度、信念、情感，也许只有间接地通过他的坦诚，或几乎是不知不觉流露出来的行为才能弄清。没有交往互动，就不可能获得学生讲话行为的真实意图。这里的"交往互动"乃是一种特定意义上的交往互动，并非是专指围绕学生的课堂讲话而在师生之间展开的对话与交流。教师需要借助学生的其他方面的行为表现，通过各种信息的搜集与获取，来洞悉学生的课堂讲话行为。无奈，很少有教师从学生的某种违规行为而进入到对学生的了解和认识之中。相反，在更多的情况下，是对学生的指责与怀疑。

了解学生（认识）是教育学生（行动）的前提。遗憾的是，许多教育者的教育行动都是在未充分认识学生的基础上展开的，或者说许多教育行动都是基于一种普遍或抽象意义上的认识而展开的。这样的教育不失败，那定是运气或巧合的结果。可惜的是，教师通常不一定有这样的运气或巧合。

统 一 短 发

某校要求男生必须剪成寸头，女生也必须剪成短发，否则就停课。该校校长表示，让学生留短发，省下打理头发的时间，把时间和精力都用在学习上，这样也能提高学生的学习成绩。此举一出，便引起人们的议论。

有论者认为，这种以剪刀代替教师的职责，不但体现了教育学生简单、粗暴的思维方式，还体现了教育者的懒惰。也有论者认为，学校企图以统一的发型，来规范学生抽象的意识倾向，这种做法显然有悖科学精神。发型终究是发型，是反映不了诸多意识层面上的问题的，统一留短发更解决不了这方面问题。如果学校害怕学生有不良的意识倾向，学交还是要从根本入手，引导学生树立正确的人生观、价值观。还有论者指出，剪掉学生的头发固然容易，但要如此剪掉学生的不良意只倾向绝无可能，还需教育者对学生施以不松懈的科学教育，这才是根本。不从根本上解决问题，学生的意识倾向问题还会像他们的头发一样，剪不断，理还乱。将以上反对的观点概括起来就是：统一短发体现了学校教育学生简单、粗暴的思维方式，体现了教育者的懒惰，统一短发有悖于科学精神，因此是要受指斥的；只是因为统一短发太过表面化，需要从表面的发型进入到更加内隐的思想层面，以"正确的人生观、价值观"来引导学生，做到统一思想，统一认识。后者才是真正体现科学精神，才是教育者勤奋的标志。发型可以看作是一种表达，一种思想意识的反映。发型出了问题，当然与学生的思想意识有关系。如此，则要否定的就不应该是发型，而是支配发型得以存在的思想意识。学校教育正是要从思想深处影响学生，统一发型并不能够解决学生的思想意识问题。

一个统一短发的举动，竟然引起了人们的异议，并且对此举动作出与学校相反的理解，很令人深思。一个学校自我管理所采取的举措，因媒体的介入，而成为一公共事件。由此，整个事情本身构成了一个意义现象，更值得人们去深思。

校长对学校统一发型的解释，以及反对者对此事所作的评判，形成了"统一短发"事件的意义整体。要理解这个意义整体，就需要将三个方面的立场综合起来分析。

从学校的立场来看，统一短发不过是一个有关学校纪律的问题，而纪律问题则正是学校和教师最感头痛的问题之一。学校教育需要学生施行特定的行为，这些行为是与纪律、权威、顺从、安静和秩序联系在一起的。由于相信人本质上有邪恶的倾向，因而一些人认为应该制订严格的校规来帮助学生，而不能任凭学生的自然倾向行事。从教育哲学的角度来看，统一短发之举动，是一种较为典型的保守主义教育理念在学校工作中的表现。由此，则统一短发与统一校服、统一礼仪一样，并无二致。其背后都不过是学校保守的价值取向的表现与反映而已。

从学校校长的表态来看，他们的统一短发行动与保守的倾向并没有关系，而只不过是从学习效率的角度，让学生留短发，省下打理头发的时间，把时间和精力都用在学习上，从而能提高学生的学习成绩。这样的解释倒也符合中国人实用理性的倾向。只不过，这种解释完全消解了学校对此事所做的理性思考，以及学校所信奉的教育理念与精神追求。

从反对者的角度来看，说学校的举动具有保守性，这并不意味着反对统一短发的论者就是自由主义者。实际上，反对论者所主张的引导学生树立正确的人生观和价值观，恰恰是自由主义者所反对的。严格说来，反对论者并不反对统一，而是主张更加深刻的统一，所反对的只是一种形式的或行为上的统一。反对者的调子是高昂的，"科学精神""懒惰""简单、粗暴的思维方式"等构成对学校在道德上的批判与否定。这种道德上的批判与否定较之意识形态更加有说服力，让人对学校之做法更加的反感与厌恶。而这种道德上的否定所要实现的，就是更加深刻的思想统一。

表面上看来，反对者似乎觉得发型只不过是学生的一种表达方式而已，学生应该有表达的自由。这就是说，如果是从自由主义的立场来对统一短发的行动加以指斥与反对倒也无可厚非。关键是，这种反对恰恰不是站在自由主义的立场，而是站在非自由主义的立场。反对论的这种内在分裂，在当下乃是一种常见的现象。面对公众的质疑和反对，学校往往缺乏自信与专业精神，不断地进行一些苍白无力的辩护，既不见其精神，也不得其要领。公众当然可以就学校统一发型发表自己的见解，而学校也完全可以遵循自己的教育理念，对学生的行为提出相应的教育要求。学校对公众的意见如畏猛虎，只能说明学校在公众舆论面前的弱小！

班级管理的民主迷思

现代教育学，普遍提倡班级的民主管理，以为无论从怎样的视角来看，民主管理都较其他类型的管理要好，也更富有教育意义。班级民主管理已经成为一种意识形态的话语，成为人们奉为圭臬的信条。反之，非民主的班级管理便等同于专断或专制，是落后和错误的，因而是必须要加以清除和批判的。

班级作为一个共同体，其秩序的建立和维持都赖于管理，而不能寄希望于未成年学生的自觉。从管理的意志来看，我们可以区分出不同类型的班级管理。民主的管理大体意指，班级的一切集体行动及相应的行为规范，都必须获得班级全体成员的一致认同，才具有"合法性"。至于这个一致的认同是票决的结果还是商议的结果，则并不重要。重要的是，它一定要通过这样一个程序，以此表明班级全体成员的集体意志。这种一致同意的管理模式，因其尊重班级的每个成员，且在社会民主的大背景下，而被人们视为最好的一种管理模式。

然而，上述有关班级管理的主张，似乎没有意识到民主作为一种管理模式所必需的前提。

首先，单就民主而论，现代的人们给民主赋予了如此之多的光环，以至于人们已经忘掉了柏拉图对政制的思考，忘掉了托克维尔关于民主的忧思，似乎也不太在意列奥·施特劳斯及弟子艾伦·布鲁姆对民主的反思。民主管理本身隐含着许多的问题，而并非如人们所想象的那样，是一种全优而无任何弊端的事物。不看到民主管理内在的缺陷，便不能算是对民主有一种深刻的认识。而倘若我们对民主的认识不深刻，则有关民主的评判便是武断的。

其次，就班级的管理而言，教师选择怎样的管理模式，则取决于班级的初始秩序状态。这个初始的秩序状态是教师选择管理模式时必须要考虑的因素。倘若一教师接手一秩序混乱的班级，秩序的建立将成为班级管理的第一要务。而这样的秩序建立大概是不能够通过所谓的民主的方式来实现，而必须要将全班的意志统一到教师的意志上来。这或许可以称之为一种专制的班级管理吧。

再次，即使不考虑班级的初始秩序状态，而单就班级内部的各项事务而言，选择怎样的管理模式，大概还需要考虑事务的性质。不同的事务有着不同的性质和要求，因而就需要有不同的管理模式。时间与任务的紧迫性将使得任何所谓的民主管理，成为解决问题之大碍，是必须要暂时放弃的。同样，当一项要求乃是人类经验的代际传递时，所谓的民主管理大概也不过是做做样子而已，全然没有实质性的意义。因此，在选择怎样的管理模式时，就需要考虑管理对象的特殊性质。这意味着，教师需要因事务之性质而选择适合的管理模式，在一种情况下需要应用民主的方式，而在另外一种情形下则需要应用专断的管理方式。

最后，必须要看到班级管理对象之特质，即班级是由一群未成年的、理智尚未成熟的、需要成年人加以教育和引导的个体所构成。这是一个特殊的共同体，即由成年人作为管理者，由未成年人作为被管理者而构成的集体。这个集体的成员构成本身就意味着民主管理的有限性以及一定程度上的专断性。所以，赫尔巴特对管理所提出的要求便是：满足于管理本身而不顾及教育，这种管理乃是对心灵的压迫；不注意儿童守秩序行为的教育，连儿童自己也不认为它是教育。

教育本身具有专断性。这种专断性无疑也会反映到班级的管理中来。教育的本质决定了我们需要严肃而审慎地看待班级的民主管理。重要的是，不要陷入民主管理的迷思之中，被"民主"二字所束缚。

班级里的告发现象

告发是中小学学生日常生活中常见现象之一。由于告发只是发生在教育的最微观层面，且发生在最不为人们所关注的学生群体之中，所以告发现象并没有引起那些教育理论家的关注。

告发通常是学生向班主任老师检举或揭发其他同学在教育教学活动中所出现的行为问题。其通常表现是：当某个学生的某种行为违反了教师或学校的要求，而教师又不在场的时候，学生就以秘密的方式将相关的信息向老师报告。通常学生告发的动机是什么，难以说得清楚，大体而言可以说是学生希望通过告发而在被学生视为权威者的教师那里获得好感或引起关注。告发使得教师对于学生的日常活动的监控得以实现，并成为教师控制学生的常见手段之一。

要分析中小学学生群体中的告发现象，就需要把告发行为与班级的管理特征联系起来。经验表明，告发现象通常发生在那些以专断管理或严密控制为特征的班级里。在这种班级环境中，教师的规定或命令就是"圣旨"，具有至高无上的权威，任何人都不得违反或破坏。实际上，在一个民主的环境中，人们是很少能够见到"告发"这种现象的。民主的环境之所以不见告发的现象，乃是因为集体的行动是由成员共同讨论来决定的，同时各种有关对团体成员之约束的规范也是讨论的结果。当个体在集体的行动中违反了共同约定的规范时，团体的成员都有权来加以指责，而违反者所应该承担的责任，也主要是由特定的主体来给予认定。由此来看，告发总是与教师的管理哲学紧密相连。从某种意义来看，任何类型的告发都是拥有权力或权威的人们诱惑之结果。当命令的发布者或规则的制定者与实际结果的执行者合为一体的时候，人们行动的各个方面都面临着严格的约束时，告发就会成为班级组织的一种常态。

然而，告发尽管是学校的日常生活中最微不足道的现象，但是告发的存在却具有极大的危害性。告发是班级组织的毒瘤，侵蚀着班级组织内部和谐，影响良好师生关系和同学关系的建立，同时阻碍学生道德情操的养成；告发同时还破坏同学间的信任关系，从而使得学生生活在一种人人自危的集体环境之中。遗憾的是，班主任在进行班级管理的时候，只看到告发所带来的获取相关信息的便利，很少看到告发行为本身存在的道德问题。

从告发所具有的消极影响来看，教师在班级管理时有必要消除学生的告发现象。由于告发总是与教师的专断的管理联系在一起，因此要消除告发现象，避免学生在告发中丧失道德自我，丧失现代社会所期待其成员的主体意识，唯一可行的选择就是改变传统的管理哲学。当班级的总体环境相对民主的时候，告发也就变成无意义之举。

争吵的师生

师生之间发生争吵，这是一个很不和谐的场面！

教师拥有话语权，不断地指责学生，而学生在整个过程中总是沉默以对。言说是教师的，学生只是倾听，由此构成了一个完整的故事。这个故事既是被经历的，同时也是讲述的。只是在经历的故事中，师生都是主角，而在讲述的故事中，学生则成为沉默的配角。故事有开端，有过程，但似乎没有结尾。

单向指责可能会引发争吵，在师生争吵的过程中，师生既是行为者，也是演员。而那些充当背景的学生，以及相关的教师，看似观众，其实他们与整个环境一起，构成了故事的背景，并影响着整个故事的进程与结局。不看到整体的情形，就不能算是理解这个故事的意义。

在师生争吵的故事中，谁是"主谋"？或者说谁是故事的制造者？很多人都可能认为，故事的制造者是学生。若没有学生的违纪，哪有教师与学生的争吵。而我则认为，故事的真正制造者是教师。请让我们重新确认一下争吵双方的身份与角色：教师（教育者）与学生（受教育者）；一个成年人和一个孩子；一个受过高等教育的人和一个正在接受教育的人。

谁更有能力控制这整个的故事？

这是由师生共同出演的戏。在这出戏中，教师则是戏的主角，学生不过是一个配角而已；但反过来也成立，从学生的角度看，学生是主角，而教师不过是配角。

一个师生争吵的画面，就是师生冲突的描述。争吵或因学生的某个违纪行为，也意味着师生对这样一个瞬间发生的片断行为的意义有着不同的理解。

"这个学生太差了"，教师向班主任说道。这样的话语已经在宣示着这样的主观认识：这个学生不可教，同时也在宣示着这样一种教师的自我概念，即对于这个学生我是无能为力的。

显而易见，这是一种错误的主观认识和自我概念。这种认识的错误在于，不可教和无能力教实质在于对学生的某个行为或一系列富有特征的行为意义的不理解。因此，不可教和无能力教不是教师的无能，某种意义上是教师在推卸责任。当问题归结为对学生的某个行为之意义不理解时，不理解则有两种可能：一是不可理解，一是可理解但不想去理解。不可教性的实质是不可理解性，如若可理解，则当然就知道该如何应对。这样，我们就可以对问题进行这样一种转换，即由如何对待学生的某种特征化的行为转换为如何理解学生的特征化行为。而这一切所需要的，只是转换一种思维方式而已。不过，这种转换何其难矣！

在一种叙事模式中理解行为的意义

人类行为的同一片断能以许多不同的方式进行准确描述。行为的可描述性为行为的意义理解提供了基础。关于行为的描述，通常所提出的问题是：在做什么。不过，仅有这样的描述是不够的，还必须要对行为的意图加以说明，以及说明他的行为有意或无意达到的后果。这意味着，关于行为的描述需要提出两个问题：在做什么和应该如何理解或解释这一特定行为片断。前者可以通过直接观察来获得答案，但答案的给予必须要借助语言的描述。后者则需要考虑行为的背景来加以理解或解释，即必须要以一种具有独特叙事历史的背景为先决条件。麦金泰尔认为，我们不能脱离意图来描述行为，而且我们也不能脱离背景来描述意图，因为正是背景使得那些意图无论对于行为者本人还是他人都可以理解。在这里，"背景"一词对于行为意义的理解具有极其重要的作用。麦金泰尔把背景理解为：一种制度机构，一种实践，某人的社会环境。其核心意义在于：一种背景就有一个历史，而个体行为者的诸历史不仅定位于而且不得不定位于这个历史的范围之内，因为没有背景及其历时变化，个体行为者及其历时变化的历史将是不可理解的。

关于行为片断、行为意力和背景的关联性，麦金泰尔认为：如果我们想以任何正确的方式将某个特定的行为片断与一个行为者的各种意图联系起来，从而也与这个行为者所处的背景联系起来，那么我们必须以一种确切的方式去理解，有关行为者行为的多种多样正确的描述是如何彼此相关的；首先我们应该辨识哪些特征为我们提示了一种意图，哪些没有，然后对这两部分中的细目做进一步的分类。这就是说，行为片断、行为意图和行为背景的相关性，需要从对行为片断的多种多样的描述切入，以发现这些不同的行为描述之间存在的相关性。行为意义的理解是从行为的描述展开的。例如，他在做什么？我们可以用多种描述方式来回答这个问题，并且要对所有这些行为的描述进行分析和比较。通常情况下，我们习惯于从行为的后果出发来理解行为的意义。例如，他在做什么？他在违反课堂纪律。这样的行为描述是后果性的，而并没有尝试去理解行为的意图，也没有将行为放在行为者的历史背景中来理解这个行为。

一个行为片断或许有多重行为的意图。但是，不同的行为意图有主次之分。不了解行为者的诸多行为意图，也就无法对行为进行描述。在对行为进行描述的过程中，需要区分真正属于行为者的意图与可能是行为的描述者所强加于行为者的意图。这是一个涉及多重行为意图的理解问题。多重行为意图的理解需要根据因果关系来区分出意图的主次与真假。排序可以按时间来进行。每一种较近的意图只能通过参考较远期的意图才是可以理解的；并且，只有当依据较近期意图对行为的描述也是正确的时候，依据较远期意图对行为的描述才可能是正确的。在麦金泰尔看来，这仍然涉及一个叙事的历史。

多重行为意图的理解是一个有关行为意图链的问题。按因果关系排序和按时间关系排序，是理解行为意图链的重要方式，而两者都涉及背景。关于背景，麦金泰尔的主张是，通过关注描述行为意图的基本词汇，来间接地把握背景。但无论怎样，准确地鉴别行为者的信念乃是描述和理解行为的本质性要素。意图、信念、背景和叙事历史构成了理解行为意义的四个基本要素。在这里，"行为"一词既包括明显的行为，也包括诸如态度、信念、期待、动机和渴望等主观行为（内隐的行为）。

麦金泰尔由此得出结论：我们将行为者的各种意图，按照它们在这个行为者历史中的作用而置于因果的和时间的秩序当中；同时，我们也参考了这些意图在它们所隶属的一种或多种背景的历史中的作用。当我们这样做的时候，当我们在确定行为者的各种意图在一种多种方向上有什么样的因果效应、他的近期意图怎样成为或没有成为远期意图的要素的过程，我们自己也在续写这些历史。一种特定的叙事历史结果成了描述人类行为的基本的和本质的样式。

上述论述表明，如果能够在意图、背景和叙事之间建立一种恰当的关系的话，那么人的行为之意义是可理解的。需要特别注意的是，所有那些可理解的行为都不是没有条件的。行为的可理解性取决于理解所必需的条件。否则，行为就可能会变得不可理解。对于一个行为的观察者来说，对于他者行为的意义，可能会有三种结果：可理解，不可理解，以及误解或曲解。如果某一事件显然是某一行为人的有意图的行为，但我们却不能这样确认它时，那么我们就会在理智和实践上都会感到困惑。我们不知道如何反应，我们不知道如何解释，我们甚至不知道如何最低限度地将它描述为一个可理解的行为。这种情形经常发生在教育与教学的情境中。发生在教师对于学生的行为反应上。对一行为的误解或曲解乃至不理解，都是与叙事的历史性的缺失有关。真正的理解需要确定行为者在一叙事中的位置，需要确定行为者的叙事历史。理解必须要考虑语境，在成功地确认并理解他人的行为的过程中，我们总是趋向于将特定的事件放到一系列叙事性历史的语境中，这些历史同时包括所涉及的各个人的历史和他们在其中活动与历史的背景的历史。

理解"差生"

一名"差生"，不断地与其任课教师发生冲突，这样的一种师生关系，到底怎么了？教育学反思，就是要系统地探讨师生间的相互关系，就是要系统地探讨教师对待学生的行为方式由以产生的概念、利益和观念。教师应当反思这样一些问题，例如应该如何与学生，特别是那些表现极差的学生相处？学生应该是什么样，应该做什么？教师应该是什么样，应该做什么？自然的态度却使得教师总是否定这种反思性的态度。

仔细地分析教师所写的事情，我们仍然能够发现其中存在的问题。在这类教育叙事中，教师所表现出来的无奈、抱怨、沮丧等情绪是可以理解的。但是，面对学生所表现出来的各种违反学校规定的行为，教师却没有一点愧疚，并将各种问题归之于家庭教育的不当，却又是令人扼腕叹息的。当教师希望学生对他说一声"老师，对不起，我错了"的时候，人们也希望老师能够说出这样一种声音："孩子，对不起，老师没有把你教好。"

一些学生在老师看来，是不可教的。于是老师就向班主任建议："叫他回去，为什么让他把一个班带坏啊？"这种呼声的出现不禁让人感慨万分。一个学生能够把一个班带坏，其能量已经远远地超过了教师的能量。就是说，与教师正面的教育力量相比，一个学生的恶作剧，能够完全抵消教师的日常教育行为。这是怎样的一名学生啊！由此而表明了这样一种教师自我：我是没有能力来把这种学生教好的。这种呼声直接宣示着教育的局限性，当然教育有其局限性。不过，教育的局限性似乎并不对某个具体的学生的教育而言，而是指向整个人性的。实践让教师产生无力感和无助感，但教师却很少来思考一下：一个学生发展到在各种事情上与教师对抗，到底是怎样发生的？在这个过程中，我是否存在某些方面的失误？

既没有勇气承认自己教育的失误，却又间接地承认自己教育的无能与失败，这是目前教育的一种普遍状况。实际上，有的时候可能连教育的失误都说不上，因为在许多情况下，教师根本就没有采取教育行动，有的只是对学生越轨行为的纠正与惩罚。这种仅指向学生的行为的教育只是一种虚假的教育，而不是真正的教育。

真正的教育是要走进学生的心灵的。不走进学生的心灵，就无从言及教育。走进学生的心灵就是理解学生，特别是要理解那些"差生"。不理解那些"差生"，就别指望可以在学校里进行理性的行动；而假如我们要理解"差生"，那么教师就不能仅仅关注那些好的学生，以及那些"差生"的外在行为，而应该关注"差生"以及那些附和"差生"的学生的行动的目的和动机。有关"差生"及及其目的、动机之根源和发展，它们的本质都应该成为教师的理智的对象，并调动所有的理智资源，对其进行批判性检讨。

情感的民主与学生管理

在有关师生冲突的各种描述中，我们都可以发现这样一个现象：所有的关注都指向学生的某些不良行为和违纪行为。这里，学生完全处于一个被指责的地位，处于等待教师发落的状态，而很少能够见到教师对某些反应行为（针对学生的违纪行为而作出的反应）的讨论与思考。偶尔可以见到学生对自己的行为的"据理力争"，但这种"据理力争"也会被教师斥之为"诡辩""无可救药"，或者是"无理取闹"。而当学生试图将争论引向教师的行为表现时，则结果只会是更进一步的批评与指责。

这种现象所隐含的现象可以看作是师生关系不民主的表现。通常讲民主，多指公共生活领域中的民主。然而，在讲民主的时候，有一个重要的维度，那就是"情感的民主"（吉登斯所使用的一个概念）。它原本是用来描述家庭生活中的两性关系的，是指男性和女性以平等的方式参与家庭生活的形式。不过，这个概念似乎也可以用于学校生活的师生关系，强调使师生关系建立在相互尊重、沟通和宽容的基础上。的确，只有教师说话的份而没有学生说话的份，是无论如何也无法在师生间建立起情感民主的。或许教师平时也能够就师生的民主关系说上一二，然而真正将这种言说变成行动，大概还有很长的路要走。

一种真正具有情感民主的师生关系，应该是什么样的呢？我们还是以师生冲突为例来说明。在师生冲突的过程中，或者当师生冲突发生后，一个显著的特征是，学生完全处于一种被预先认为是"错误"或"有问题"的地位，所有的过错在不可争辩的情况下已经预先地给予确定了。这主要表现在三个方面：第一，学生不能为自己的行为辩解，而只能承认错误并表明今后改正错误。至于在整个的冲突过程中，错误到底在教师还是在学生，这是不允许讨论的。因此，我们通常所发现的是，许多严重的师生冲突都是因学生的辩解行为而加剧或变得更加激烈。第二，学生不能指出教师行为的问题。这意味着，在任何时候，错误的只有学生，教师是不会有错误的。即使真的有错误，也是不能够指出来的。第三，就师生的理智与情绪表现而言，似乎总是教师先失去理智，并以极情绪化的行为表达自己的某种不满或愤怒。在这种情况下，学生的情绪很可能被激发出来。基于这样的情形，我们不妨这样来描述情感民主的师生关系所具有的特征：学生的自我辩护，即允许学生为学生的行为说明理由，以此表明其行为具有某种正当性。至于行为最后是否能够获得正当性辩护，这并不重要。重要的是，要允许学生辩护；学生可以将有关争论的话题引向教师的反应行为或行为表现上；师生双方在整个的对话过程中，都应该是理性的而非情绪化的。只允许教师说话而不允许学生说话，或者对学生所作出的任何可能的辩护都加以指责，只会使学生更加情绪化和非理智化。

现代教育主张教师应尊重学生。尊重主要体现在教师对学生的倾听与理解上，不可先入为主地以为，学生的某种行为都有某种特定的意图。学生的行为意义与其行为后果往往是不一致的。客观上所带来的效果，往往不是学生主观的意图。沟通比指责将会更具教育意义。倘若教师不能够和学生进行有效地沟通，那么这种行为后果大概不能归责于学生。这就是说，不是教师不想沟通，而是教师基本上没有与学生进行沟通的可能性。如果是这样，那要另当别论。

沟通就是就某个事情或事件交换彼此的看法与意见。为什么遇到一点小事就不分青红皂白地加以指责呢？教师应该认识到，那些有问题行为的学生，其行为的意图大概不会有什么问题，真正有问题的，是学生实现其意图的方式。例如，学生想引起教师的关注，这有什么错呢？错在他不应该以违纪的方式来达到引起教师关注的意图。学生想成为班级的中心，这原也无错，只是不应该以不恰当的方式来实现其意图。倘若通过沟通教师真正地进入学生的内心世界，了解学生的行为意图，那么或许能够找到解决学生问题的钥匙。

显现与关注：怎样面对问题学生

在学校的教育生活中，我们会遇到个别极其难缠的学生，频繁地与教师发生冲突，并且存在着暴力行为，如结成团伙殴斗同学，破坏学校的公共设施，等等。无论是班主任还是任课老师，都会感到头痛。在义务教育阶段，不能开除学生，同时教师没有更好的方法来处置这类学生，所以他们的存在给班级的日常生活以及同学的学习造成很坏的影响。不能说老师没有尽心尽责，但是这类现象的存在以及教师在这类学生面前所表现出来的无奈，的确值得我们深思。

首先，我们需要分析师生之间发生冲突的缘由。实际上，教师和学生发生冲突，往往都是因为很小的事情。例如，学生上课没有把课本拿出来，或者没有交作业，或者是冒充教师角色以制造一种滑稽的场面，等等。概言之，冲突的发生与学生的违纪行为有关。在冲突的发生过程中，学生的违纪行为在先，教师处理违纪行为的行为反应在后。当教师做出某种行为反应而学生对这样的行为不满意时，冲突很可能就要发生了。我们且看这样的描述：

> 昨天你再次与老师发生冲突。这是语文老师第五次向我反映了。她都被你气哭了，她上课时你居然代替她向同学们问好，请同学们坐下。而且她叫你出教室反思过错时，你居然逗教室内的同学笑。大家狂笑时，老师只好出来干涉你，你却大步跑开。

冲突的起因是"代替语文老师向同学们问好"和"出教室反思"。面对这样的冲突，我们能说些什么呢？我们似乎不能指责教师，因为当任何教师遇到这样的事情时，都会加以管理并予以教育。"出教室反思"当然也是一种选择。不过，这种选择本身是否是唯一的且最有效的呢？事情的结果倒能对此问题作出回答。我们似乎也不能指责学生。因为，学生是发展中的人，在其发展阶段，总会存在着这样那样的缺点与不足，而教师的责任恰恰是在纠正学生身上的问题。换言之，学生身上存在某些问题，乃是一正常现象，本也不足为奇。

再看下面的案例：

> 你又与生物老师发生冲突了。老师说你上课从来没有拿过书本，提醒你，你不听，根本没有看过老师一眼，仿佛没有听见的样子，气得他只好走到你面前拉拉你的耳朵。你却借此弄得全班大笑，老师再次提醒你，你竟和老师争吵。

以上冲突表现的行为链：不拿出书本—教师提醒—不听提醒—拉耳朵—争吵。所有的冲突都起因于学生的违纪行为，不过，这似乎并不重要。重要的是，教师对待违纪行为的反应。在师生发生冲突过程中，教师的行为反应起到了非常重要的作用，甚至是主导性的作用。尽管我们说，教师也有教师的难处与苦衷。分析教师的反应还可以发现，教师所关注的，乃是学生的行为表现，而没有触及学生的内心深处，没有去思考和分析学生行为背后的动机与意图。针对学生的行为当然没有什么不恰当的，但是，倘若不顾及学生的心灵、思想、情感与意识等内隐的行为，那么外显行为的改变或矫正大概也不会有什么成效。

其次，我们需要探求这些事情最终的处理办法。在通常的情况下，这些问题都会被教师带到班主任那里，交由班主任处理。当一名学生和班上的任课教师发生冲突时，没有教师不将这事提交给班主任的。表面上看，事情的处理权力在班主任处，而实质上这是任课教师在向班主任施加一种隐性的压力。例如，班主任写道：

> 你又与英语老师发生冲突了，老师说你每节课都没教材，没一节课在听课。你又吵上了，作业不做的事情被老师一天天的数出，你死不承认。英语老师不想说什么，就只对我说，"叫他回去啊，为什么让他把一个班带坏啊？"

当任课教师不断地向班主任反映某个或某些学生的情况时，这种反映本身就体现了班主任工作的一种政治生态。无论如何，班主任都必须要对这种集体性的施压作出相应的反应。

再次，学生需要教师和班主任的关注。班主任的关注在某种意义上是科任教师关注的集中表现而已。教师通常关注什么？大多数案例所呈现出来的，是教师对行为的关注，而鲜有对行为背后意图的关注与分析，鲜有对行为意义的理解与关注。由于没有真正把握学生违纪行为的本质，因而针对行为的策略往往无效。

教育是一项极其复杂的实践活动。其复杂性就在于，它要触及人的内心，否则教育就难以获得成功。有时，在实际中，教师已经没有多少时间和精神来深入学生的内心世界，同时也没有多少兴趣来关注学生在想什么，通过某种行为想表达什么。教师的愿望已经变得非常简单，即学生的行为与某种外在的规范保持一致。简单的愿望又是可理解的愿望，因为整个的教育就处于一种划一的管理语境之下。人们在论及行为的时候，往往只是把行为看作是外显的状态，而没有看到，行为也可以是内隐的，思想、意识、情感、意图等都是内隐的行为。教育不能仅仅停留在外显的行为上。

教育是一项极其复杂的实践活动。其复杂性就在于，它不是单纯的个体的事业，而是需要群体的相互合作与密切配合，需要形成一个有共同教育理念的教育共同体的存在。班主任在工作中受到来自教师的压力，恰恰表明这样的一个教育共同体并不存在。看起来是一个教育的"集体"，但这个表面上的"教育集体"并不拥有共同的教育价值观，集体之成员并不有某种共同的教育理念。例如，当任课教师都在关注学生的外显行为时，班主任便也不得不关注学生的外显行为。面对一个好学生，大概是不需要教师有什么高超的教育艺术的，而一旦面对一个有严重问题行为的学生时，教师的能力与水平的差异就显现了出来。

教育是一项极其复杂的实践活动。其复杂性就在于，成功的教育需要教师理解学生。理解学生是不同的教育理论都认可并倡导的原则。但是，如何理解学生，却绝非易事。我们往往只是通过教师所看到的一面来对学生作出某种判断；而没有注意到，学生在向教师呈现的同时，还有许多未曾呈现出来的东西。学生是一个完整的整体，有其非常丰富的内心世界。外显的行为当然是一种显露，教师所看到的也是一种显露，只是不显露的永远多于显露出来的。在场与缺场、显露与隐藏、以这种方式显现而不是以那种方式显现等，都是理解学生所不可或缺的。当学生以违纪行为的方式来显现其自身时，这种显现方式到底意味着什么，就需要教师进行深入的思考了。

帮助学生兑现承诺

在教育现实中，许多教师都会遇到这样的问题，即学生承诺的失诺问题，如在写了保证书后继续犯同样的错误。学生的承诺总是有其前因的。承诺什么，为什么要承诺，承诺是否实现，三者并非孤立的，而是紧密地联系在一起的。学生承诺的对象在承诺的时候并不存在，而只是一个心灵的对象。这个心灵的对象能否成为实在的对象，需要教师的帮助。有意思的是，许多教师在学生作出承诺后，就以为承诺会自动成为实在的对象，而忘记了由于学生自身的不足，这个心灵的对象能否成为实在的对象，是有着很大的问题的。

帮助学生实现承诺，意味着教师不仅要求学生认真地对待其承诺，而且教师也要认真地对待学生的承诺。在许多情况下，教师只是要求实现承诺，却对如何实现这个承诺漠不关心。而当学生不能实现其承诺时，则施之以批评、训斥甚至是惩罚。这个时候教师忘记了一个重要的教育问题，即学生实现其承诺本身就是学生的自我成长与发展，是学生的自我实现。诸多的问题并不出在学生是否作出承诺上，而是根源于教师没有帮助或指导学生如何实现其承诺。

教师对学生承诺的指导并不仅仅出现在承诺作出的行为努力上，而是在作出承诺的时候就要进行。最重要的是，教师要指导学生作出适合其能力的承诺。一些承诺之所以无法实现，是因为它本身就超越了学生实现承诺的能力。如果教师听任这样的承诺，则不仅实现不了承诺，而且也会严重地影响学生未来进一步发展。从学生的角度来看，一种承诺就是一种自我许诺；而从教师的角度看，则是一种教育要求。由此，对于学生来讲是作出承诺而对于教师来说就是提出一种教育要求。这种教育要求既不能过高，当然也不能过低，要适合于学生的发展水平，同时也要有着明确的指向性，即指向学生在行为方面的缺陷。而当学生已经作出承诺后，则教师要不断地提醒学生努力实现自己的承诺，即努力要将自己的心灵对象通过自己的行为努力而使其成为实在的对象。如果学生向教师承诺第二天完成某项作业，则教师就需要不断地督促并指导学生，在承诺实现的时间内完成其作业，而不是等到未实现承诺时再向学生兴师问罪。最后，当学生以其行为而实现了自己的承诺时，则教师仍然需要给学生以应有的关注，例如对实现承诺行为的赞扬与鼓励。

概言之，帮助学生实现承诺需要教师三个方面的指导，即许诺时的指导，实现承诺时的指导以及承诺实现后的指导。帮助学生实现其承诺，重要的是要注意学生的心灵对象是什么。这是一个可以进行变换的对象，至少在心灵上可以做到。学生心灵的对象可能有许多种，但与学生能力相适应的心灵对象未必很多。实际上，学生的各种承诺通常都与其行为有关，如保证上学不迟到，保证完成作业，保证背诵课文等。

如何面对学生的沉默

在很多时候，教师不得不面对学生的沉默。这里所说的沉默并非是教师面对学生群体，如在课堂教学提问时所面对的沉默，而是在教师面对学生个体时，譬如，当教师向学生问话的时候所产生的沉默。因为沉默，教师往往无从得知学生的某个行为的真实意图以及事情发生的整个过程，因而也就无从恰当而有效地处理学生在学校日常生活中的各种问题。

但是，学生的沉默却给了教师思考的契机。学生的沉默意味着什么？从这个意义上讲，学生的沉默也未见得一定是坏事。至少教师从学生的沉默能够了解到，学生的一些事情是不愿意告诉老师的。

沉默意味着无语，意味着无话可说或有话而不愿意说，意味着不愿意将自己的内心世界向他者袒露，意味着沉默者对某些特定事物或对象的一种直观态度。一般的教育研究强调对沉默原因的探讨与分析；但是，仅仅是探究沉默的原因，对于教师的教育工作来说是远远不够的。教师必须理解和洞察学生的沉默行为所内含的意义。特别是当学生的行为在教师和同学两个不同的对象面前呈现出巨大的反差时，就更应该如此。因此，教师必须要在学生的沉默的表现和与同学交往时的非沉默表现的反差中发现其意义。对教师的沉默与对同学的不沉默本身就已经透露出许多的信息。在和同学的交往中，即使面对教师沉默寡言的同学也会有语言的交流。而交流则必然意味着要打破沉默。如此，则学生的沉默便是有选择性的。对谁沉默，对什么沉默，都会有明确的选择性。例如，对同学是否仍然沉默呢？在谈论网络游戏的时候，是否还是保持沉默呢？沉默现象，恰恰是教师应当关注的现象。但是，沉默仅仅引起老师的注意显然是不够的。教师还必须探询学生沉默之意图。如果仅仅关注学生对什么不沉默而不去关注对什么沉默以及对谁沉默，那么教师就会对学生产生完全不同的理解，从而便会有对学生的完全不同的行为表现。唯如此，教师才有可能真正地进入对教育的反思之中，才有可能让学生进入教师的内心世界，同时也让教师走进学生的内心世界，理解他的沉默。走进是相互的，不仅要求教师走进学生的内心世界，同时也还需要让学生走进教师的内心世界。

沉默是学生的自我理解的外在表现。但是，要通过沉默而获得学生的自我理解，我们需要借助反思和洞察来对他者的生活体验进行研究和分析。在这个过程中，一切假设都必须抛弃，就是说，我们需要以无偏见的方式对待他者的经验。

不过要真正地理解学生的沉默，还必须了解学生的整个生活史或生活背景，以及每个学生在日常生活的表现。一个平时在同学中间滔滔不绝的学生，在某个事情上却对教师沉默，当然是一种反常的或不正常的现象；反之，如果一个学生平时沉默寡言，在他面对教师的时候更加无言，这当然是另外一种情形了。这意味着，教师需要在差异中来理解和洞察学生的沉默，而不仅仅看沉默本身。

每一个学生都应该受到独特的对待

所有的存在都是独一无二的。由此命题出发，则产生另外一个教育命题，即每一个学生都应该受到独特的对待。现实生活中的学生各自拥有独特的偏好、性情以及心灵的倾向。教育只有根据这些特点来展开，才可能收到期望的效果。从某种意义上讲，这恰恰是因材施教原则的另外一种表达。不过这其中又有着某些差异，主要表现为每一个体的自然的性情与中国传统文化教育语境中所说的"材"在内涵上的差异。尽管都强调尊重独特性，然而这独特性是什么，却有着不同的解读。

在集体教学组织形式下，每个学生的独特性如何才能够被顾及呢？当班级规模超过了正常核定的标准人数时，所谓照顾学生的独特性不过是一种空洞的言说而已。但我们真的一点办法也没有吗？比如，教师能否在一个班级内部，根据学生的性情，而对学生作出类型的划分，将学生区分为若干种类型。相同类型的学生组成学习小组，而这个组织化了的学习小组，我们还可以采取类似于法律上设定的"法人"的做法，将这些学习小组人格化。

然而，要在实践中实现对学生的独特性的类型化，就需要教师认真地研究学生。新课程的实施提倡教师成为研究者，这当然是一种全新的理念。但是在实践中，研究的内容和问题并没有发生根本性的改变，或者说教师仍然在沿袭传统的教研思路，侧重于对教材进行研究，侧重于研究典型课例，而很少见到教师对学生的研究，特别是对学生的独特性的研究。而如果不研究班级中每个学生所具有的独特性，则无论是因材施教也好，还是"每一个儿童都应该受到独特的对待"也好，都将是一句空洞的语言而无任何的实践意义。

仅有对每个学生的独特性把握是不够的。从教师的主观出发，则教师首先有独特对待学生的意识，即意识到学生的独特性以及好教育就是要给予学生独特的对待的教育观。教师从事教育工作，不能受到流俗意识的支配，例如在功利主义的影响下，只是关注那些具有升学潜力的学生。在日常的生活中，流俗意识对于真正的教育来说乃是致命的伤害。由于受流俗意识的支配，所谓每个学生都应该受到独特的对待，就成为人们嘲笑的对象。普遍性教学成为教师日常教育教学工作的出发点和基本原则。适应于这种普遍性要求的学生由此脱颖而出，而不适应这种普遍性要求的学生将在激烈的升学竞争中被淘汰，并且还被教师划入不适合学习的行列。因此，在现行的班级授课制下，根本的冲突与矛盾，是学生的独特性与教师的普遍性要求之间的冲突与矛盾。一个好教师，就在于他能够很好地解决这样的冲突与矛盾。

实际上，教育学每一个命题的实践意义，都是建立在若干相关命题的实践基础之上的。没有相关命题的支持，则任何单一的命题就只具有理论的意义和价值而已。令人困惑的是，无论是在理论上还是在实践中，人们似乎仅仅满足于单一命题的义理阐释和制度规范，而很少考虑该命题所包含的教育理念之实现所必需的条件或前提。就"每一个儿童都应该受到独特的对待"而言，如果没有教师对学生的研究，没有社会对教师提出研究的角色要求，我想洛克的这个想法是难以实现的。然而，对于洛克来说，相关的支撑性条件已经完备地存在了。因而对于他而言就没有必要再去讨论研究学生的问题了。

用什么来证明自我的存在

笛卡尔说，我思故我在。"思"先于"在"，而不是"在"先于"思"。其实从生成的角度看，应当是"在"先于"思"，没有在何以思；而从对"在"的把握来看，则"思"先于"在"，没有思，也就无所谓在。

尼采曾说，我矛盾和混乱所以我在，或者说是我烦故我在。一切存在都难以证明，亦难以言说。唯有我的矛盾和混乱才最诚实地叙述着我的存在。处在幸福或快乐之中的人，当然应该是无矛盾和混乱的人，那么这样的人，就已然不在了？他们的确不在了，因为他们已经成为了末人。所以施特劳斯评论道，从反马克思说的观点看，马克思的未来的人正是末人，最低下、最堕落的人，无理想无渴望的畜群人，但他们有的是好吃好穿好居所，且身心皆有好治疗。以这种观点来看，倘若人无忧无虑，则就不能称之为人了。这种观点我们在卢梭那里也能够见到。卢梭认为，生活，并不就是呼吸，而是活动，就是要使用我们的器官，使用我们的感觉、我们的才能，以及一切使我们感到我们的存在的本身的各个部分。生活得最有意义的，并不就是年岁活得最大的人，而是对生活最有感受的人。虽然年满百岁才寿终而死，也等于他一生下来就丧了命，如果他一直到临死的那一刻都过得是最没有意义的生活的话，他还不如在年轻的时候就走进坟墓好哩。一个人对生活的真正的感受，其实不是快乐和幸福，而是一个人所经历的磨难与痛苦，是一个人所必须面对的矛盾与混乱。

为什么尼采说这个"我"以及"我"的矛盾与混乱，并诚实地叙说它的存在呢？根本的原因或许在于，一个人之存在，就是摆脱矛盾与混乱。而存在的意义也恰恰体现在这个摆脱的过程中。倘若一个人生活得如此之快乐或幸福，以至于不需要有任何的行动，那么这样的人岂不就是一个活死人。这样的人又拿什么来证明他的存在呢？

人总想逃避矛盾与混乱，但人绝不可以走出矛盾与混乱。一个矛盾与混乱的克服，将把自己带进下一个矛盾与混乱。无矛盾与混乱的状态，那是死亡，是不存在。由于矛盾与混乱的不可消除性，所以人就发明出心灵的毒药来麻醉心灵或者鸩杀心灵。

满足学生的需要

人们常说，要成为一名优秀的教师，成为学生的真正的导师，就应当研究学生的需要。我们要进行观察，研究他需要什么，找出他的需要之后，加以满足。如果我们仅仅停留在这里，那么我们什么也得不到，也不会给教育带来什么有益的帮助。只有在教育者对"需要"本身有了一个深刻的理解和把握之后，"研究学生的需要"才会成为一个有意义的实践命题。而前者是在普遍的意义上来言说需要的。需要大体可以分为两种，即自然的需要和社会的需要。当我们研究学生的需要时，无疑要从两个方面入手；而更为重要的，则是学生的社会需要。在一个学生群体之中，不同的学生，其社会需要是有着非常大的差异的。不把握这种社会需要的差异性，也就不能说把握了学生的需要。

以上仅仅是从命题自身的意义来加以讨论。但是，隐含在这个命题背后的，有着更多的教育学问题。例如，倘若在一个班级中，学生有不同的需要，那么各种不同的需要如何能够同时给予满足？至少在班级授课制的组织形式下，这是一个极其困难的问题。再如，如何对待学生的不合理的需要？如果真的存在学生的不合理的需要，那么教育就不是一个需要的满足问题，而是一个对不合理的需要加以改造的问题，即通过教育而消除学生的不合理的需要，进而形成合理的需要。在这个意义上，教师就应该懂得教育哲学，从更加抽象和一般的意义上对需要本身加以思考。无论是自然的需要还是社会的需要，恐怕都有一个合理或不合理的问题。

"满足学生的需要，促进学生的发展"，这样的命题当然是令人兴奋和激动的。但是，难道这里面就没有负面的东西存在？满足学生的需要，会不会成为学生指挥和控制教师的策略？卢梭的教诲不得不引起我们的重视。卢梭说，孩子们起先哭的几声，是一种请求，如果你不提防的话，它们马上就会变成命令的；他们的啼哭，以请求别人帮助他们开始，以命令别人侍候他们而告终。

教育不能不慎！教育者亦不能不精心选择！

差生！差生？

差生，一个预设的概念。

恰恰是这个预设的概念，却往往支配着教师的教育行动。这意味着，在教师走近某个学生的时候，他已经将这个学生视为低于平均水平状态的个体。

因为是差生，所以教师感觉没法教。第一，学生不愿意学，第二，教师无论怎么讲，学生也听不懂，所以如果出现学业成绩方面的问题，责任在学生而不在教师。

然而，学生不愿意学或听不懂，正是需要教师通过教育艺术而加以解决的问题，现在却演变成学生放弃自己教育责任的借口以及教师不履行义务的理由。在这里，"基础差"通常是最为常见的理由之一。教师没有意识到，教育的内在价值正是在于消除"基础差"这样的问题。

"差"是给定的教育前提，是教育的出发点。由此出发而采取高超的教育艺术，则可使这个出发点发生根本性的变化。而要做到这一点，就需要教师认真地研究"教"与"学"之间的融通关系，真正解决"学生不想学"和"学生听得懂"两大难题。教育的真正价值就体现在这种"难"之处。

　　放平心态，正视"差"这个现实，并从这个现实出发吧！

"三好学生"评选的废与存

　　我国著名教育家顾明远先生曾在一个基础教育学术会上呼吁：停止评选"三好学生"，因为"三好学生"于无意中会"过早给孩子贴上好学生与坏学生的标签"。中小学校教育阶段是基础教育阶段，每个学生都是未成年人，评选"三好学生"实际是把学生分成三六九等，这样会给学生造成一定心理压力，同时在感情上伤害未被评上"三好学生"的孩子，不利于学生健康成长。有的孩子大器晚成，在小学阶段会表现得非常一般，如果过早地给他一些"你不如别人"的心理暗示，会影响孩子今后的成长。

　　提出废止"三好学生"评比的主张早已有之。只是这种主张一直未得到教育行政部门的置理，以顾先生在教育界的身份和地位，这种不予置理本身似乎就能够说明问题。这里不仅仅是一个废止"三好学生"评比的优劣或利弊的问题，也不仅仅是为何还有那么多人热衷于"三好学生"的评比，而在于这样的一个事实，即"三好学生"评比为何难以废止？

　　认真地分析"三好学生"评比制度会发现，这个制度的实质乃是"评先进""评模范"的激励机制在中小学学校的表现。中国社会什么时候开始兴起这个"评先进""评模范"的制度，似乎难以考证。考察现代史则可以发现，至少在第一次国内革命战争时期，评先进的做法就已经在根据地流行。再溯源更远的历史，我们还可以在皇帝对于百姓和官员的表彰中发现它的渊源。而在当代中国，这种评先进的制度更是无处不在。例如，事业单位的年终评优、一年一度的劳动模范的评比、不同行政级别的名师称号的设立等。一定意义上，它是社会主义劳动竞赛制度的表现，是政府用以激励人民奋发向上的策略。当成年人世界盛行各种形式各种名号的评进行的制度时，这种制度自然会向未成年人世界迁移，终而成为这个劳动竞赛活动的组成部分。

　　这就不难理解，取消"三好学生"评比制度为何如此之难。实际上，即使取消了"三好学生"的评比制度，那么也会有其他类似的评比制度取而代之。名虽不同，质仍然如旧：给人贴上标签。我们反对给别人贴上标签，然而我们又热衷于给人贴上标签。为什么会这样？给人贴上标签，表明了某种强制力的存在，也表明了某种权力机制的存在。我们每个人和每个社会组织得面对多少这样的标签，标签背后的东西是什么？标签控制在谁的手中？每个人都尽可以根据自己的经验作出应有的回答。

在特定的社会之中，社会组织所制定的微小而具体的制度，都是这个社会根本制度的具体反映与体现。从根本上说，它们都是受制于这个根本的社会制度安排的。无论社会对其基本的制度作出怎样的安排，都具有其相对合理性，都是受到社会给定前提的约束的，其好或坏难以定论。然而，就组织系统内部的制度变革而言，如若不考虑社会的基本制度安排，则只会带来社会某种秩序的混乱，其危害可能要比保持现有的制度大得多。

这样说并不意味着我反对废止"三好学生"评比，而只是想表明这样的观点，即无论存与废，还有一些根本性的问题需要我们进行理性的思考。任何主张我们都可能会指出其相对合理性来为其存在进行辩护，然而，任何主张我们也可以找到其弊端而为反对它的存在进行辩护。关键是，存在或不存在的可能性如何？存在或不存在的实际结果如何？

学生的"古怪"

到一所农村初中调研，了解有关农村留守儿童教育情况。学校的洪校长在讲到留守儿童存在的问题时，曾用到"古怪"这个概念，说留守儿童性格都比较怪僻，不同于一般的学生。并举出这样一个例子加以说明。

　　一个七年级学生，其舅到学校向班主任问询，为什么不布置家庭作业。该孩子的父母都在外面打工，孩子寄宿在他家，每天晚上都不做作业。问则答老师没有布置作业。班主任说老师每天晚上都给学生布置了家庭作业。该生的舅舅回去以后，将该生狠狠地揍了一顿，结果该生便开始不到校上课。后其舅强行将该生送到学校。然而，该生就是站在校门前，怎么拉也拉不进来。班主任老师来了，科任老师来了，教导主任来了，最后校长也来了。该生就是一言不发，任怎么劝说，任怎么拉他，就是坚持不进校门。最后该生的舅舅、学校的老师以及校长都放弃了，任其站在学校门前而不去管他。有意思的是，下课后，同班的同学下楼来和他聊天，结果上课铃响后，该生进教室了。

无疑，这是洪校长的一次切身的体验。然而，这种对留守儿童"古怪"性格的体验到底意味着什么呢？用解释现象学的发问方式，即到底是什么构成了洪校长这一生活经验的本质呢？显然，"古怪"一词包含了洪校长对留守儿童的解释，以及对该生所表现出来的行为之间的理解：留守儿童不同于非留守儿童，尤其是在性格方面，显示出与众不同的特征。这种与众不同的特征对于作为教育者的洪校长来说，其行为似乎是不可理解的。因其不可理解，所以在他者看来是"古怪"的。不仅如此，在对留守儿童行为之"古怪"的描述中，还隐含着洪校长对非留守儿童行为意义的解读以及对正常儿童所赋予的意义：教师乃至学校应该具有对学生的绝对的或足够的影响力，从而能够改变学生的某些特定的行为表现；而一旦教师或学校的影响力无法达到这样的目的时，则一种反常的或非常态的现象便出现了。这种"反常的"或"非常态的"的表现，是观察此现象的人对该生行为特征的一种高度的概括或归纳。

对该生行为的"古怪"体验意味着体验者所理解的某种教育关系的存在，正常的以及非正常的双重含义。透视这一生活经验，则我们可以在所描述的"古怪"行为中发现某些特定的学生与学校以及与教师所具有的特定社会关系。从反思的角度来看，则体验者与对学生所作出的体验，即感受到学生行为的"古怪"，其背后乃是学生与其科任教师以及其班主任的某种非常态的关系。而这种非常态的关系又是以某种常态的关系作参照标准的，即学生对学校或教师的服从与听从教导的关系。

"古怪"意味着观察者对该生行为所表现出来的意义之不理解，

由于该行为的特定情境没有被特别地显现出来，以及对学生行为的意义难理解，所以才有了这样一种独特的体验。然而，这种不理解乃是合乎情理的。因为该生并非是洪校长直接教育的对象。他只是作为校长而表现出校长应尽的责任。显然，该生"古怪"行为发生的情境是非常重要的。学生的不交作业、舅舅的体罚以及学校大门等构成了该古怪行为的主要情境。对课堂的拒绝进入则是其直接的行为表现，而其背后的动机则似乎没有人去做探究，也就是教师在这里并没有尝试去探索该生拒绝进教室的行为意义。从直观的意义上看，拒绝进教室是该生的一种反叛或者是一种对待舅舅体罚的消极抗议。然而，这是否也意味着这是学生的一种引人注意的表现呢？或者是对班主任以及其他科任老师漠不关心的无声抗议呢？

对于该生，班主任老师真的该做点什么来帮助他。因为这个学生需要帮助！

当然还有许多值得思考的问题。如，学生不交作业，班主任和科任老师并不知情，还要等到其舅到学校来查问，这本身又意味着什么？又如，舅舅体罚其外甥，对这个学生来讲又意味着什么？在该体罚的行动中，某种愤怒情绪的存在是不可避免的。由此，蕴含着其舅对教育意义怎样的理解，以及他想宣泄怎样的情绪？

把问题诊断清楚

下面这段话是一名中学老师的困惑。

当班主任快一年半了！感觉一个班级的孩子基本能健康地成长，班级各项纪律也还好。可有时，我感觉压力很大——怎样才能真正培养他们学习的自觉性？我在班上的时候，学生表现普遍不错。我不在班上的时候，极个别同学就不能严格要求自己，问题是我想管好他们，我还要带着"镣铐跳舞"。对每个犯了错误的孩子都苦口婆心地谈半天……我既不是心理咨询专家，也不是警察！当个老师，只能尽己所能，为他们创造一个更好的环境！十点半了，再到寝室去转一圈，看他们睡了没有。当老师只能凭着良心做好这些！

　　上述文本向我们所呈现的，是一种怎样的意义结构？文中的"我"是一名非常尽责的老师。不过，即使是一名尽责的老师，也仍然遇到了非常现实的问题："怎样才能真正培养他们学习的自觉性？""问题是我想管好他们，我还要带着'镣铐跳舞'。"为了管好学生，"对每个犯了错误的孩子都苦口婆心地谈半天"，甚至在某种情况下会动手打骂学生，由此而引发出更多的问题。通过这些描述，我们能够看到老师在教育学生的过程中所表现出来的意向性——学生在日常生活中所表现出来的"错误"行为，而采取的三要策略是"管理"，意图则是"管好"学生，具体方式是谈心或偶尔的打骂。学生的表现是什么？自习课吵闹、寝室打牌、密谋打架、半夜偷窃、谈恋爱等。通过这些我们可以看到，教师实际上在扮演着警察的角色，师生之间所表现出来的，乃是监控与被监控的关系，一种彼此防范甚至有些对立的关系。

　　这种把教育理解为监控或监管的教育理念，当然有着深刻的背景条件。然而，这却并不能因此而成为老师不得不面对一种困境的托辞。实际上，当教师在日常的生活中遇到各种困境或困惑时，或许教师所要做的，是要重新地思考有关教育的本质问题：究竟什么是教育？教育显然不是一种单纯的监管或监控，无论教师抱有怎样良好的意图或目的。如果教师转换一种教育观念，那么他或许就会发现，导致他在日常生活中所面临困境的，恰恰是他自己对教育的理解。

　　从这个角度来看，则教师所要思考的问题，就不应该是"怎样才能真正培养他们学习的自觉性"，而是学习的自觉性到底意味着什么，学习又意味着什么，教师所面对的学生是如何理解学习的，这种理解与教师对学习的理解有着怎样的差距。学生在上晚自习时的吵闹、晚上打牌以及其他各种在老师看来是违反纪律的行为，其实都与学生对学习的理解有关。不去理解学生所表现出来的行为的意义，不去把握体现在这些行为中的意向性，则教师便不能知道如何与学生相处，因而学生行为与教师的预期相背离，也就在情理之中。

　　人们常说，好的教师要理解学生，好的教育是以理解学生为前提的。这样的道理老师大概都耳熟能详，不过要践行这个道理，恐怕又是另外一回事了。

来到学生身边

我们常说，有效的教育需要教师走进学生的心灵。然而，反过来看，学生又何尝不是一个走进教师生活的人呢？学生走进了教师的生活，而教师面对学生时所做的一切，不过是对学生召唤的一种反应而已。学生走进教师的生活并且向教师提出要求，教师对各种不同的要求作出相应的反应。每个学生都不一样，因而要求也各不一样。然而，现在的问题是，教师过多地对教育管理者或学校管理者的召唤作出反应，而往往无视学生的召唤。

学生是跨过重重障碍走到教师身边的人。然而，这只是实现有效教育的第一步，尽管是非常重要的一步，但并不是全部。实际上，还需要教师走向学生，走近学生的心灵。走进学生的心灵意味着理解学生各种行为背后的意义，而不是仅仅看到行为本身。只是看到行为本身，就会以各种现有的纪律和规范等观念来评判学生行为的性质，并由此而作出相应的价值判断。如此一来，学生行为所显现出来的最重要的东西，即教育的时机，就会因此丧失，教师就会将自己教育者的角色，一变而为管理者的角色。实际上，在多数情况下，在面对学生所表现出来的那些不如意的行为中，教师都自觉不自觉地将自己看作是管理者，以纪律乃至惩罚的方式来对待学生，忘却了自己的教育者身份。

教育的时机出现在学生在特定的情境中所表现出来的各种行为或反应之中，然而，并非学生的所有行为都是教育时机。是否是教育时机，得要看教师的反应。教师既可能将它转化为教育的时机，也可能错失教育的时机。在某些情形下，甚至可能会产生负面的作用。要将学生的行为表现转化为教育的时机，关键是要看教师对学生是否理解。以人们习俗的观念来看是问题行为，而如果教师对学生行为的意义即人的本质有着更透彻的理解，那么这些行为就不一定不会成为问题。例如，学生在日常生活中所表现来的掩饰行为或躲避行为，看起来好像是学生要对教师隐瞒什么，而实际上可能是学生由依附走向独立的开始。因为个体的独立恰恰是以拥有某些秘密为标志的。这就是教师对学生行为意义的理解，也就是说，不是把隐藏行为视为是与教师的隔膜或隔阂，而是看作儿童开始走向成熟的标志。所有的儿童走向独立都有这个阶段，都会表现出类似的行为。

实际上，一个人在特定的情境中所表现出来的每一种行为，在不同的人看来，可能会被解读为不同的意义。这种意义当然是作为他者的个体所赋予的结果，而且多半是根据其已有的观念来赋予意义。这种赋予是否符合行为者本人的思想与动机，却是一个有待求证的问题。在这里，同一个行为就可能出现两种不同的意义：行为者本人赋予的意义和他者赋予的意义。后者又可能因为主体的多样化而具有多种可能性。在日常的生活中，特别是在成年人的交往中，人们可以对话而相互确证某个行为所蕴含的意义；然而在师生交往中，由于这种交往关系是发生在成年人和儿童之间，因而作为成年人的教师往往会武断地把自己对学生行为意义的理解强加于学生，并且借助社会控制的手段而控制学生。由于行为不能得到教师的理解，学生就可能会以教师所反对的行为方式而表现自己对事物意义的理解。

例如，当一个学生在课堂上无视教师的要求而擅自讲话时，对于这种讲话行为，教师的通常理解是"违反课堂纪律"，因而直接就给讲话行为进行了性质上的判断——违纪行为。在这种情况下，教师就会根据其对行为表现的判断而作出相应的反应，多半是管理的反应。正如我们在前面所讨论的那样，因为把这种讲话行为看作是违纪行为，由此教师就失去了一个极好的教育时机。因为在学生的课堂讲话行为中，学生通过讲话所要表达的意义，被教师曲解了：也许讲话仅仅是表明了学生在课堂上的无聊，或者表明学生对于所讲授内容的不懂或不感兴趣。而就日常生活而言，讲话通常意味着一种交往的需要。至少教师所传授的内容是不能满足学生这方面的需要的，而学生又因为教师上课内容的无意义，而失去了对知识的需要。一种无意义的活动或事情，对于任何人来说，都是一件痛苦的事情。

如何帮助不想学的学生

如何帮助不想学的学生，这是一个现实而紧迫问题，是中小学教师普遍关注、思考和想要解决的问题。

学生不想学，大概没有教师能教得好。格拉瑟说，当学生一心想学时，教学是一项艰辛的挑战；但是当学生无心学习时，教会他们就成了不可能的任务。对于教师来说，学生到学校来学习，首要的任务就是激发他们学习的愿望和动机。但是，怎样才能够实现这个目标呢？

"学生不想学"，这个"想"在不同的学生那里有着不同的意义。学生不想学，表达了对于学的不同理解。学生因讨厌任课教师而不想学，学生因学这项活动本身枯燥而不想学，学生因学习的内容难以掌握而不想学，等等。概言之，即学生不想学教师要求他们学的东西。这个被要求学习的对象，是人们认为作为人而应该基本掌握的东西。它表明了成年社会对什么东西更为重要因而年幼者必须要掌握和理解的认识。学生不想学，不是指学生不想学一切的事物，而只是指学生不想学某些特定的事物。由此，问题就可以转化为，学生为什么不想学某些特定的事物？

这里可以分几种情况。一种是，学生不想学某门学科，另一种是，学生不想学学校所教的主要的学术性课程，对于活动性课程，他仍然充满兴趣；还有一种是，学生对学校生活不感兴趣，他想逃离学校。

所有的学生都曾经努力过。几乎所有的学生，在他们第一天踏进学校校门的时候，并无对学习的憎恨、讨厌或厌烦。他们无不带着美好的憧憬，对学习抱有很大的期待和向往。然而，随着教育的展开，让他们感受到的，往往不是与学习相伴随的乐趣，而是一连串的痛苦。

这是对学生不想学、不愿学的根本理解。毫无乐趣，只有痛苦相伴，如何能够让学生愿意学？倘若这是全部事实的真相，那么，改进就应该从这里出发：让学习变得有乐趣，而不是伴随痛苦和折磨。由此我们需要思考这样的问题，即目前的学习为何会让一部分学生感到痛苦？是谁在给学生制造这种消极的体验？可能我们还需要思考这样的问题，即那些不想学的学生，他们对什么事情更感兴趣？不同的学生可能会有很大的不同，但他们一定有他们自己感兴趣的事情。那么教师就要分析，这些事情而不是学习，何以能给他们带来快乐、积极的情感体验？

　　基本的原则是，消除造成学习痛苦的根源，让学习变得和其他事情一样有乐趣。

　　很显然，教师通常没有意识到，学生对学习感到痛苦，其根源可能恰恰在教师而不是在学生。竞争性的学习机制，让学生不断感受和体验的是学习所带来的挫败；尽管这种竞争性的学习机制也会给一部分学生带来某种乐趣。然而，两相比较，得不偿失。我们所制造的痛苦的总和要大于由此而带来的快乐的总和。

　　不恰当的归因加速了学生对学习的逃离。学生学习成绩不好，很多教师把它归因于努力不够，而期望学生更加努力。殊不知，这样的努力归因有可能导致学生的不努力。而学习的不成功可能与努力没有关系，而是与学生不懂得学习、不会听课、学习习惯不好等密不可分。学习上的失败，久而久之，学生就会陷入不想学的状态。等到教师发现这种情况后，则要想解决这个问题，就会面临极其高昂的教育成本。这样的问题也不是不可解决，只是需要教师付出更多。

　　我们真的很努力地思考过这个问题，真的很努力地解决过这个问题吗？

　　痛苦与快乐，趋之与避之，这在学生的学习中同样存在。逃避因学习而带来的痛苦，追求与学习无关活动所带来的快乐或乐趣，这是学生不想学的最为根本的原因，也是非常浅显的道理。只是它是如此浅显，以至于没有教师意识到。结果，学生不想学，反而成了一个突出的现实问题。

主要参考书目

［1］安东尼·吉登斯．现代性与自我认同［M］．赵旭东，方文，王铭铭，译．上海：生活·读书·新知三联书店，1998.

［2］柏拉图．柏拉图全集［M］．王晓朝，译．北京：人民出版社，2002.

［3］查尔斯·泰勒．自我的根源：现代认同的形成［M］．韩震，王成兵，乔春霞，等，译．南京：译林出版社，2012.

［4］陈桂生．聚焦教育价值［M］．北京：教育科学出版社，2011.

［5］大卫·休谟．道德原理探究［M］．王淑芹，译．北京：中国社会科学出版社，1999.

［6］弗里德里希·尼采．论我们教育机构的未来［M］．周国平，译．南京：译林出版社，2012.

［7］弗里德里希·尼采．查拉图斯特拉如是说［M］．杨恒达，译．南京：译林出版社，2008.

［8］贺照田．西方现代性的曲折与展开［M］．吉林：吉林人民出版社，2011.

［9］霍布斯．利维坦［M］．朱敏章，译．长春：吉林出版集团有限责任公司，2010.

［10］卡尔·雅斯贝尔斯．什么是教育［M］．邹进，译．上海：生活·读书·新知三联书店，1991.

［11］卡尔·雅斯贝尔斯．时代的精神状况［M］．王德峰，译．上海：上海译文出版社，2008.

［12］克里夫·贝克．优化学校教育［M］．戚万学，赵文静，译．上海：华东师范大学出版社，2011.

［13］莱辛．论人类的教育［M］．朱雁冰，刘小枫，译．香港：华夏出版社，2008.

［14］劳伦斯·斯坦豪斯·宾 特雷伊．课程研究与课程编制入门［M］．诸平，孙蕾，沈阳，等，译．北京：春秋出版社，1989．

［15］罗伯特·索科拉夫斯基．现象学导论［M］．高秉江，张建华，译．武汉：武汉大学出版社．2009．

［16］马克斯·范梅南．教学机智——教育智慧的意蕴［M］．李树英，译．北京：教育科学出版社，2001．

［17］麦金泰尔．追求美德［M］．宋继杰，译．南京：译林出版社，2003．

［18］欧文·戈夫曼．日常生活中的自我呈现［M］．黄爱华，冯刚，译．杭州：浙江人民出版社，1989．

［19］帕斯卡尔．思想录［M］．何兆武，译．西安：陕西师范大学出版社，2002．

［20］齐格蒙特·鲍曼．生活在碎片之中：论后现代道德［M］．郁建兴，周俊，周莹，译．上海：学林出版社，2002．

［21］乔治·赫伯特·米德．心灵、自我与社会［M］．赵月瑟，译．上海：上海译文出版社，1992．

［22］丘伯．政治、市场和学校［M］．蒋衡，译．北京：教育科学出版社，2003．

［23］让·雅克·卢梭．爱弥尔［M］．李平沤，译．北京：商务印书馆，1978．

［24］让·雅克·卢梭．忏悔录［M］．焦文逸，译．北京：北京燕山出版社．1999．

［25］沃夫冈·布雷钦卡．信仰、道德和教育：规范哲学的考察［M］．彭正梅，张坤，译．上海：华东师范大学出版社，2008．

［26］约翰·杜威．学校与社会·明日之学校［M］．赵祥麟，任钟印，吴志宏，译．北京：人民教育出版社，2005．

后　记

　　断断续续写了一些短文。重新阅读这些短文，感觉还有点意思，于是便借安徽省教师教育协同创新中心这个平台，将它们辑集出版。其中有少部分文章已经公开发表。有些已发表的有关高等教育以及篇幅较长的文章，因与主题不太切合，没有被编入这个文集。此次编辑这些短文，只是做了一点字句上的修饰，此外并无大的改动。

　　这些短文，所记所写大都是自己的见闻。所思考的问题，有些是我们这个社会的热点教育问题，有的则是一些基本的教育理论问题。在我们身边，每天都会发生许多事情，这些事情存在着属性的差异。有些事情是纯然属私的，有些事情是纯然属公的，还有一些事情则二者兼而有之。其实，发生在我们身上看似纯然属私的事情，都不纯然具有私人的性质。在很多的情况下，私人的事情都隐含有公共事务的特征。将那些既涉及自己又与公共事务相关的事情记录下来，或许是一个很不错的想法。这些短文原是写给自己看的，所写主要写的是自己所感兴趣的事情，却并非全然是属私的事情，而是介于属公与私的范畴的一些事情。那种公与私兼属的事务，本来就处在众人的注视之下，因此也就具有了可言说的意义。对于学校教育乃至社会来说，我的这些写作或许是没有多少意义和价值的。不过对于我自己，倒是能够从自己的短文中看到自己这一年来所关注的问题，以及对这些问题的思考。至少，它是我心路的写照。

　　无意中的短文，无意中的思想。也许世界的一切都是在无意之中发生的。无意也就是不经意，也就是不刻意去追求，不去竭力地要去拥有或占有。世界上的恶也许都与这个刻意拥有和占有有关？无意中的思，所记录的是人们有意而为之的事情——那既关乎自己也关乎别人的事情。写给自己看，那是主观的倾向。人们看到了，说些什么，那就由不得我做主了。

　　写作自有它的快乐。这种快乐就在于，它可以随意地表达我想要表达的东西，而可以完全地将功利性的东西置身于外。人往往为名和利所累，有时随意的写作却可以超越名和利的东西。我的一些痛苦可以通过这些短文而倾诉。知我者当然知我情之所系，不知我者也不会对他们有什么伤害。我的一些快乐也可以通过这些短文而表达。尽管是我自己的快乐，有的时候也能够为朋友所分享，并感染我的学生。而最大的快乐则来自于同事和学生的质疑与问难。它给我以思维的灵感与求进的动力，也给我以理智的警醒与促动。

　　在这个文集即将出版之际，对那些激励我的同事，对一直以来进行思想交流的同学，对为本书出版提供资助的教师教育协同创升中心的朱家存教授、阮成武教授、葛明贵教授致以深深的谢意。

2015 年于文津园